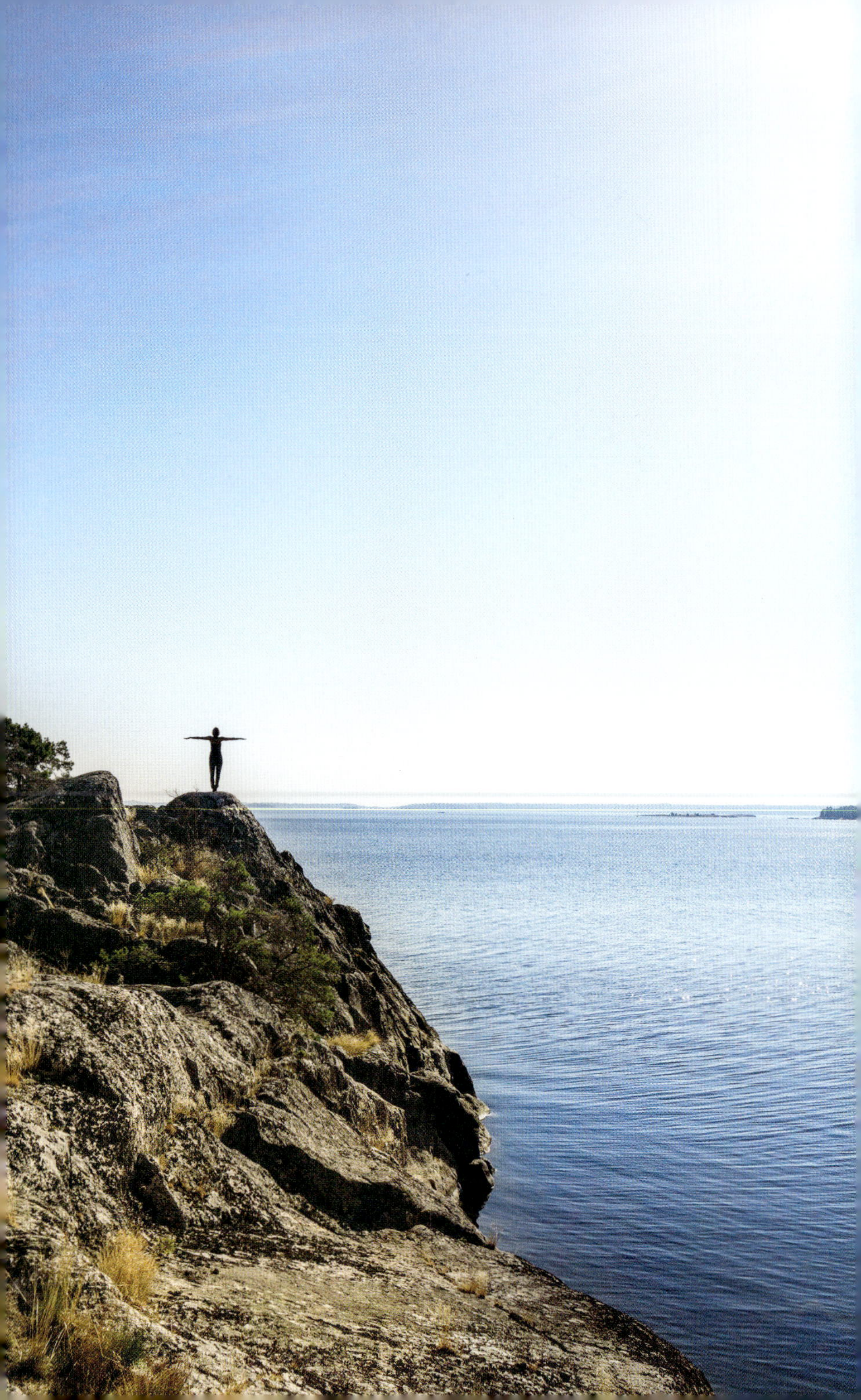

Charlotte Gawell & Patrik Engström

Hike STOCKHOLM

Die schönsten Wanderrouten rund um die Metropole

Aus dem Englischen von
Manuela Schomann

DELIUS KLASING VERLAG

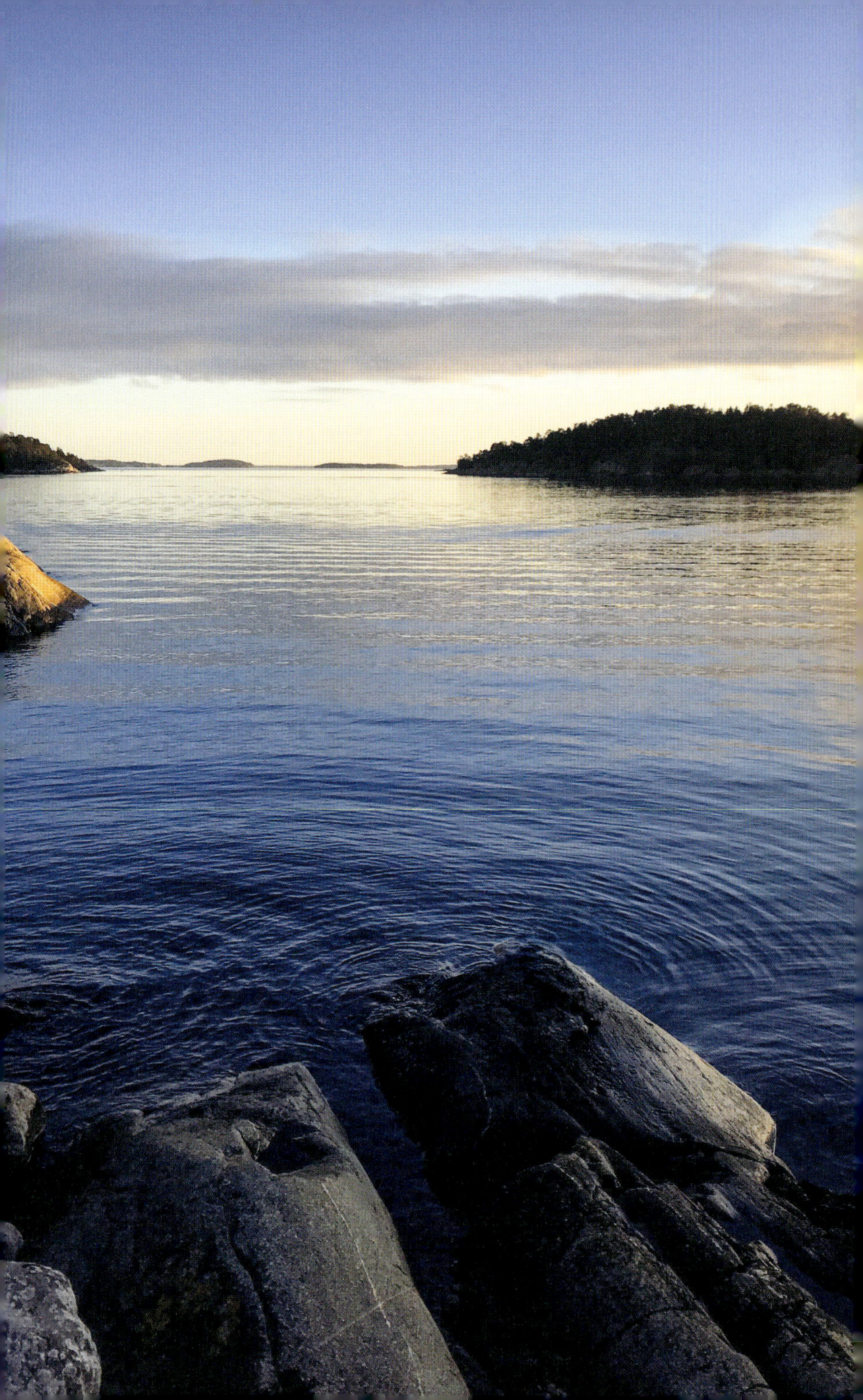

INHALT

VORWORT

Fast in allen Städten lässt sich das urbane Leben mit der Erkundung der Natur verbinden – ein Luxus, der unserem Wohlbefinden zugutekommt. Gleich ums Eck wartet eine andere Welt darauf, entdeckt zu werden. Ob es um eure Heimatstadt geht oder ihr in einer anderen Stadt zu Besuch seid: Im Grünen können sich Körper und Geist erholen. Geht man erst mal auf Entdeckungstour, stellt man schnell fest, dass es unzählige Möglichkeiten gibt.

So entstand auch das Konzept der HIKE-Bücher: Da die Auswahl der passenden Tour nicht einfach ist, helfen wir euch mit Tipps zu traumhaften Wanderungen rund um verschiedene Städte, die inmitten der Natur liegen. Jeder Stadt haben wir ein eigenes Buch gewidmet, in dem jeweils 15 garantiert spektakuläre Wanderungen beschrieben werden. Der Startpunkt ist gut zu erreichen: Meist kann man ihn von der Stadt aus mit öffentlichen Verkehrsmitteln ansteuern und ist innerhalb von einer Stunde dort. Großartige Vorbereitungen fallen also weg.

Wir sind beide in Stockholm geboren und haben unser ganzes Leben hier verbracht. Einerseits kennen wir die Stadt und ihre Umgebung sehr gut, was die Tourenauswahl erleichtert hat. Andererseits fiel uns gerade deshalb die Auswahl auch schwer. Es gibt rund um Stockholm so viele wunderbare, gut erreichbare Orte. Letztlich haben wir uns für eine Reihe von Klassikern entschieden, gepaart mit ein paar neuen Touren, auf die wir während der Recherche gestoßen sind.

Die Natur des Stockholmer Umlands ist stark von Gewässern geprägt – von der Ostsee mit dem Schärengarten und dem See Mälaren. Aber es gibt auch Gegenden mit einer herrlichen Mischung aus Laub- und Nadelwäldern und mit runden, glatt geschliffenen Felsen, die in der letzten Eiszeit von den Gletschern geformt wurden. All diese Gebiete sind gut zugänglich und weisen eine überraschend reiche Fauna auf. Man muss nur bis nach Djurgården fahren, um Hirsche, Rehe, Hasen und große Vogelkolonien zu entdecken.

Wir beginnen im Zentrum von Stockholm am Königlichen Nationalstadtpark, der Norra und Södra Djurgården, Brunnsviken, Hagaparken und Ulriksdal umfasst. Im Laufe der Jahre haben wir hier viele Kilometer zurückgelegt, dabei mit Freundinnen und Freunden geplaudert, zeitweise Kinderwagen geschoben oder Hunde Gassi geführt, sind gejoggt und geradelt und teils sogar geritten. Dieser Natur- und Kulturschatz hält für alle Besucher immer wieder etwas Neues bereit.

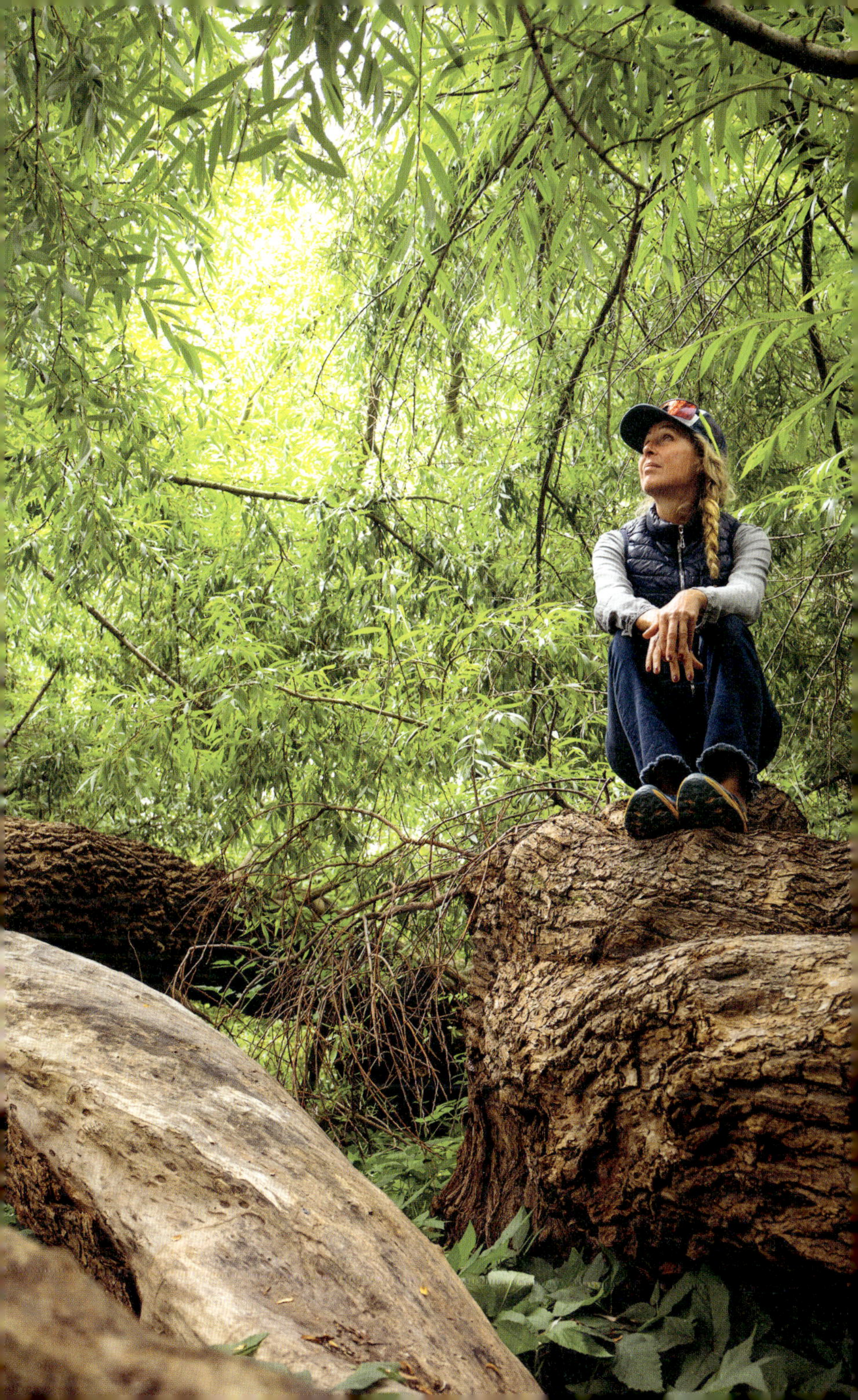

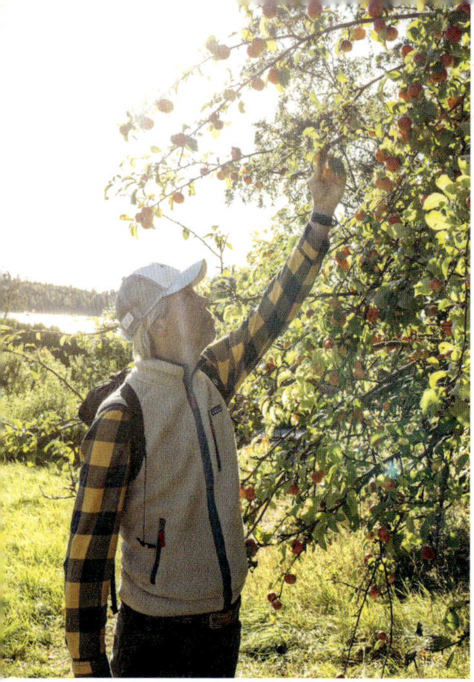

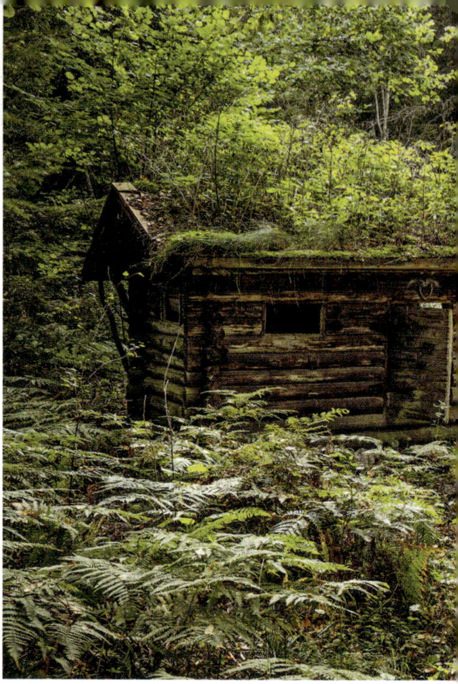

Neben den vier Wanderungen im Königlichen Nationalstadtpark gibt es ein Kapitel mit Touren nah am Wasser. Stockholm ist berühmt für seinen Schärengarten, im gesamten Stadtgebiet ist das Wasser allgegenwärtig. In Slussen treffen die Ostsee und der Mälaren aufeinander, weshalb Stockholm als »Mischung aus Salz- und Süßwasser« bekannt ist. Wir haben vier herrliche Wanderungen in den Schären ausgewählt, von denen manche fast aufs offene Meer hinausführen und dennoch nur maximal eine Stunde von der Stadt entfernt sind.

Wir möchten euch auch auf die wunderbaren Naherholungsgebiete im Umland von Stockholm aufmerksam machen: Hellasgården und Lida Friluftsgård stehen exemplarisch für all die anderen, die ebenfalls einen Ausflug wert sind. Sie bieten unzählige Aktivitäten an.

Das Kapitel »Einen Steinwurf entfernt« zeigt, wie leicht es ist, die Natur direkt vor den Toren Strockholms zu entdecken.

Und wer will, kann sogar einen Pilgerpfad beschreiten und damit eine weitere Dimension des Wanderns erkunden. Am Stockholmer Pilgrimscentrum in Tyresö starten mehrere Wege. Wir haben uns für »Die Kraft des Wassers« entschieden.

DIE NATURSCHÖNHEITEN in und um Stockholm sind fast ausnahmslos gut ausgeschildert und ordentlich gepflegt. Auf einigen Touren findet ihr Informationstafeln entlang der Wege. Meistens gibt es auch Rastplätze mit Grillstellen, teils mit Feuerholz, so z. B. in Paradiset.

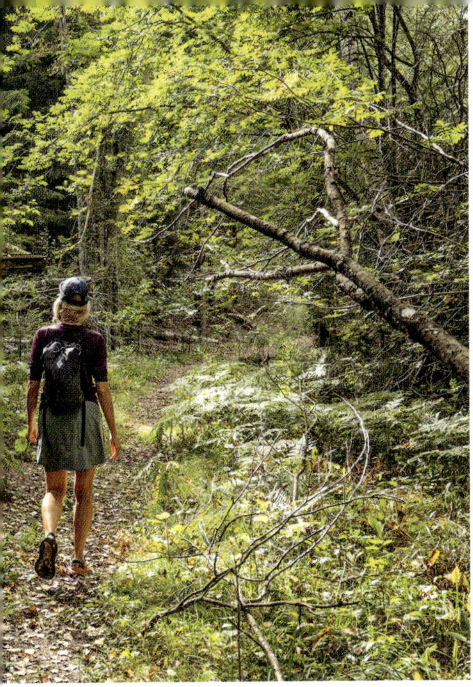

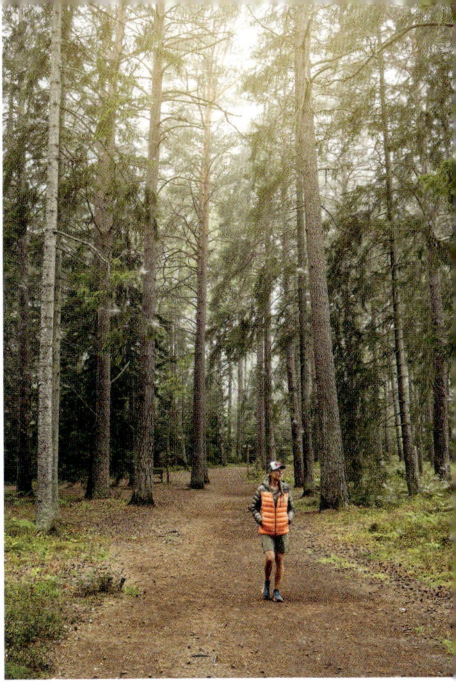

Die Verantwortlichen der örtlichen Naturschutzgruppen leisten hervorragende Arbeit. Die Schärenstiftung behält die Entwicklung im Schärengarten im Auge und steuert sie behutsam, um die Schönheit der Inseln zu bewahren, sodass sie auch in Zukunft für alle zugänglich bleiben. Der schwedische Verein Aktiv im Freien (Friluftsfrämjandet) und die Schwedische Naturschutzgesellschaft haben mehrere Generationen von Kindern und Jugendlichen gelehrt, wie man sich in der Natur bewegt, ohne sie zu schädigen. Die beiden Organisationen kümmern sich zudem um die Naturschutzgebiete mit markierten Wegen. Deshalb sind wir deren Mitgliedern, die uns den Zugang zur Natur ermöglichen, zu Dank verpflichtet. Wer weitere spannende Wege und neue Gegenden erkunden möchte, kann sich die App »Naturkartan« herunterladen.

Je nach Jahreszeit müsst ihr mit unterschiedlichen Bedingungen rechnen. Seht es positiv und genießt die Abwechslung. Das Wandern macht das ganze Jahr über Spaß – im bewaldeten Tal im Frühling, wenn die Zugvögel zurückgekehrt sind und ihr Gesang im Wald erschallt, oder im gleichen Wald im Winter, wenn ihr durch tiefen Schnee stapft und dabei die Stille genießt. Im Sommer könnt ihr zur Abkühlung ins Meer springen, während ihr im herbstlichen Zwielicht an einer Grillstelle kocht und die Bäume ringsherum in den Farben des Herbstes leuchten.

Vielleicht sehen wir uns im Wald!
Charlotte und Patrik

WANDERN RUND UM STOCKHOLM

In und um Stockholm existieren zahllose Wanderwege. Einige Trails wie Sörmlandsleden, Upplandsleden, Roslagsleden und den Signature Trail Stockholm muss man einfach ausprobieren! Diese Mehrtagestouren lassen sich in Tagesausflüge aufteilen, deren Start- und Endpunkt meist auch mit öffentlichen Verkehrsmitteln erreichbar ist. Der Tyresta-Nationalpark ist ein ursprüngliches Waldgebiet mit altem Baumbestand, das Stockholm am nächsten liegt.

SÖRMLANDSLEDEN

Der erste Abschnitt des Sörmlandsleden-Wanderwegs beginnt an der U-Bahn-Station Björkhagen. Der Weg führt durch Wald und Feld und an Seen entlang Richtung Süden inmitten von Sörmlands herrlicher Landschaft. Er ist in 62 Abschnitte mit 36 Abstechern aufgeteilt und passiert Städte wie Malmköping, Flen und Trosa. Die Hauptstrecke umfasst ca. 600 km, die Gesamtlänge inkl. Abstecher beträgt 1000 km.

UPPLANDSLEDEN

Upplandsleden startet am See Mälaren und führt in einem Bogen Richtung Norden bis nach Gävle und zu den Inseln des Flusses Dalälven. Die aus 31 Abschnitten bestehende Route umfasst ca. 500 km. Der Startpunkt liegt am Vorortbahnhof Barkaby in Järfälla.

ROSLAGSLEDEN

Roslagsleden beginnt einige U-Bahn-Stationen von der Stockholmer Innenstadt entfernt in Danderyd und reicht bis nach Grisslehamn in Stockholms nördlichem Schärengarten.

SIGNATURLED STOCKHOLM (SIGNATURE TRAIL)

Der Svenska Turistföreningen (Schwedischer Wanderverein) hat für Schweden verschiedene sogenannte Signature Trails ausgewählt. Ein solcher Trail besticht durch eine spektakuläre Landschaft und gilt als typisch für den jeweiligen Landesteil. Stockholms in vier Tagesetappen aufgeteilter Signaturled ist 62 km lang. Je nachdem, in welche Richtung man gehen möchte, beginnt die Tour entweder am Vorortbahnhof Kallhäll oder auf Skeppsholmen mitten in Stockholm. Abschnitt 3 und 4 stimmen teils mit unseren Touren im Königlichen Nationalstadtpark überein.

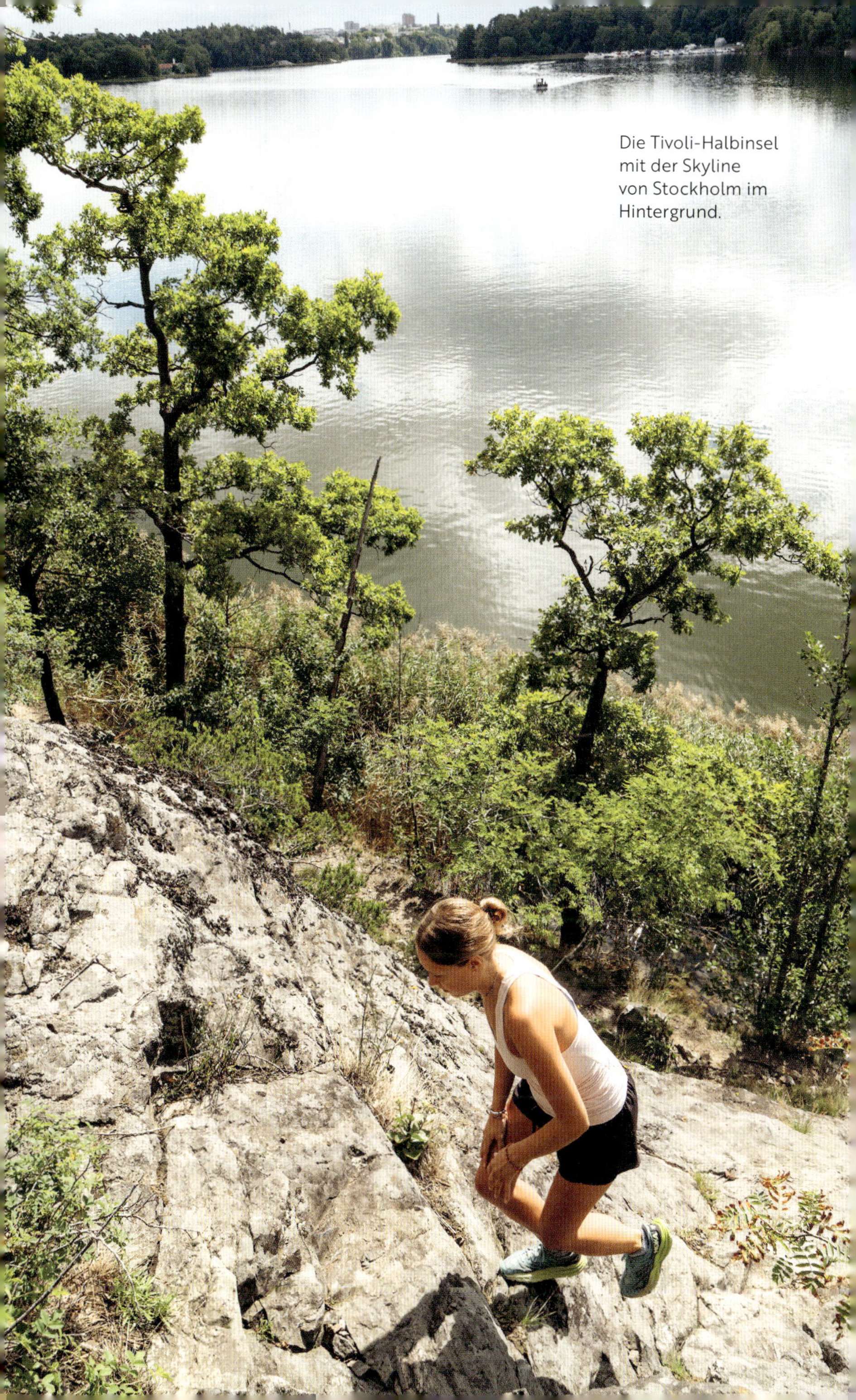

Die Tivoli-Halbinsel mit der Skyline von Stockholm im Hintergrund.

TYRESTA-NATIONALPARK

In diesem usprünglich anmutenden Wald, der nur etwa 20 km von Stockholm entfernt liegt, lassen sich 55 km Wanderwege erkunden. Rundum herrscht Stille, sodass die reiche Flora und Fauna umso eindrücklicher wirken. Hier seid ihr der echten Wildnis so nahe, wie es im Umland von Stockholm nur möglich ist. Ausgangspunkt der meisten Trails ist das Dorf Tyresta. Dort sind auch Karten und Informationen zu diesem Gebiet erhältlich. Es gibt Wanderungen für jeden Geschmack, manche davon eher mit hohem Schwierigkeitsgrad und einige auch für Leute, die nicht weit laufen können oder z. B. mit dem Kinderwagen unterwegs sind. Die Touren »Paradiset« und »Die Kraft des Wassers« verlaufen am Rand des riesigen Naturschutzgebiets.

Tourenauswahl

Wählt die Wanderung entsprechend eurer Tagesform, eurer Fitness und der Jahreszeit aus und achtet auf das Wetter. Berücksichtigt auch, wie viel Zeit ihr habt! Die Wanderungen sind je nach Weglänge und Umgebungsmerkmalen in die Schwierigkeitsgrade leicht, mittel und schwer eingeteilt.

LEICHT: Für die meisten Wandernden geeignet. Dauert nicht länger als drei Stunden.

MITTEL: Etwas anspruchsvoller in Hinblick auf Dauer und Gelände. Man sollte das Wandern gewöhnt sein. Die Touren dauern bis zu vier Stunden.

SCHWER: Der Weg umfasst einige schwierigere Abschnitte. Um die Wanderungen genießen zu können, sollte man gut trainiert sein. Sie dauern vier bis sechs Stunden.

Die Dauer der Wanderungen bezieht sich auf die reine Gehzeit – Pausen sind nicht miteingerechnet.

Karten und QR-Codes

Mit den Beschreibungen in diesem Buch findet ihr euren Weg. Wer einen genaueren Überblick über die Gegend haben möchte und wissen will, wie weit es noch bis zum Ziel ist, kann den QR-Code auf der Einführungsseite jeder Wanderung mit dem Smartphone scannen. Die angezeigte Route ist ein gutes Back-up. So seht ihr auf der Karte, wo ihr gerade seid, und ob ihr in die richtige Richtung marschiert.

Kleidung und Schuhe

Man kann das ganze Jahr über rund um Stockholm wandern gehen, aber das Wetter und die Temperaturen ändern sich natürlich je nach Jahreszeit. Während der wärmeren Jahreszeit trägt man am besten Shorts und ein T-Shirt, im

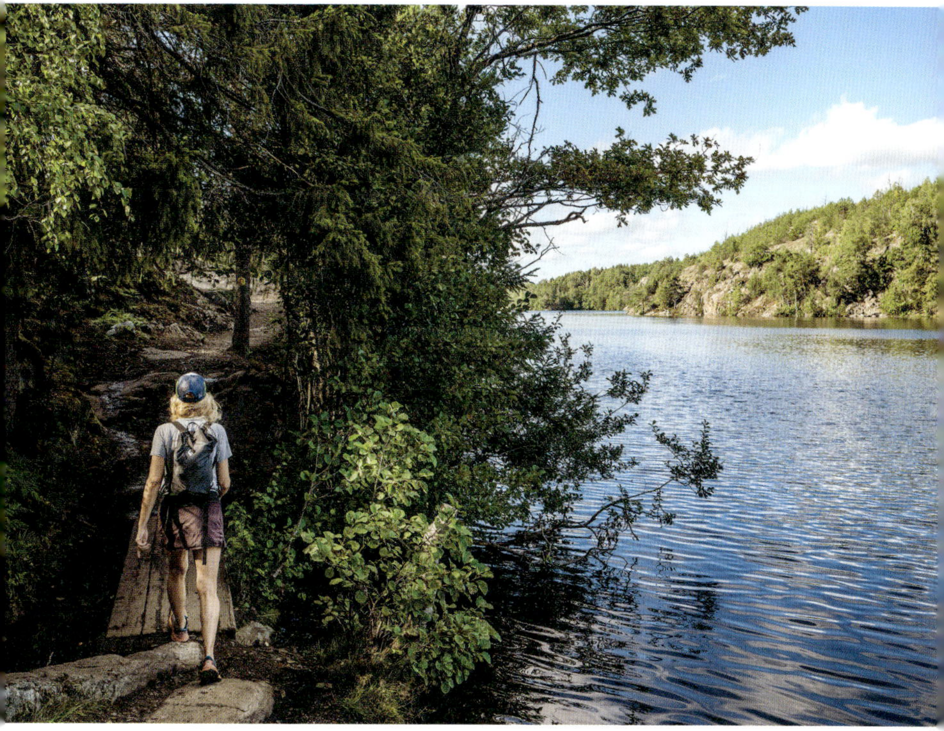

Für diese Wanderungen benötigt ihr nur einen kleinen Rucksack.

Herbst, Winter und Frühling ist wärmere Kleidung angesagt, nämlich eine Jacke, eine lange Hose, evtl. eine Mütze und Handschuhe. Am besten hält man sich an das klassische Zwiebelprinzip. Dabei reguliert man seine Körpertemperatur, indem man Kleidungsschichten aus- oder anzieht. Bei einer Pause zieht man gerne etwas Warmes über, das man später beim Loslaufen wieder auszieht. Mit Cap oder Hut und Sonnenbrille schützt ihr euch vor der Sonne. Für die Wanderungen in diesem Buch benötigt ihr keine Spezialausrüstung, Sneaker oder leichte Wanderschuhe reichen völlig aus. Im Winter empfehlen wir allerdings wärmere Schuhe oder Wanderstiefel.

Rucksack

Ihr braucht nur einen kleinen Rucksack, in den Wasser, Snacks und vielleicht ein zusätzliches Sweatshirt oder eine Jacke sowie ein Sitzkissen hineinpassen. Euer Handy sollte immer komplett geladen sein. Der Empfang ist normalerweise gut.

Wanderstöcke

Viele Leute finden Wanderstöcke hilfreich, um das Gleichgewicht zu halten, da sie im steilen, unebenen Gelände für

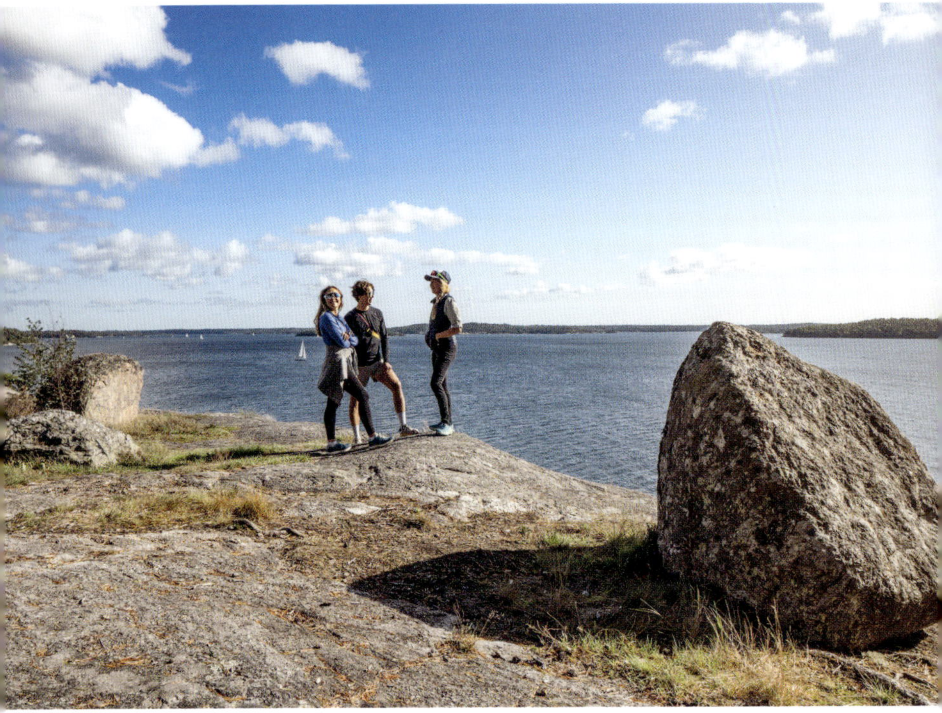

Stabilität sorgen. Zudem verringert sich beim Bergabgehen die Belastung für Knie und Gelenke.

Sonnenschutz

Gesicht und nicht bedeckte Haut solltet ihr im Frühling und Sommer immer mit Sunblocker schützen, besonders in Wassernähe.

Essen und trinken

Ein gutes Proviantpaket bringt euch in der Pause zum Strahlen. Kauft euch in der Bäckerei fertige Sandwiches und vielleicht Gebäck oder ein paar Leckereien. Nehmt euch Obst und weitere Snacks als Energiereserve mit. Am allerwichtigsten ist jedoch der Wasservorrat: Packt genügend Flüssigkeit ein. Trinkt oft, dafür aber kleine Mengen. An vielen Strecken findet ihr unterwegs bzw. am Start- oder Endpunkt ein Café oder Restaurant.

Denkt an die Umwelt!

Das *allemansrätten* (Jedermannsrecht) erlaubt uns, praktisch überall hinzugehen, solange wir dort niemanden stören oder etwas beschädigen. Davon ausgeschlossen sind frisch bepflanzte Felder und Baumplantagen. Auch in unmittelbarer Nähe von Wohn- und Ferienhäusern darf man nicht campen.

• An den meisten Orten kann man ein paar Tage sein Zelt aufstellen. Verboten ist es allerdings in einigen Naturschutzgebieten. Deshalb solltet ihr euch besser vorher erkundigen.

• Falls keine Brandschutzvorschriften dagegen sprechen, könnt ihr ein Feuer anzünden. Die Wanderwege sind gut in Schuss und oft mit einer Feuerstelle ausgestattet – manchmal ist sogar Feuerholz vorrätig. Ihr dürft zum Holzmachen keine Bäume fällen. Auf Steinplatten oder Klippen bzw. Felsen darf kein Feuer angezündet werden.

• Ihr dürft Gatter öffnen und über Zäune klettern. Vergesst aber nie, das Gatter hinter euch wieder zu schließen. Privatgärten dürfen nicht betreten werden.

• Ihr könnt Beeren und Pilze sammeln sowie Blumen pflücken. Aber ihr dürft nie Zweige oder Äste von noch stehenden Bäumen brechen und natürlich auch keine geschützten Pflanzen pflücken.

• Ihr könnt praktisch überall schwimmen gehen, außer auf Privatgelände oder in Vogelschutzgebieten.

• Ihr dürft euren Hund nur an der Leine mitführen, besonders im Frühling oder Sommer, wenn die Wildtiere Junge haben.

• Nehmt euren Müll wieder mit.

Wenn ihr vom Weg abkommt

Wir haben uns alle Mühe gegeben, die Routen möglichst gut zu beschreiben. Natürlich kann es mal vorkommen, dass sich etwas verändert hat, sodass ihr einen Wegweiser überseht und auf einem ganz anderen Trail als geplant herauskommt. Dies passiert uns selbst ziemlich oft, was euch aber keine Sorgen bereiten muss. Diese Touren verlaufen nicht abseits der Zivilisation. Ihr könnt immer die Karte auf euer Smartphone laden, indem ihr den QR-Code auf der Einführungsseite jeder Wanderung scannt. Und sollten die Dinge doch etwas anders laufen, dann absolviert ihr eben eure ganz persönliche Route.

Unterwegs vor Ort

Alle in diesem Buch aufgeführten Wanderwege sind gut per Bus oder Schiff zu erreichen. Die Startpunkte liegen immer in der Nähe von Bushalte- oder Bootsanlegestellen. Der öffentliche Nahverkehr funktioniert in Stockholm wunderbar. Manchmal wäre man per Auto schneller am Startpunkt, aber nicht immer. Manche Touren lassen sich nach der Hälfte abbrechen, wobei dann stets ein Bus oder ein Zug erreichbar ist, mit dem man wieder zurück zum Ausgangspunkt kommt. Seht euch besser den Fahrplan vorher an, damit ihr nicht die letzte Fahrt verpasst! Die Wanderung in Bogesundslandet ist eine spannende Tagestour, wenn ihr mit dem Schiff ab Ropsten fahrt. Ihr könnt ein Monatsschiffsticket nehmen. Die Tour ist ein Rundweg: Start- und Endpunkt stimmen überein.

Busfahrpläne findet ihr unter sl.se/reseplanering (engl. Version wählen).

Hier stehen auch die Fahrpläne für die Schiffe, die ihr mit dem Monatsticket verwenden könnt, wie z. B. das Schiff 80 nach Bogesundslandet.
Schiff nach Runmarö: waxholmsbolaget.se
Schiff nach Drottningholm: stromma.se

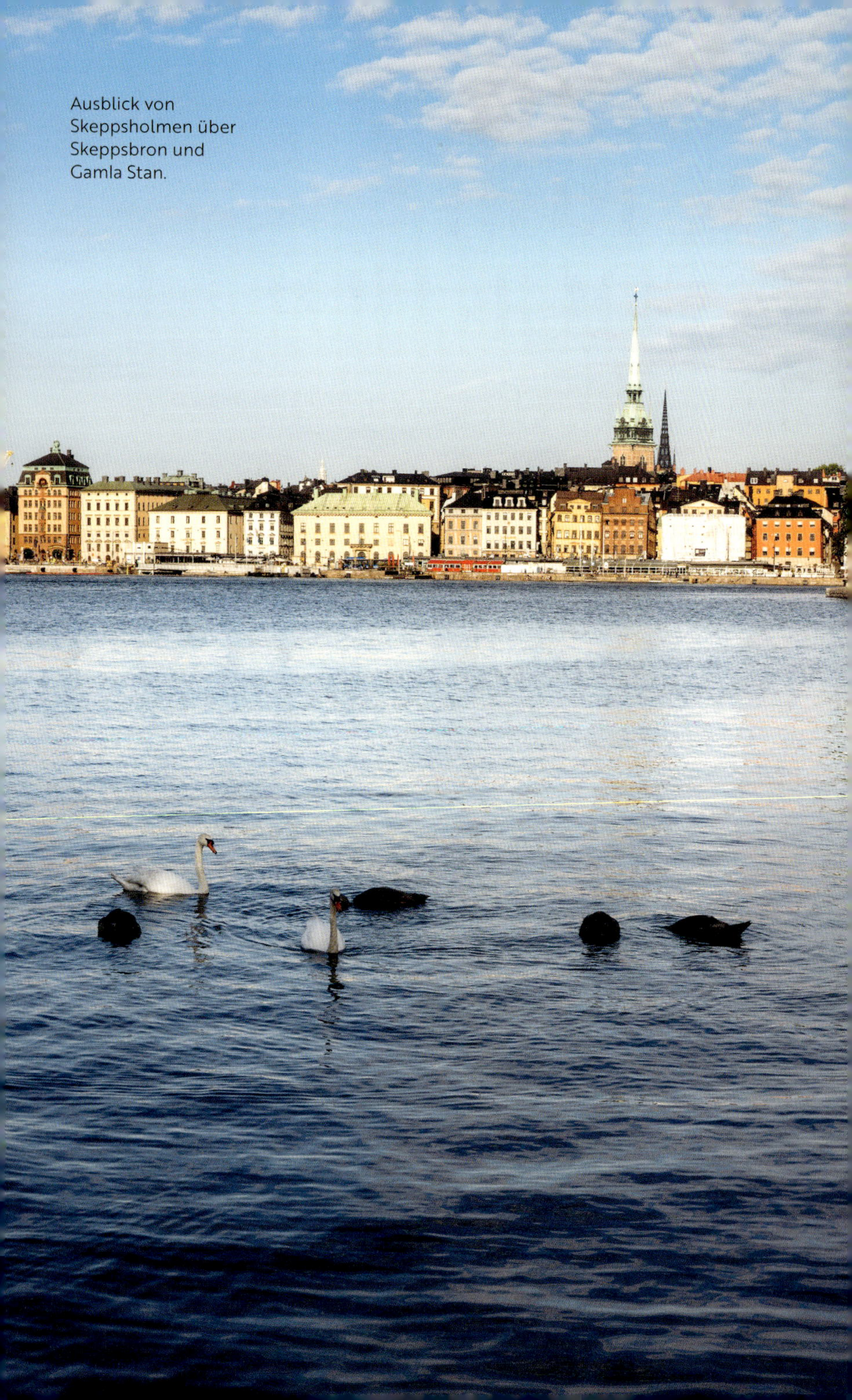

Ausblick von Skeppsholmen über Skeppsbron und Gamla Stan.

SPAZIERGANG DURCH STOCKHOLM

Für alle, die in der Stadt bleiben möchten

Stockholm, die Stadt am Wasser, lässt sich bestens zu Fuß erkunden. Die meisten Wanderungen führen hier selbstverständlich an verschiedenen Gewässern entlang. Strandvägskajen, Norr Mälarstrand, Kungsholms Strand und Söder Mälarstrand sind die Haupttouren und bei Spaziergängern und Joggern am beliebtesten.

Falls ihr etwas Neues entdecken wollt, könnt ihr über Skeppsholmen schlendern oder am Årstaviken entlangspazieren. Skeppsholmen ist die kleine Insel, die von Södermalm, Gamla Stan, Innenstadt, Östermalm und Djurgården umgeben ist. Fast von jedem Fleck auf der Insel hat man einen tollen Blick über Stockholm.

Spaziert entlang des Fähranlegers Strömkajen am Grand Hôtel und dem Nationalmuseum vorbei und überquert die Brücke nach Skeppsholmen. Nach der Brücke biegt ihr rechts ab und geht am Wasser entlang. Von hier aus bietet sich ein perfekter Ausblick über Gamla Stan und das Stockholmer Schloss (*slott*). Ihr kommt am beeindruckenden Dreimaster Af Chapman vorbei, der zur Jugendherberge gehört. Wenn ihr weiter am Ufer entlanggeht, umrundet ihr bald das Kap, auf dem sich u. a. die Kungliga Konsthögskola und ein Stück weiter das idyllische Hotell Skeppsholmen befinden. Lasst euch nieder und genießt eine Tasse Kaffee in der Laube. Hier bekommt ihr eines der besten Hotelfrühstücke von ganz Stockholm. Weiter geht es über die Brücke zur Rechten und dann rund um die kleine Halbinsel Kastellholmen. Auf der Anhöhe lockt der Blick über Djurgården und die Kräne von Beckholmen, die im Giraffenlook lackiert sind. Von hier aus sieht man bis nach Strandvägen. Der Rückweg führt wieder über die Brücke. Dann geht es nach rechts am Wasser entlang weiter rund um Skeppsholmen. Nach den schönen, alten Werkstätten und der kleinen Werft spa-

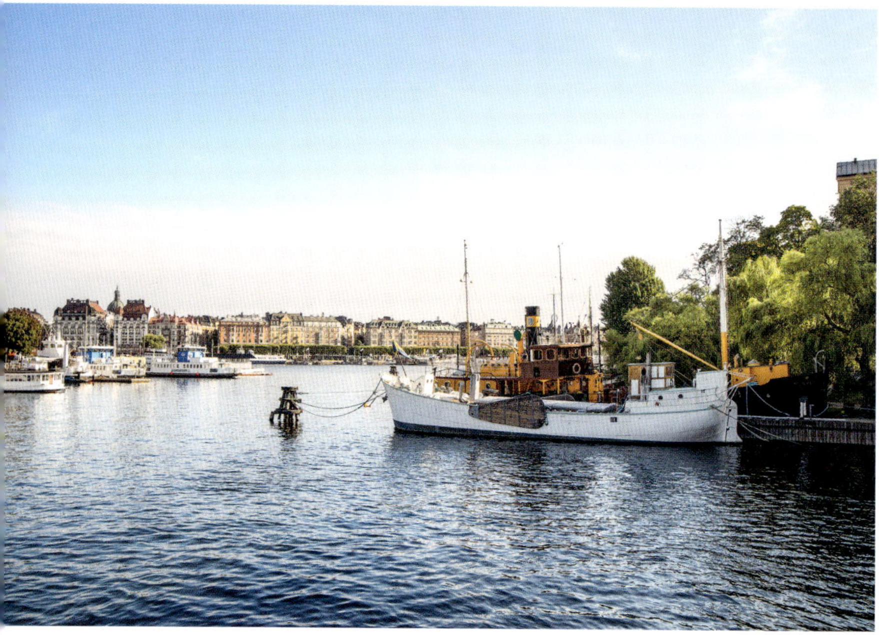

ziert ihr über die Mole, an der hübsche Hausboote ankern. Zur Linken steht das Moderna Museet. Wer Hunger hat, legt im entzückenden Restaurant Torpedverkstan eine Pause ein. Es gibt viele Tische im Freien und im Sommer sogar eine Eisdiele. Weiter geht es am Kai, bis ihr schließlich wieder am Ausgangspunkt an der Brücke ankommt.

DER ZWEITE SPAZIERWEG in der Stadt führt rund um den Fjärd Årstaviken. Wir starten an der Uferstraße Hornstulls Strand, an der sich an den Wochenenden Foodtrucks und andere Stände aneinanderreihen. Hier ist immer viel los – genießt die relaxte Atmosphäre. Geht mit dem Wasser zu eurer Rechten an Tantolunden und einer der schönsten Schrebergartenanlagen von Stockholm vorbei, die von Bars und Restaurants aufgelockert wird, bis zur Brücke von Årstabron.

Spaziert weiter bis Eriksdalsbadet und überquert dort die Brücke. Am anderen Ufer schlendert ihr dann parallel zum bisherigen Weg auf dem Årstasidan zurück. Hier geht es entspannter zu, es gibt kleine Waldpfade und einen schönen Ausblick auf die Skyline von Söder. Nach ein paar Kilometern gelangt ihr nach Liljeholmen. Hier entsteht nach und nach ein neuer Stadtteil am Wasser, mit Cafés, Sitzbänken und Anlegestegen in Hafennähe. Um zum Ausgangspunkt zurückzukommen, müsst ihr nur über die Brücke Liljeholmsbron. Die Uferstraße Hornstulls Strand liegt links auf der anderen Seite. Zum Abschluss könnt ihr noch im gemütlichen Café Vurma einkehren, genau am Ende eures Rundwegs.

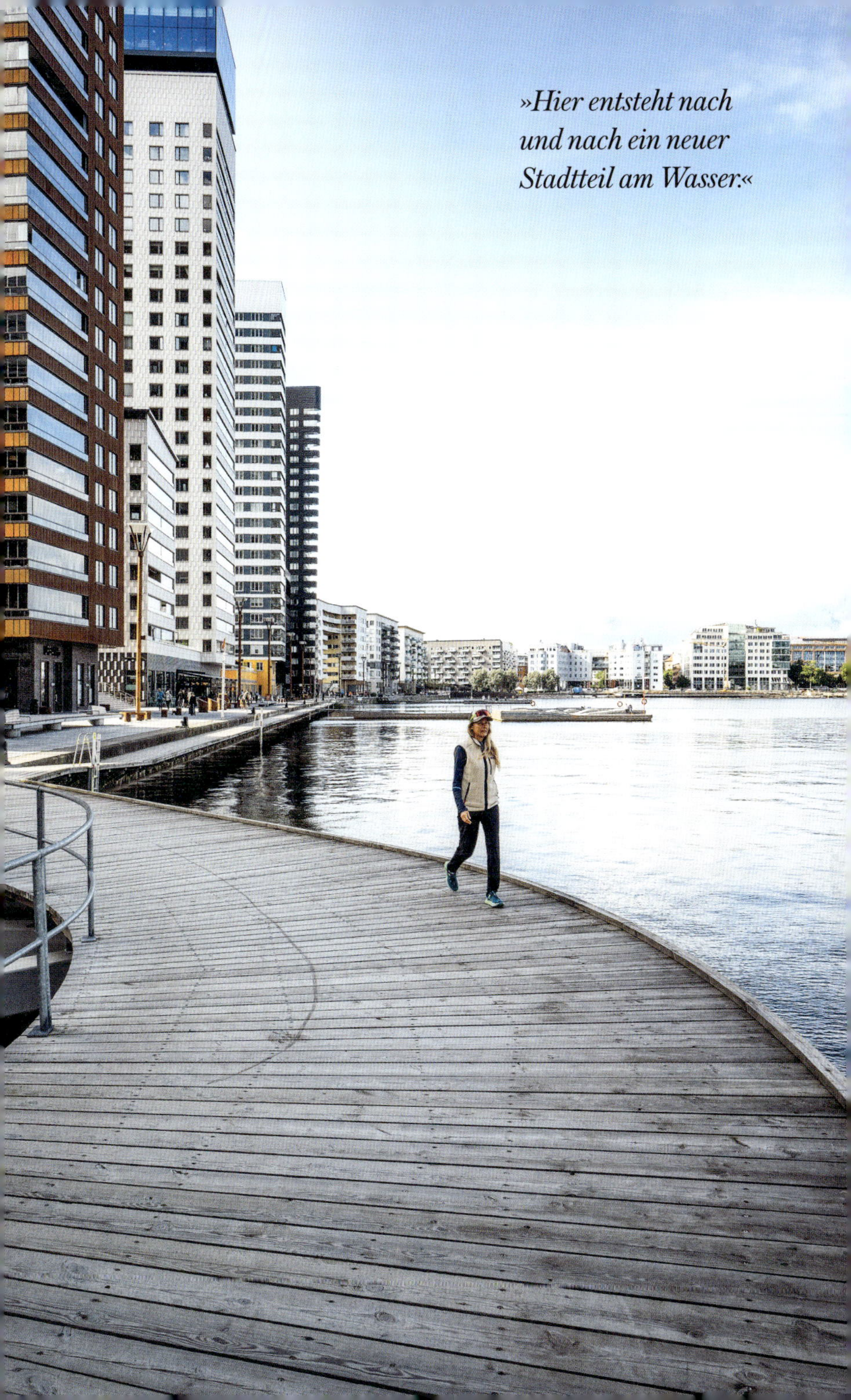

»Hier entsteht nach und nach ein neuer Stadtteil am Wasser.«

DER NATIONAL-STADTPARK

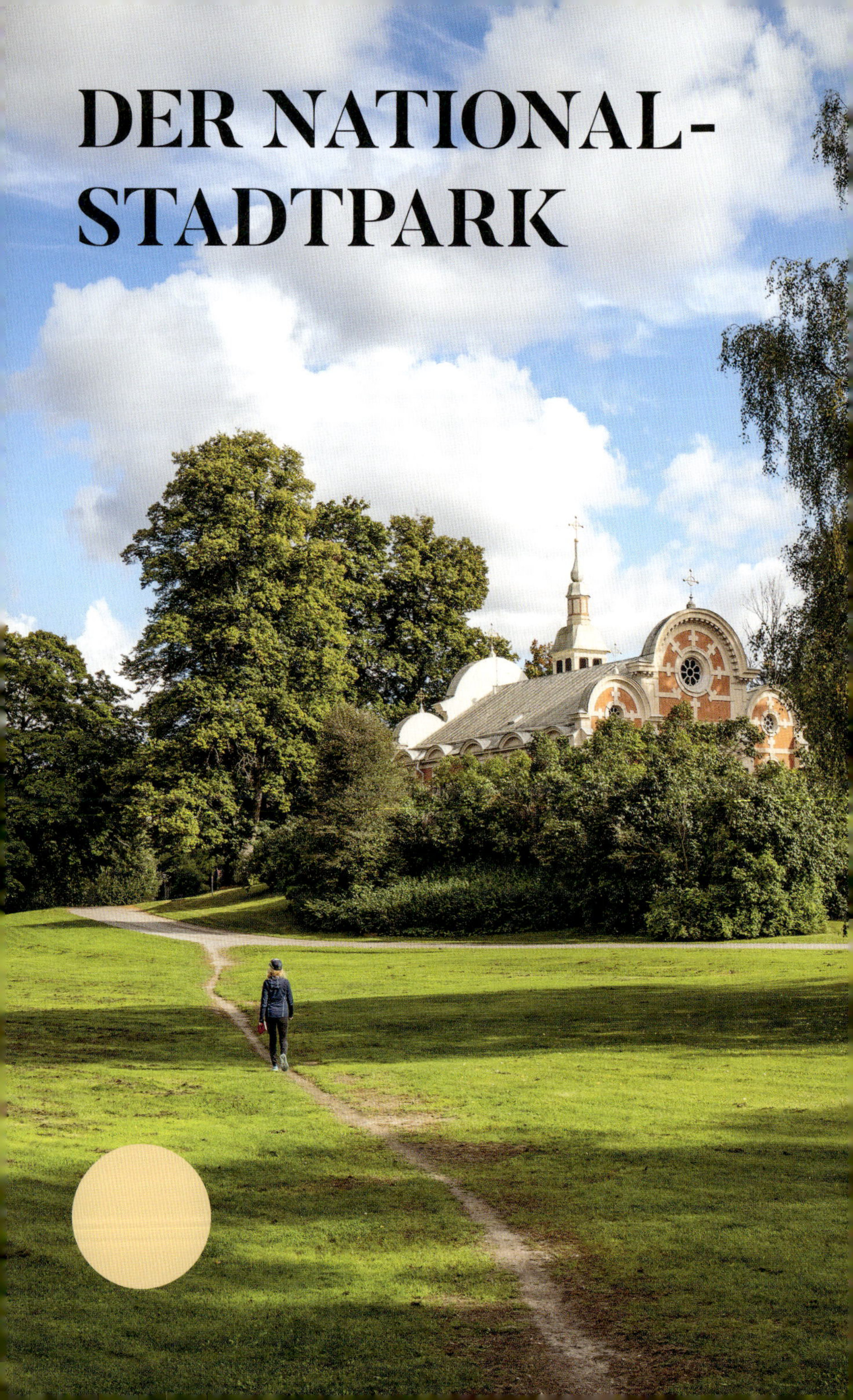

Tiere, Natur und Kultur aus nächster Nähe

STOCKHOLM IST DIE ERSTE und bisher einzige Stadt der Welt, die sich eines Nationalstadtparks rühmen kann. Er wurde 1995 eingeweiht und umfasst Djurgården, Haga, Brunnsviken und Ulriksdal. Der Nationalstadtpark wurde eingerichtet, um die Naturschönheit und den kulturellen Reichtum zu bewahren. Während Stockholm sich mehr und mehr ausbreitet und die grünen Lungen umzingelt, wurde diese Gegend zu einem einzigartigen Stadtteil. Da Djurgården, das Herz des Nationalstadtparks, seit dem Spätmittelalter im Besitz der Krone war, wurde die Insel kaum bebaut.

Der Nationalstadtpark ist das meistbesuchte Erholungsgebiet der Region Stockholm. Heute gibt es hier Parks, Pfade, Schlösser, Schwimmbäder, Museen, Sportstätten, Nutzgärten, Vergnügungsparks, Restaurants und Cafés. Djurgården zieht jährlich um die 15 Millionen Besucher an und beherbergt 800 Pflanzen-, 1200 Käfer- und rund 100 Vogelarten, Hirsche, Hasen, Füchse, Igel sowie Nordeuropas größte Ansammlung an Eichen.

»Der Nationalstadtpark ist das meistbesuchte Erholungsgebiet der Region Stockholm.«

Wir haben vier Wanderungen ausgewählt, die verschiedene Bereiche des Nationalstadtparks erkunden. Eine Tour führt durch Södra Djurgården, auf den eher verborgenen Wegen dieses Gebiets. In Norra Djurgården, wo es wesentlich ruhiger zugeht, beschreiben wir einen Trail von fast 10 km Länge, der durch Wälder und Felder geht und nur 15 Minuten Fußweg vom Ausgangspunkt in Humlegården liegt. Die Brunnsviken-Tour lässt sich in mehrere kurze Spaziergänge aufteilen, falls ihr Orte wie Bergianska Trädgården oder Hagaparken näher erkunden wollt. Auch Ulriksdal lohnt einen Besuch: Die Wanderung bietet die Gelegenheit, im Ulriksdals Handelsträdgård ein fantastisches Mittagessen zu sich zu nehmen.

Wer mehr über die Gebäude und Gärten entlang des Weges erfahren will, kann die App »Royal Walks« downloaden. Der Text ist auf Englisch und Schwedisch verfügbar.

Im Nationalstadtpark erlebt ihr Natur und Kultur aus nächster Nähe.

1. SÖDRA DJURGÅRDEN

Tauscht den Stadttrubel gegen vergnügliche Pfade

Dies ist unser Revier: Hier sind wir viele Kilometer gejoggt, haben Kinderwagen geschoben, Hunde Gassi geführt, sind geradelt und geritten. Hier sind wir »daheim«. Am Wochenende ist die Gegend voller Spaziergänger, auf dem Weg zum Södra Djurgården. Am Strandsvägskajen ist oft so viel los, dass man das Gefühl hat, anstehen zu müssen – wie Lemminge, die über die Djurgårdsbron strömen und entweder zum trubeligen Vergnügungsparkteil von Södra Djurgården (Gröna Lund, Abbamuseet und Skansen) und am Waldermarsudde vorbei oder aber gleich nach der Brücke nach links und am Djurgårdskanalen entlang nach Rosendal eilen. Für diese Spaziergänge braucht ihr keine Wegweiser – folgt einfach den Menschenmassen.

Der Djurgårdskanalen ist ca. 1 km lang, 2 m tief und zur Hochsaison voller Ausflugsboote und Kanus. Man kann auf beiden Seiten des Kanals spazieren gehen.

Einer unserer Trails weicht ein Stück weit von den Hauptwegen ab und schlängelt sich auf kleinen Pfaden teils durch den Wald, denn wir wollen euch zeigen, dass Södra Djurgården größer ist und mehr zu bieten hat, als ihr vielleicht glaubt. Der Weg führt u.a. an Kaknästornet, Djurkyrkogården, Hundudden, Djurgårdskanalen, Isbladskärret, Victoria

Start: KMK, Kungliga Motorklubben, links von der Djurgårdsbron
Weglänge: 11,7 km
Dauer: 3 Stunden
Schwierigkeitsgrad: mittel
Beste Wanderzeit: zu jeder Jahreszeit
Entfernung von Stockholm: 0 km

Scanne den QR-Code mit dem Smartphone.

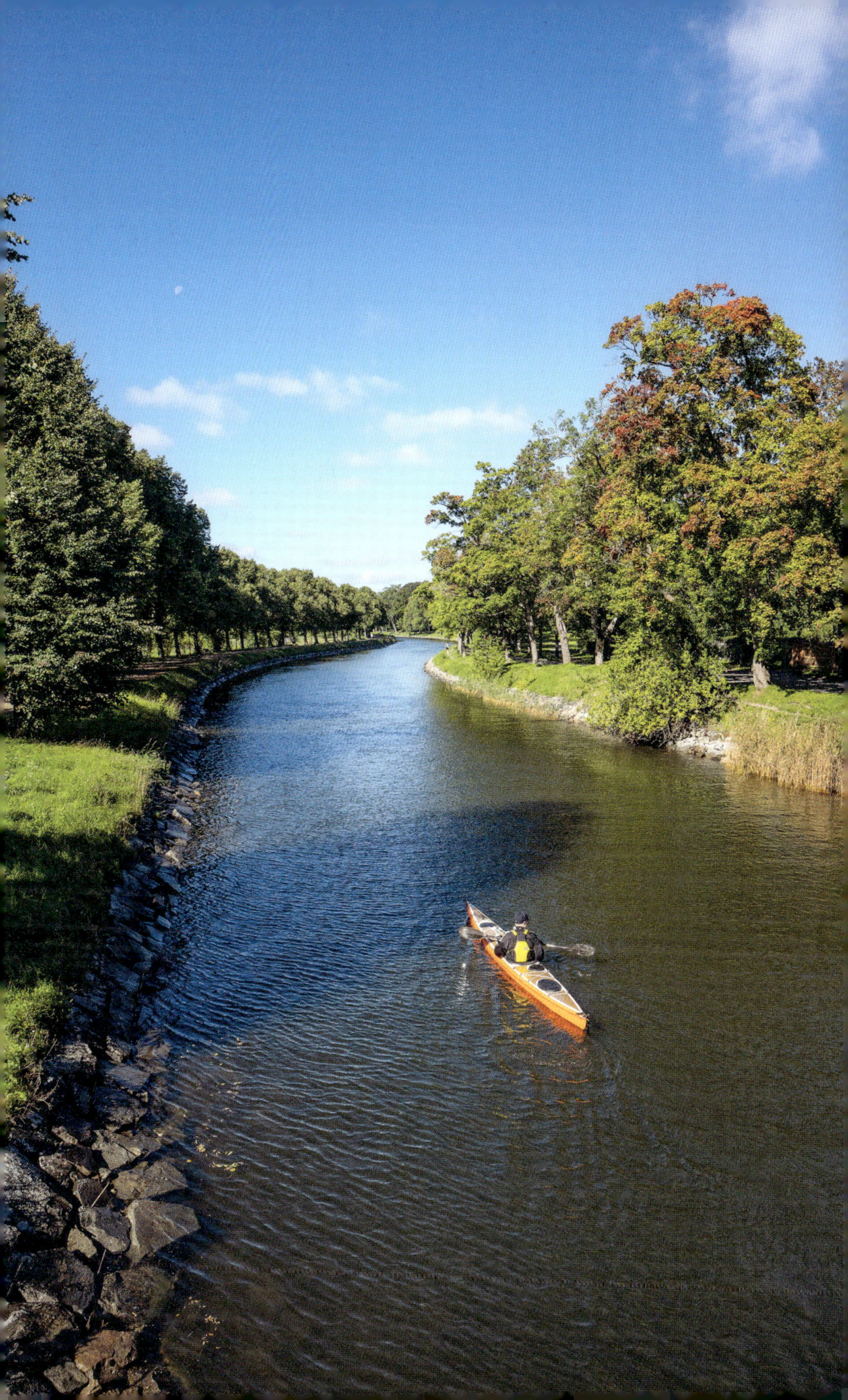

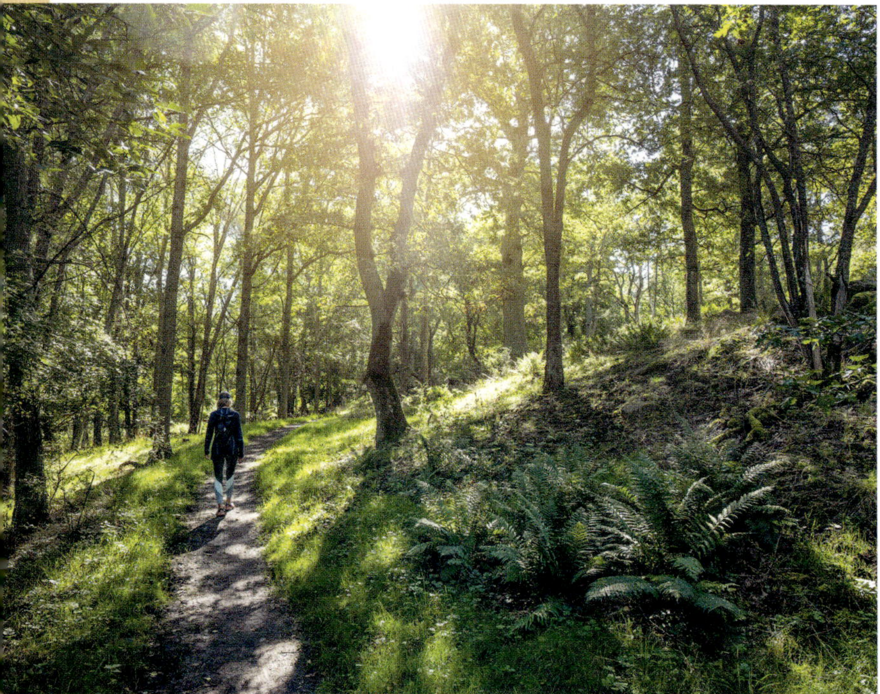

Der Djurgården war viele Jahre lang ein königliches Jagdrevier.

och Daniels kärleksstig und Rosendal vorbei. Wahrscheinlich begegnen euch unterwegs sogar Hirsche, die wachsam, aber nicht ängstlich sind.

BESCHREIBUNG

Startpunkt ist der KMK, Kungliga Motorklubben, auf der Stadtseite der Djurgårdsbron, wo die Strandvägen eine Kurve macht. Am KMK gibt es ein nettes Café, falls ihr erst einmal einen Kaffee braucht.

»Wahrscheinlich begegnen euch unterwegs sogar Hirsche.«

Spaziert am Kanal entlang, das Wasser zu eurer Rechten. Nach den Booten und dem kleinen Strand kommt ihr an den schönen Villen an der Diplomatstaden vorbei und kurz darauf an der exklusiven Villa Källhagen, wo es Boulespiel, Brunch, Mittag- und Abendessen sowie Zimmer zum Übernachten gibt. Das beeindruckende Gebäude mit den vielen Türmchen, das man entdeckt, wenn man sich umdreht, ist das Nordiska Museet. Direkt gegenüber auf der anderen Kanalseite ragt der hohe Turm Bredablick des Freilichtmuseums Skansen auf. Auf der anderen Kanalseite stehen Kunstwerke, die zum Skulpturenpark Princessan Estelles gehören. Spaziert weiter am Kanal entlang, vorbei am Sjöhistoriska Museet und einer kleinen Wiese. Wenn ihr einige Privathäuser auf der rechten Seite passiert habt, haltet euch links und schlendert durch die Lindenallee Lidovägen. Überquert die Djurgårdsbrunnsvägen und geht ca. 100 m auf dem Greve von Essens Väg, der am Feldrand entlangführt, bevor ihr dann rechts auf einen schmalen Pfad abbiegt. Es führen mehrere Wege hier herauf – nehmt den Pfad ganz links. Er bringt euch zu einem Weg, der nachts beleuchtet ist, dort geht es nach rechts. Nun habt ihr den breiten Weg verlassen und spaziert durchs Grüne. Nach ca. 700 m kommt ihr an etwas vorbei, das einer Graffitimauer ähnelt – dies ist Teil von Marie-Louise Ekmans Beitrag zur Kunstausstellung »Silent Spring« (2019). Leider wurde ihr Gemälde »Rörlig klänning« mit Graffiti beschmiert. 100 m weiter geht es an der Gabelung nach links; hier verlasst ihr den beleuchteten Weg und überquert eine Teerstraße. Der Weg führt auf der anderen Seite weiter, auch wenn das anfangs schwer zu erkennen ist.

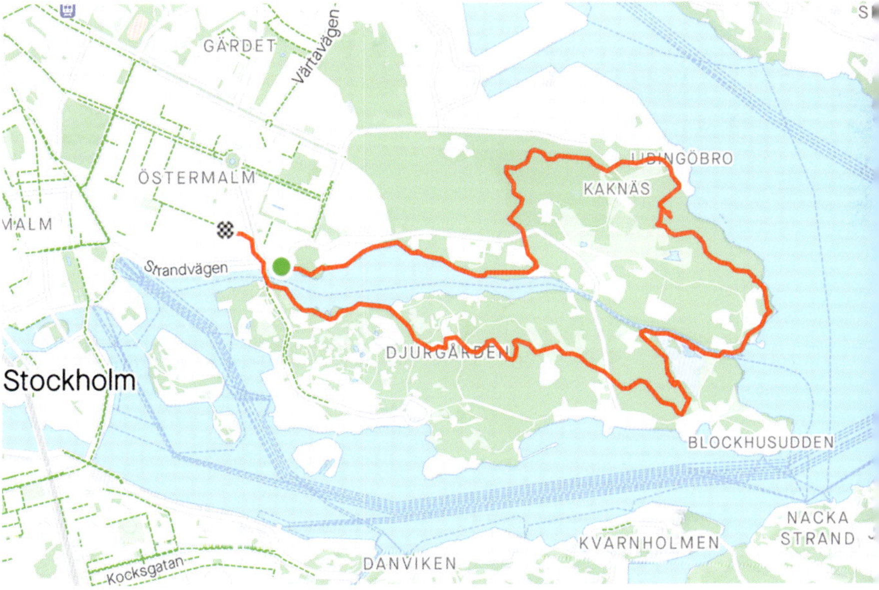

Nach einer kleinen Baumgruppe gelangt man wieder zur Teerstraße. Dort geht es nach rechts und nach ca. 25 m setzt sich der Pfad fort und mündet bald in eine breitere Schotterstraße. Auf dieser Straße wendet ihr euch nach links und überquert die kleine Brücke. Ihr seid nun am Rand von Kaknäs djurkyrkogård. Geht durch den Friedhof und biegt auf der anderen Seite nach links ab. Jetzt geht es einen Hang hinauf und drüben wieder hinunter, wo ihr euch schließlich rechts haltet. Im Frühling breitet sich hier ein weiß-grüner Teppich aus Maiglöckchen aus. An der Straßengabelung haltet ihr euch links und nehmt den schmaleren Pfad. Sobald er einen größeren Weg kreuzt, biegt ihr wiederum nach links ab. Geht dann an der kleinen Abzweigung, die zum Weg am Wasser führt, rechts hinunter. Dort wendet ihr euch nach rechts und marschiert weiter. Dieser Teil von Djurgården heißt Hundudden. Schon bald kommt man an der Hundudden-Werft und dem winzigen Kafé Kruthuset vorbei, wo ihr eine Pause ein-

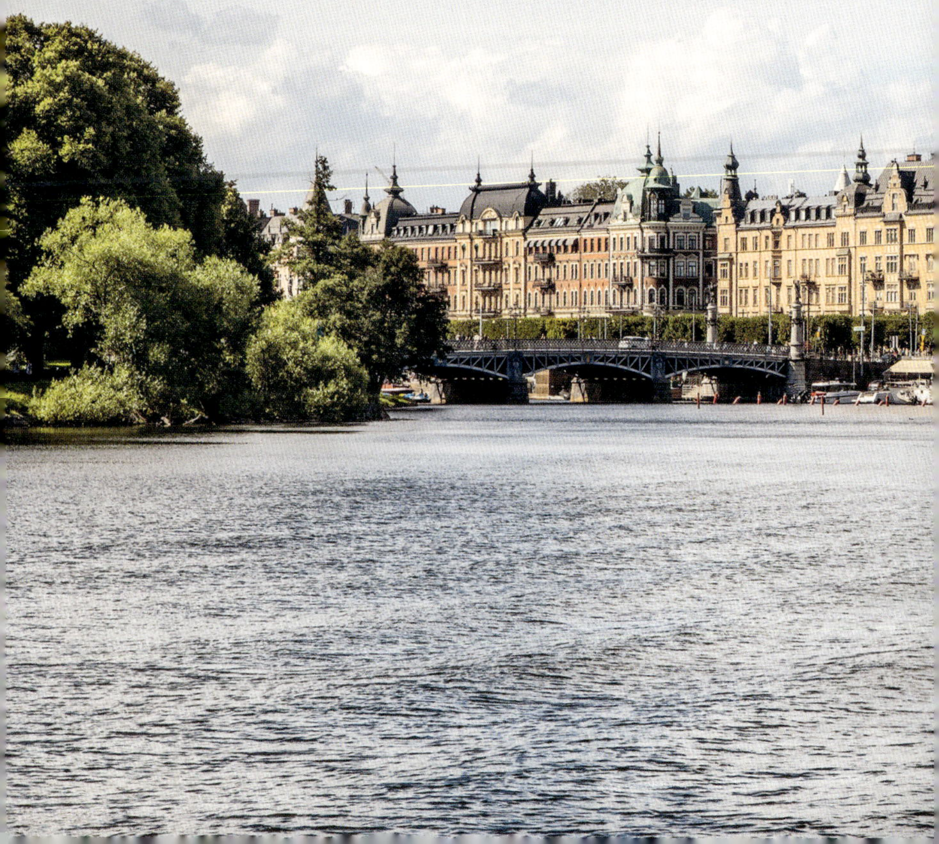

legen könnt. Von hier aus geht es geradeaus weiter, bis ihr den Djurgårdskanalen erreicht. Ihr überquert die Brücke, geht am anderen Ufer nach rechts und spaziert am Kanal entlang. Nach kurzer Zeit seht ihr linker Hand Isbladskärret, einen Park mit hoher Artenvielfalt. Hier leben zahllose Vogelarten, darunter eine große Reiherkolonie, deren Geschrei zur Paarungszeit beinahe unerträglich ist. Es gibt auch eine ganze Menge Waldkäuze, aber da sie nachtaktiv sind, müsst ihr schon ziemlich spät vorbeischauen, um vielleicht einen zu entdecken.

Weiter geht's am Kanal entlang, bis ihr links ein Portal seht, durch das ihr auf den Victoria och Daniels kärleksstig gelangt. Der Weg führt durch den Wald am Park entlang. Wenn ihr zwei Tore durchquert habt, wendet ihr euch nach rechts und geht anschließend geradeaus, bis ihr rechts auf einen Wanderweg abbiegen könnt, der durch ein wunderschönes Waldgebiet führt. Der Weg endet an der Manillavägen, direkt am Campus Manilla. Überquert die Straße und

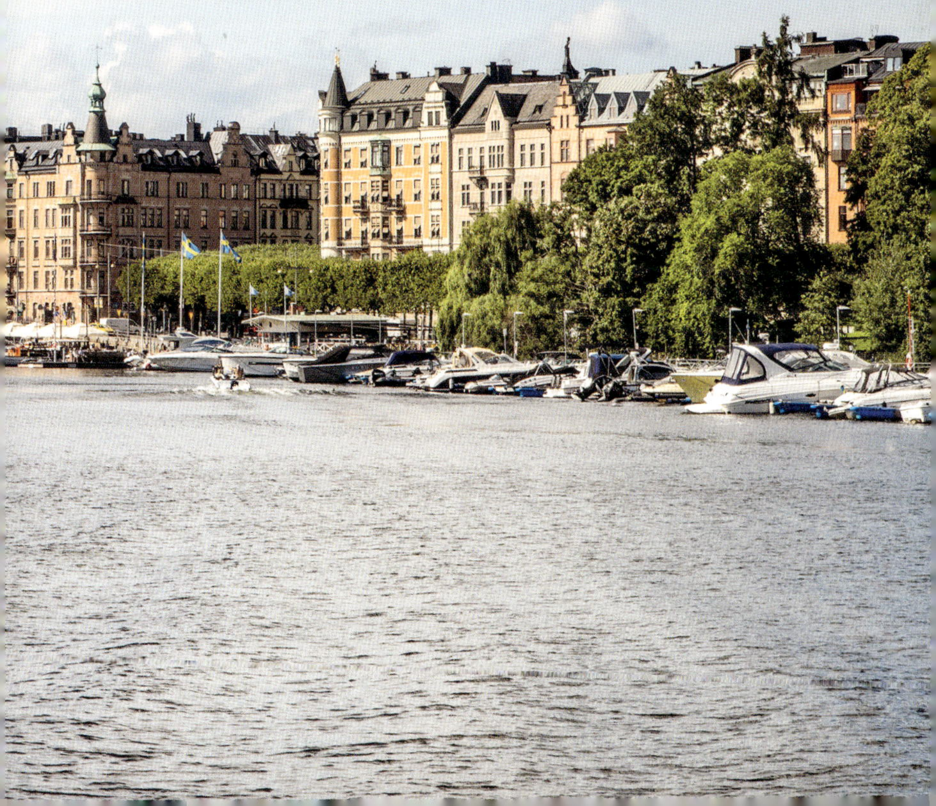

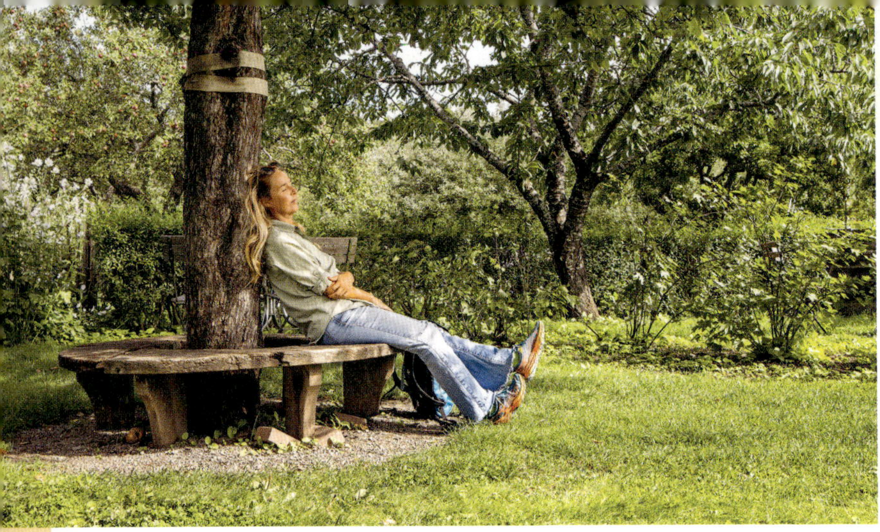

spaziert weiter geradeaus auf der Fredrik Bloms Väg. An einer Rechtskurve, neben einem gelben Gebäude, verlasst ihr die Straße und betretet den Wald zur Linken des Weges, der als Wanderweg markiert ist. Wenn sich dieser Weg schließlich gabelt, haltet ihr euch erst rechts und dann links. Schon bald kommt der Rosendals Trädgård mit seinem Apfelgarten und den Gewächshäusern in Sicht. Hier gibt es auch ein beliebtes Café und eine Gärtnerei! Danach spaziert ihr durch Rosendal hindurch und biegt bei dem kleinen Gewächshaus im Feld rechts auf eine Schotterstraße ab, die wieder zum Djurgårdskanalen führt. Am Kanal geht es nach links, bis zum Startpunkt Djurgårdsbron.

Im Nationalstadtpark nisten ca. 100 Vogelarten. Neben unzähligen Vögeln gibt es hier auch Füchse, Igel, Hasen, Eichhörnchen und Hirsche.

EINKEHR

KMK Café

Am Brückenpfeiler am Ende des Strandvägen, wo der Spaziergang begann, betreibt der KMK (Kungliga Motorklubben) ein beliebtes Café unweit der Hauptdurchgangsstraße.

BESONDERES VOR ORT

Life by Lisen

Wer den Södra Djurgården intensiv erleben will, bucht eine Stunde Waldbaden oder eine Wildnistour mit Lisen Sundgren. Lisens Wildnistouren bieten eine Einführung in das Thema »essbare Wildpflanzen«, während das Waldbaden eine kontemplative Erfahrung in natürlicher Umgebung ist. Sehr empfehlenswert!

IG@lifebylisen

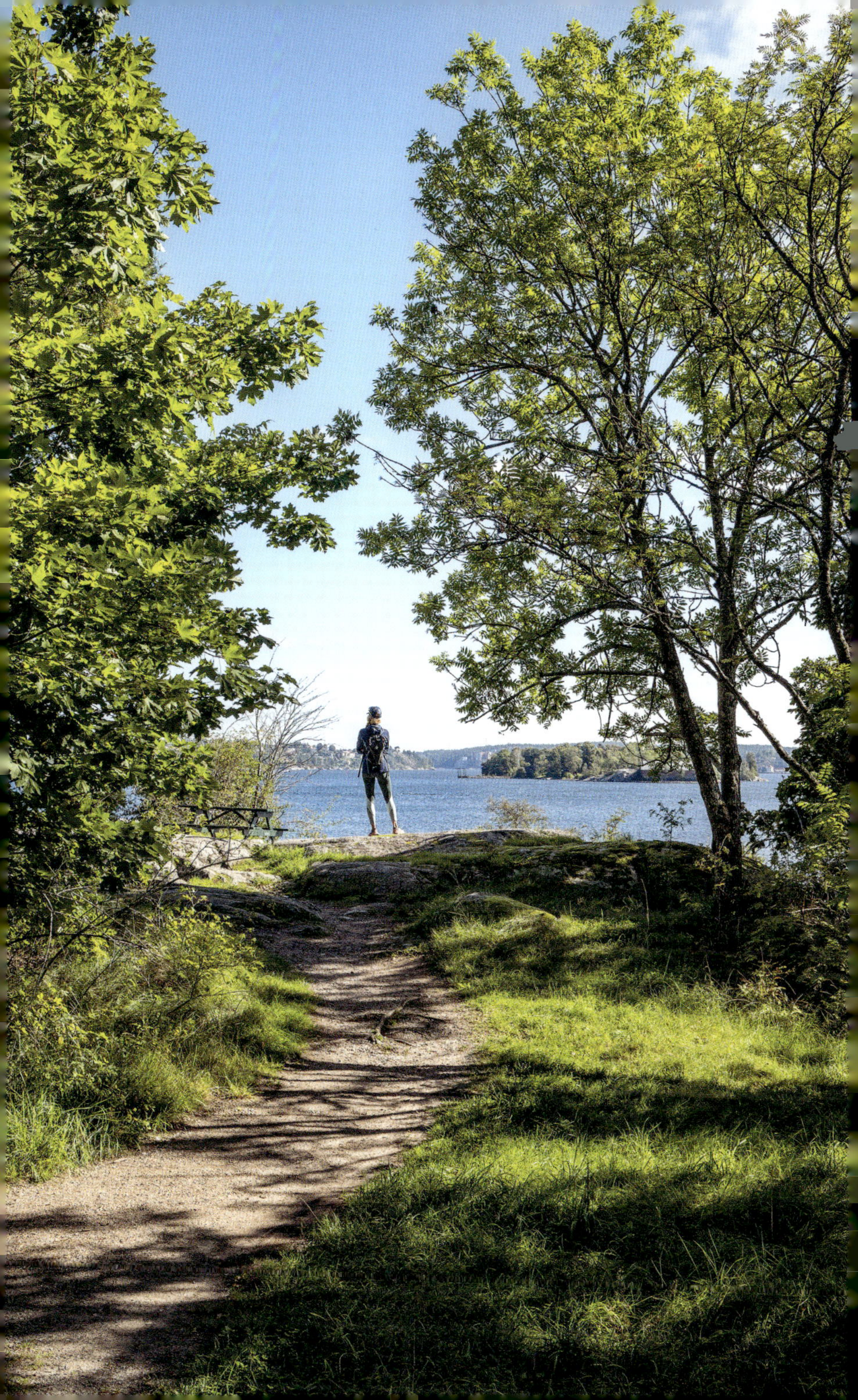

2. NORRA DJURGÅRDEN

Hirsche und Vogelzwitschern, nur 15 Minuten vom Stureplan entfernt

Wenn ihr am Stureplan im Herzen Stockholms startet und, vorbei an Humlegården und Stockholms Stadion, eine Weile flott marschiert, landet ihr in Lill-Jansskogen, einem Teil von Norra Djurgården. Obwohl seit dem Bau des neuen Stadtviertels Norra Djurgårdsstaden mehr los ist, dauert es tatsächlich nur 15 Minuten, bis ihr über gewundene Pfade durch dichten Wald spaziert, dem Gesang der Vögel lauscht, euch im Frühling von den vielen Buschwindröschen und Maiglöckchen verzaubern lasst, die Hirsche entdeckt, die euch von einer Lichtung aus beobachten, oder die königlichen Schafe, die auf der Wiese in Fisksjöäng grasen.

»Ihr spaziert über gewundene Pfade durch dichten Wald.«

Unser Rundweg führt vom Humlegården zum Wald Lill-Jansskogen und dann weiter hinaus zum Park Stora Skuggan und nach Fisksjöäng in Norra Djurgården. Ihr kommt an einigen hübschen Stellen vorbei, wo ihr einen Kaffee trinken oder etwas essen könnt. Die Tour lässt sich auch gut abkürzen.

Start: Humlegården
Weglänge: 9,6 km
Dauer: 2 Stunden 30 Minuten
Schwierigkeitsgrad: mittel
Beste Wanderzeit: zu jeder Jahreszeit
Entfernung von Stockholm: 0 km

Scanne den QR-Code mit dem Smartphone.

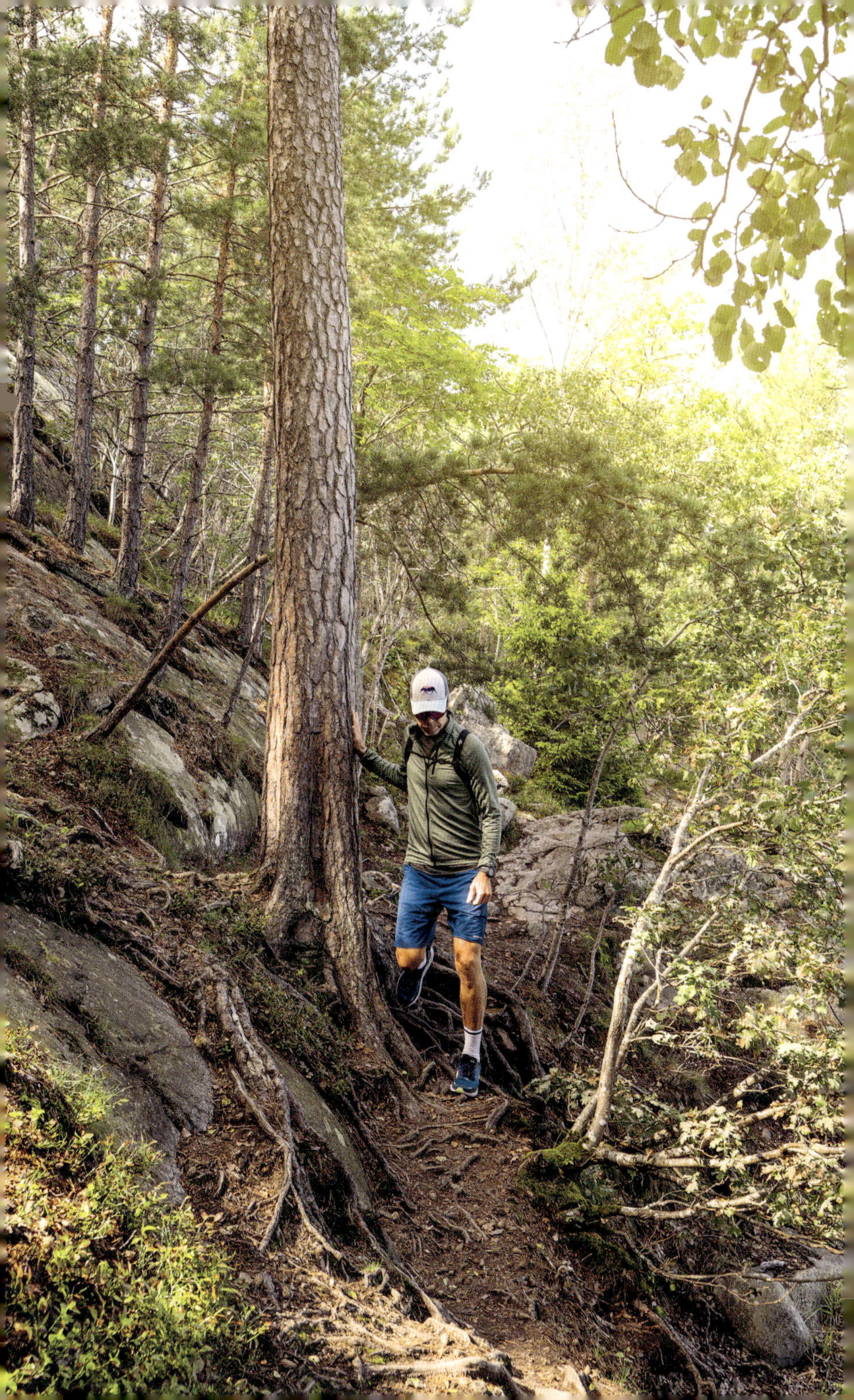

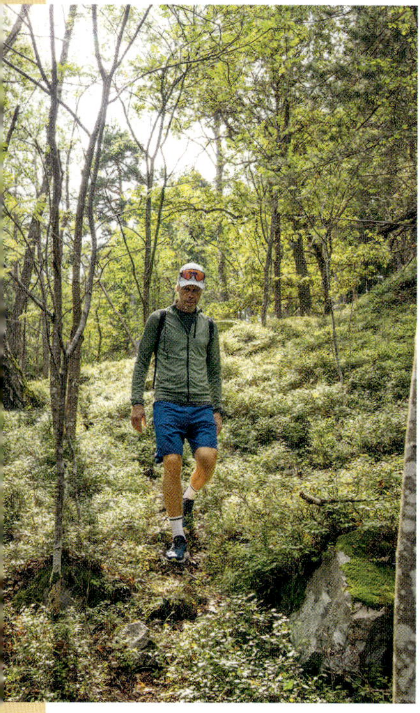

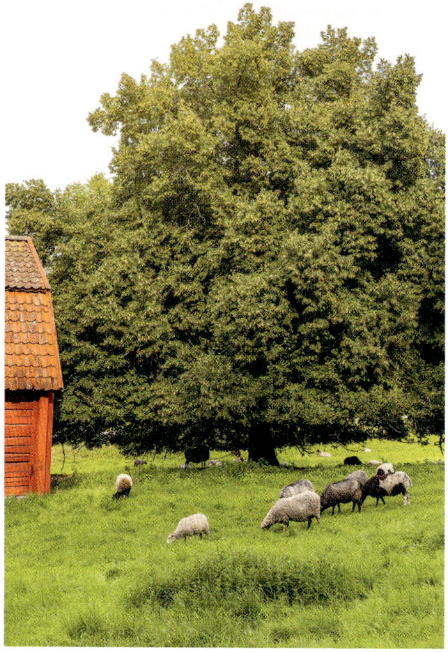

Hier grasen jedes Jahr 400 Schafe und Kühe.

BESCHREIBUNG

Los geht's an der großen Statue von Carl Linnaeus (Linnéstatyn) im Humlegården, hinter der Kungliga Biblioteket. Schaut in Richtung Spielplatz und geht in nordöstlicher Richtung auf der imposanten Lindenallee, die an der Statue beginnt. Überquert die Karlavägen und marschiert weiter auf der Floragatan. Wenn ihr an die Valhallavägen kommt, überquert die Straße und geht die Drottning Sofias Väg zwischen dem Krankenhaus Sophiahemmet und dem Stadion hinunter. Nach einigen Hundert Metern lässt der Lärm der Stadt nach und wird vom Vogelgesang aus dem Wald übertönt – ihr seid in Lill-Jansskogen angekommen.

Weiter geht es auf dem am Zaun von Sophiahemmet entlangführenden Pfad in Richtung der großen Infotafel von Norra Djurgården, die ihr bald vor euch seht. Marschiert in nordöstlicher Richtung auf der Schotterstraße. Hier begegnen euch Hunde und ihre Besitzer, Joggerinnen, Fahrradfahrer, andere Wanderer und Kinder auf Naturexkursionen.

»Der Lärm der Stadt lässt nach und wird vom Vogelgesang aus dem Wald übertönt.«

An der Kreuzung von Klappjaktsvägen und Uggleviksvägen könnt ihr den kleineren Trampelpfad nehmen, der parallel zum geteerten Fahrradweg verläuft. Nach ca. 300 m vereinen sich beide Wege bei einer Eisenbahnbrücke. Geht über die Brücke und ca. 100 m weiter geradeaus auf dem breiten, manchmal schlammigen Weg zur Björnäsvägen. Überquert die Straße und folgt dem Pfad, der am Zaun einer Pferdekoppel entlangführt, haltet euch also links. Am Ende der Koppel folgt ihr weiter dem Zaun zur Linken und marschiert auf einem Trampelpfad, der als Wanderweg markiert ist, zuerst mit dem Wald zu eurer Rechten und dann einen knappen Kilometer lang auf beiden Seiten, bis ihr zu einem Feld kommt, das ihr überquert. Die sechs himmelblauen Gebäude vor euch gehören zur Universität von Stockholm und wurden vom Architekten David Helldén entworfen, der auch die ersten Hochhäuser in Hötorget (Hötorgshallen) gebaut hat. Überquert die Schotterstraße und geht auf dem Trampelpfad über ein weiteres Feld. Hier verläuft der Weg zwischen Pferdeweiden. Haltet euch links, wenn ihr zur Teerstraße kommt, die an einer steinernen Ruine beginnt. An der kleinen Straße seht ihr rechts den Naturpark Stora Skuggan mit dem 4H-Stadtbauernhof und zwei Restaurants. Falls ihr eine Pause

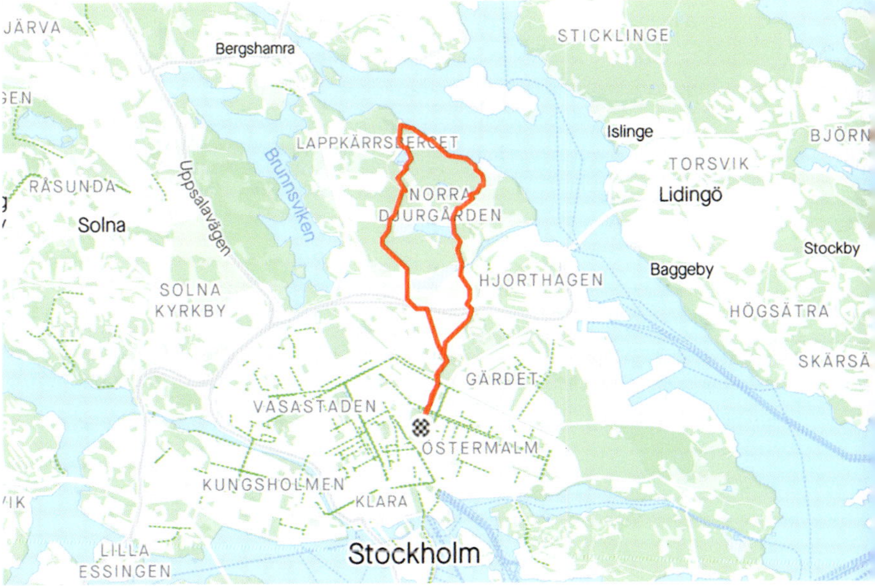

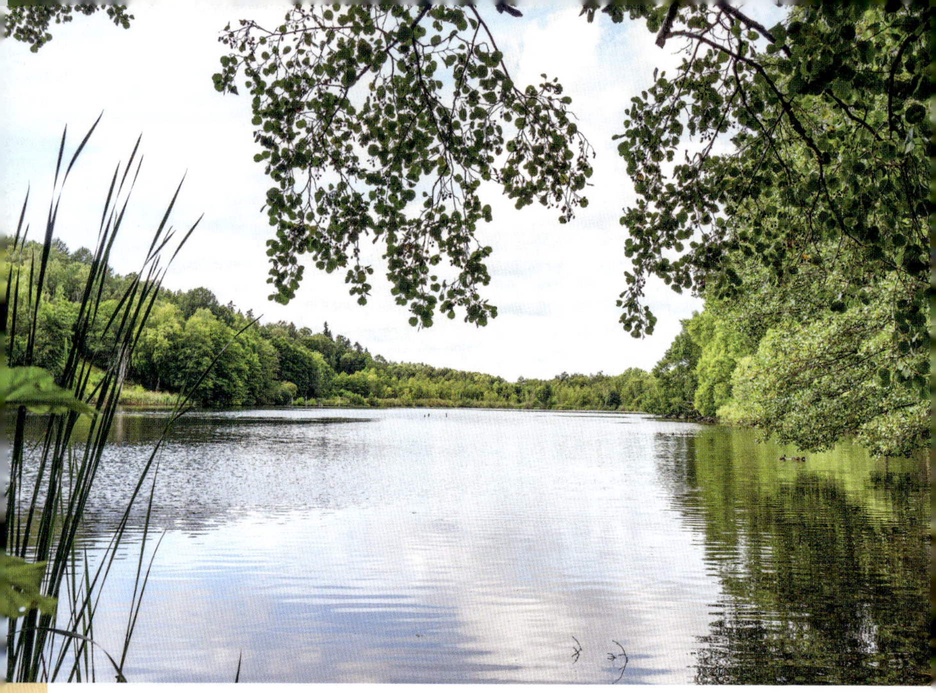

einlegen wollt, geht weiter nach rechts und trinkt am Stadtbauernhof einen Kaffee. Falls ihr schon genug habt, könnt ihr jetzt umdrehen und wieder in Richtung Stadt spazieren (siehe weiter unten in der Beschreibung).

Die Tour geht auf dem schmalen Pfad auf der anderen Straßenseite weiter, ca. 30 m nach rechts, hinten am 4H-Stadtbauernhof vorbei. Nach kurzer Zeit kommt man rechter Hand an Kleingärten vorbei. Geradeaus sind die Gebäude von Lappkärrsberget zu sehen, die hauptsächlich Studentenwohnungen beherbergen. Der Weg führt weiter in den Wald. Am Rand des Sees Lappkärret findet ihr eine interessante Infotafel mit den Vögeln und Tieren dieser Gegend. Wahrscheinlich entdeckt ihr einige davon auf dem See. Die Spechte habt ihr vermutlich schon im Wald gehört. Spaziert am Rand des Lappkärret entlang, bis ihr die Gebäude fast erreicht habt. Weiter geht es auf dem Waldweg. Wenn er sich gabelt, haltet euch links, bis ihr schon bald an eine kleine Straße kommt. Geht auf der Straße rechts, bis zu einem kleinen Badestrand. Nun seid ihr an der Meerenge Lilla Värtan. Links liegt Bergshamra, auf der anderen Seite der Meerenge seht ihr Stocksund und noch weiter rechts befindet sich die Insel Lidingö.

Der kleine See Lappkärret ist die Heimat vieler Vogelarten und deshalb bei Ornithologen sehr beliebt.

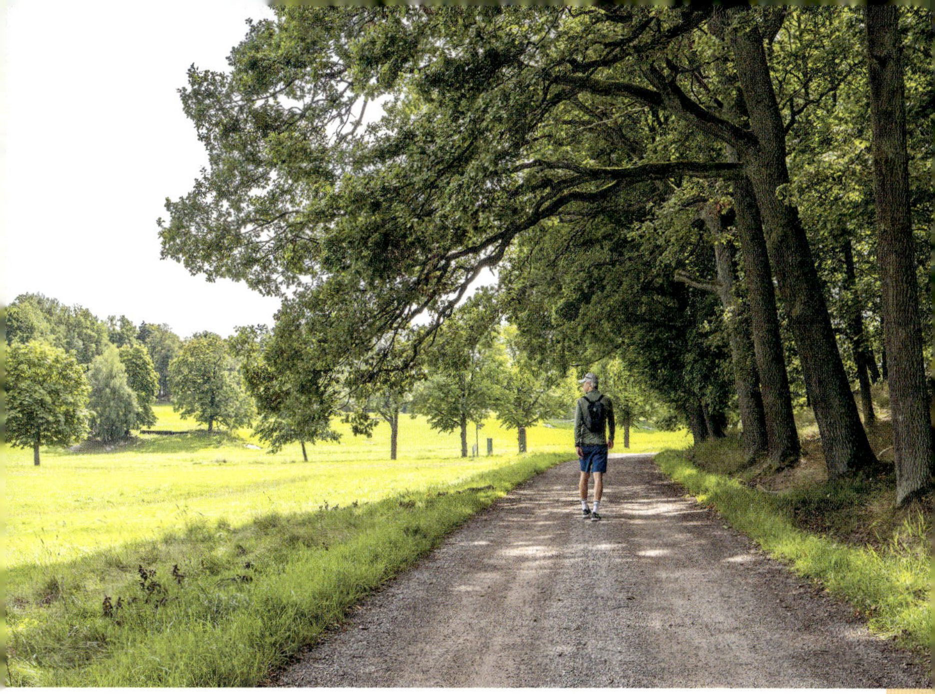

Folgt dem Pfad zu eurer Rechten, der über zwei Holztreppen hinauf in den Wald führt, aber dennoch nah am Wasser verläuft. Nach 500 bis 600 m teilt sich der Weg auf einem halbwegs ebenen Stück der Joggingstrecke unten am Wasser. Ihr folgt dem kleineren Pfad, der geradeaus führt. Nun spaziert ihr wieder auf einem eher unebenen und gewundenen Trampelpfad. Schließlich gelangt ihr an eine breitere Schotterstraße mit einem Reitweg und einer Weide zu eurer Linken sowie wunderschönen alten Eichen auf der rechten Seite. Ihr geht auf der Schotterstraße weiter. Vor euch liegt nun Fisksjöäng, wo manchmal im Frühling, Sommer und Frühherbst die königlichen Schafe grasen, bewacht von gut ausgebildeten Hütehunden und ihren Besitzern. Mit etwas Glück erlebt ihr sie bei der Arbeit. Am Ende der kleinen Eichenallee und Schotterstraße, kurz vor dem Beginn der Teerstraße, biegt ihr nach rechts auf einen Gehweg in den Wald ein und wandert nun parallel zum Fisksjöäng dahin. Nach ca. 200 m überquert ihr am kleinen Parkplatz das Feld mit der Holzbrücke in der Mitte. Von hier aus seht ihr die Gebäude von Norra Djurgårdsstaden hinter den Weiden mit grasenden Kühen. Auf der anderen Seite des Feldes orientiert ihr euch wieder Richtung

Stadt und nehmt die Straße, die zwischen den Gebäuden verläuft. Sie heißt Laduviksängen und führt zum bezaubernden Laduviken-See. Seit der Anlage von Norra Djurgården genießen hier viele Leute die Umgebung. Auf dem Hügel sieht man Fiskartorpet mit Laufstrecken, Fitnessgeräten und einem Mountainbike-Trail. Fiskartorpet gilt als die erste Outdoor-Sportstätte Stockholms – während der 1960er-Jahre war sie bei Wintersportlern beliebt.

Geht auf der Straße unten am Laduviken-See nach links, dann rechts nach oben und den Hügel hinter der roten Scheune hinauf. Der Weg führt nun in steilem Winkel nach unten. Dabei überquert ihr die Kreuzung und geht einige Meter auf dem Reitweg entlang, bevor ihr auf dem Pfad zu eurer Linken wieder in den Wald spaziert. Wandert durch den Wald und überquert auf der Brücke die Gleise, wenn ihr auf der anderen Seite den Wald wieder verlasst. Nach der Brücke folgt ihr der Straße nach rechts in Richtung der Sportschule Gymnastik-och idrottshögskolan, GIH, an der Träskportsvägen, also auf der rechten Seite. An der GIH seid ihr nun wieder in Lill-Jansskogen nahe dem Sophiahemmet-Krankenhaus und dem Stadion angekommen. Von hier aus marschiert ihr den gleichen Weg zurück zum Humlegården.

»Seit der Anlage von Norra Djurgården genießen hier viele Leute die Umgebung.«

EINKEHR

Omnipollos flora

Seht euch im Humlegården die Mikrobrauerei Omnipollo an, ein Open-Air-Restaurant, das eigenes Bier, Eis und einfache Speisen verkauft. Von Mai bis September geöffnet.
IG@omnipollosflora

BESONDERES VOR ORT

Stora Skuggans Värdshus

In Stora Skuggan gibt es das hübsche, beliebte Restaurant Stora Skuggans Värdshus. Hier werden im Freien Würste gegrillt, während man rund um den Grill steht. Im Inneren des Restaurants kommen herzhafte Speisen aus biologischem Anbau auf den Tisch.
IG@storaskuggansvardshus

Klätterverket/Gasverket

Wer gerne klettert oder es einmal ausprobieren möchte, sollte Klätterverket besuchen. In einem der alten Gasspeicher von Norra Djurgårdsstan hat Klätterverket einige durchaus herausfordernde Wände zum Klettern und Bouldern eingerichtet. Der Besuch lohnt schon allein wegen der spannenden Umgebung.
IG@klatterverket_gasverket

GIH-Badet

Nach der Tageswanderung eine Runde schwimmen und anschließend in die Sauna! Am Ende der Tour kommt ihr kurz vor Lill-Jansskogen an das GIH-Schwimmbad (25-m-Becken).

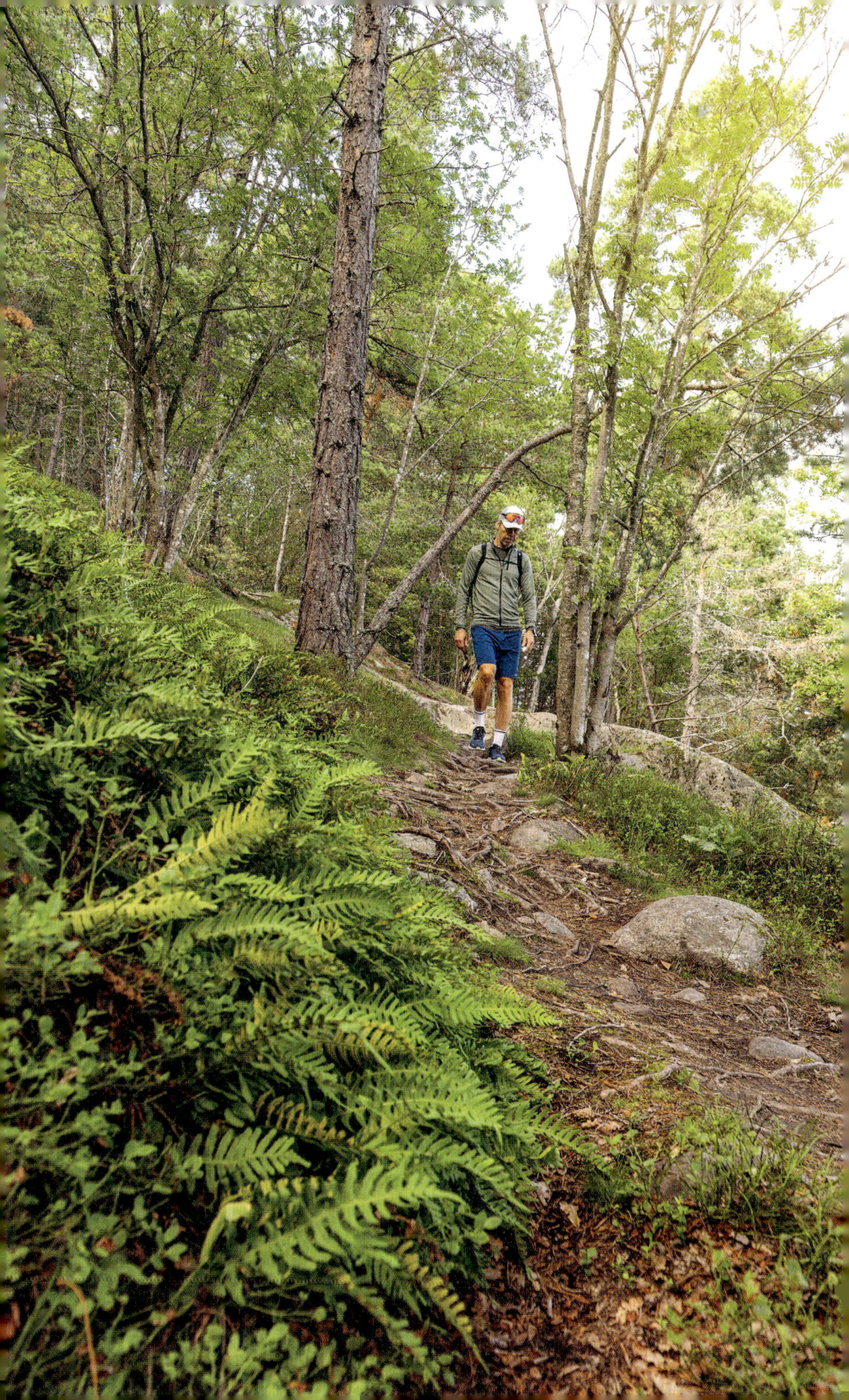

3. RUND UM DEN BRUNNSVIKEN

Eine Tour mit vielen Sehenswürdigkeiten

Diese Wanderung rund um den Brunnsviken-See verbindet Stadt und Natur. Unterwegs reiht sich eine kulturelle Stätte an die andere. Wir haben als Startpunkt das schöne Carl Eldhs Ateljémuseum (Skulpturenmuseum) auf dem Hügel zwischen Wenner-Gren Center und Roslagstull ausgewählt. Von dort aus geht es mit dem See zur Linken an Kanuclubs und Badefelsen, am botanischen Garten Bergianska trädgården, an der Tivolihalbinsel und dem Dorf Bergshamra vorbei und dann auf der Haga-Seite zurück, wo Haga slott, Ekotemplet, der Pavillon von Gustav III. und Stora pelousen (der Rasen bei Hagaparken) auf Bewunderer warten.

Brunnsviken ist bei allen, die gerne wandern, spazieren, joggen oder Kanu fahren, sehr beliebt. Im Winter, wenn der See zugefroren ist, kann man hier wunderbar Schlittschuh laufen. Ein Teil der Tour führt nahe einer Autobahn entlang, aber so ist das eben, wenn man Stadt und Land kombiniert. Die Wanderung ist ziemlich lang und unterwegs gibt es allerhand zu sehen. Doch man kann die Tour überall abbrechen oder sie abschnittsweise über mehrere Tage gehen.

Unsere Wanderung verläuft größtenteils auf dem Hälsans stig (Pfad der Gesundheit).

Start: Carl Eldhs Ateljémuseum
Weglänge: 12 km
Dauer: 2 Stunden 30 Minuten
Schwierigkeitsgrad: leicht, aber lang
Beste Wanderzeit: zu jeder Jahreszeit
Entfernung von Stockholm: 0 km

Scanne den QR-Code mit dem Smartphone.

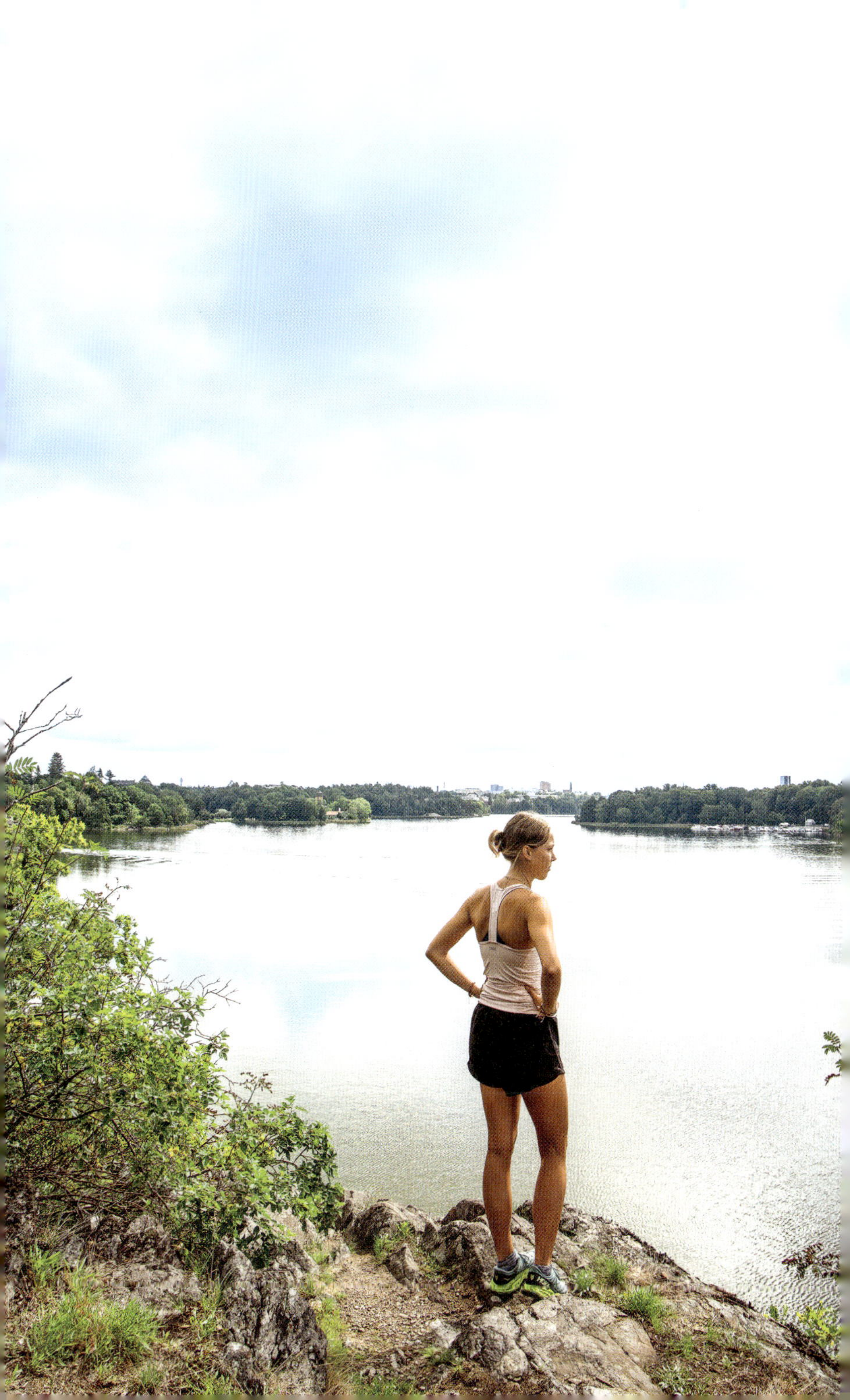

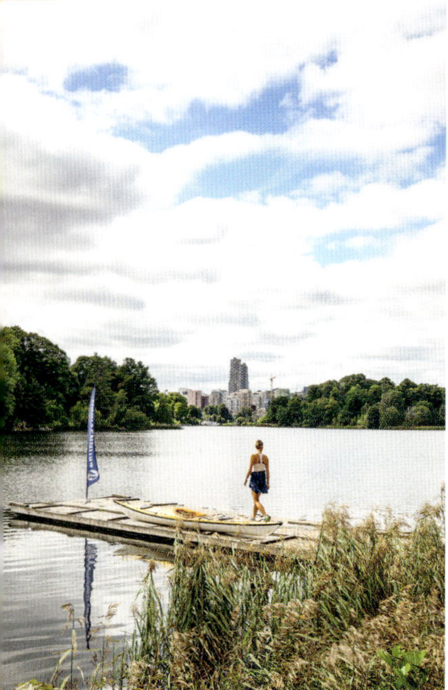 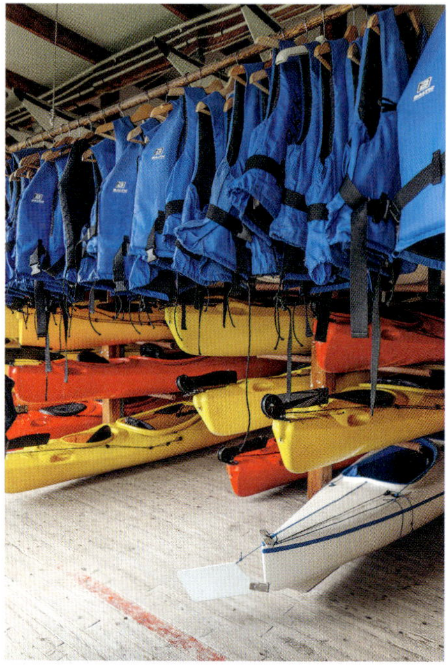

Im Hintergrund sind die Norra Tornen zu sehen. Man kann sich den hohen Gebäuden mit einen Kanu nähern.

BESCHREIBUNG

Vom Carl Eldhs Ateljémuseum geht ihr die Treppe hinunter zum Brunnsviken und dann nach rechts. Nach ein paar Minuten seht ihr am Albano Bootsclub eine große Infotafel zu Norra Djurgården. Nehmt den Weg, der links am Wasser entlangführt. Euer Herzschlag verlangsamt sich, während der Verkehrslärm abebbt.

Nach ca. zehn Minuten kommt ihr am Brunnsvikens kanotklubb vorbei, wo ihr zur warmen Jahreszeit ein Kanu mieten könnt. Von hier aus seht ihr das Neubaugebiet Haga Norra, in dem Stockholms höchstes Gebäude steht: Norra Tornen (die Nordtürme). Nur wenige Minuten später gelangt ihr zum Ruderclub Akademiska roddföreningen. Hier muss man Mitglied sein, aber hinter dem Ruderclub gibt es einen »Kayakomat«, also eine Kajakvermietstation mit Selbstbedienung. Schon bald kommt ihr an einen kleinen Sandstrand, der auch bei Kanadagänsen sehr beliebt ist. Folgt weiter dem Pfad, der mit Ziel Bergianska trädgården ausgeschildert ist.

Nun wird die Vegetation dichter und die Landschaft etwas hügeliger. Nachdem ihr zuerst den Schildern nach Bergianska gefolgt seid, orientiert ihr euch jetzt an den Markierungen zur Strandpromenade. An den kleinen Gewächshäusern hat man einen Ausblick auf die Treibhäuser und Beetanlagen des Bergianska trädgården. Das monumentale Jugendstilgebäude hinter Bergianska auf der anderen Seite der Straße ist das Naturhistoriska riksmuseet (Naturkundemuseum).

»Am Brunnsvikens kanotklubb könnt ihr zur warmen Jahreszeit ein Kanu mieten.«

Wandert am Bergianska trädgården weiter am Wasser entlang, bis ihr zum Victoriadammen mit seinen Seerosen kommt. Kurz darauf erreicht ihr den Japanischen Teich. Hier gibt es auch ein entzückendes Café in der alten Orangerie. Wer umdrehen will, kann mit dem Roslagsbana-Zug zurück zur Östra Station fahren. Der Bergianska trädgården endet am Pumpenhaus. Aber ihr könnt auf dem Weg am Wasser entlang weitergehen – vorbei an den klassischen Sommerhäusern aus dem 19. Jahrhundert mit ihren hübschen Veranden.

Nachdem ihr die Halbinsel mit den gelben Villen umrundet habt, folgt ihr dem Weg parallel zur Autobahn und macht dann einen kleinen Schlenker: Geht auf der Fußgängerbrücke entlang, die zu einem Weg unter dem Tunnel wird. Wenn ihr den Tunnel verlasst, biegt ihr gleich nach rechts auf einen

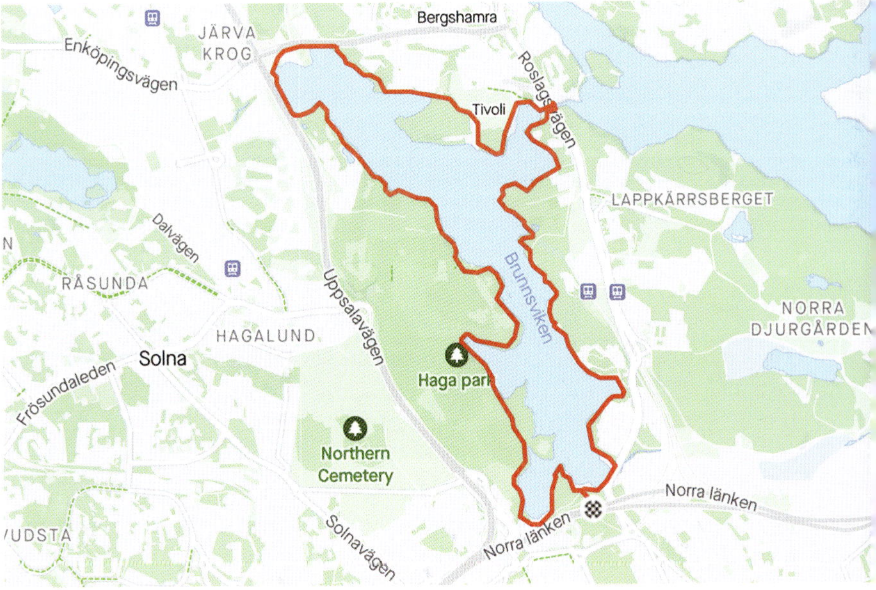

kleinen Pfad ab, der unter dem Geländer hindurchführt, bis ihr schließlich auf einem Fuß- und Radweg herauskommt, der parallel zur Autobahn verläuft. Dort haltet ihr euch rechts, also Richtung Norden, und steigt nach 50 m die Treppe rechts hinunter. Nun geht ihr durch den Tunnel auf der anderen Seite des Kanals und wieder in die entgegengesetzte Richtung wie zuvor.

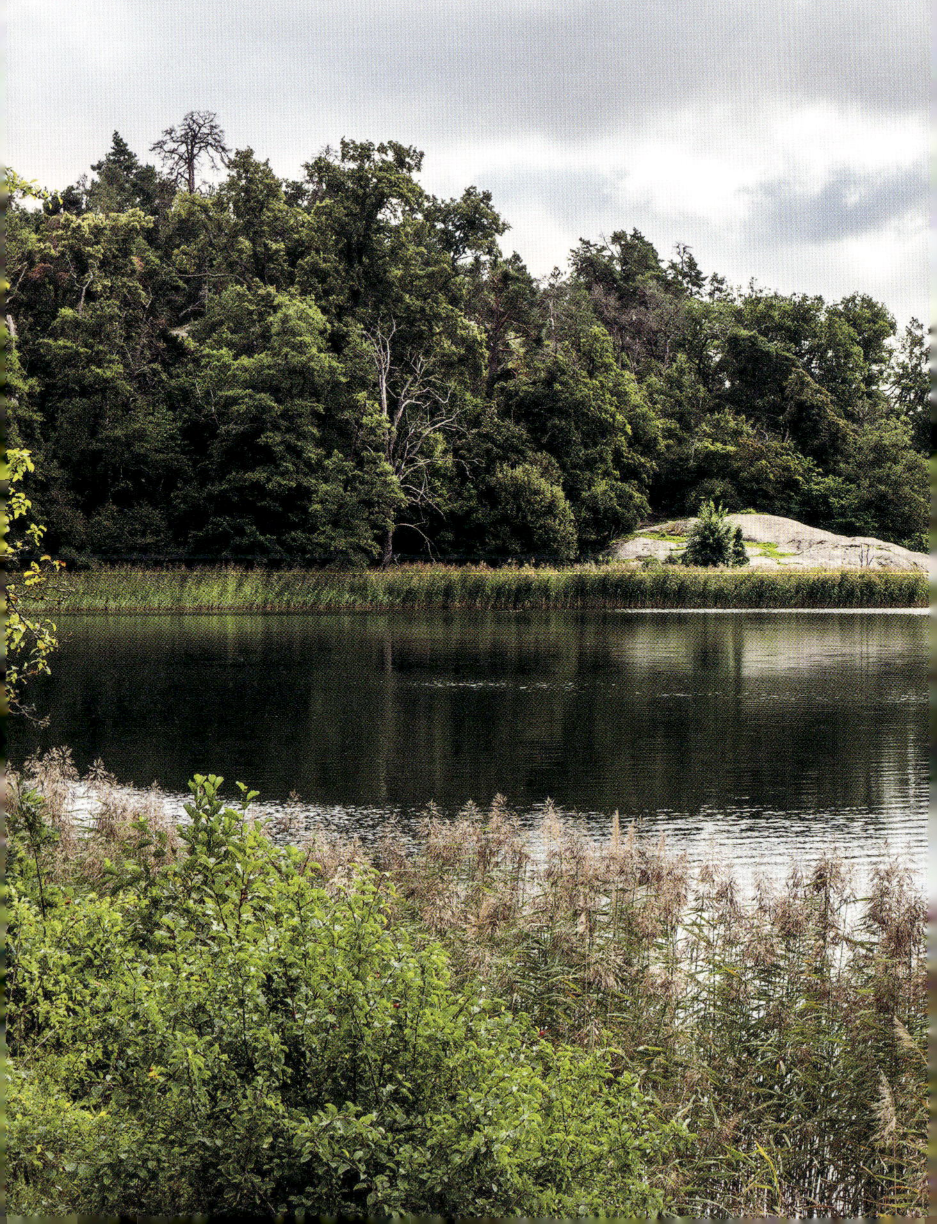

Marschiert weiter auf dem Weg am See entlang, an den im Sommer leuchtend bunten Schrebergärten zu eurer Rechten vorbei. Das bebaute Viertel vor euch ist Bergshamra. Nun seid ihr auf der Tivolihalvön (Tivolihalbinsel). Spaziert Richtung Pipers Park und Anlegestelle Tivoli Brygga durch einen üppig grünen Haselwald. Dort wendet ihr euch nach rechts und folgt dem Weg zwischen Feldern mit Schafen und den Schrebergärten hindurch. Oder ihr macht auf der Tivolipromenade einen unterhaltsamen Abstecher. In dem Fall folgt ihr den Schildern Richtung Cadiers odlingar. Unterwegs findet ihr viele Hinweistafeln zur Geschichte des Ortes.

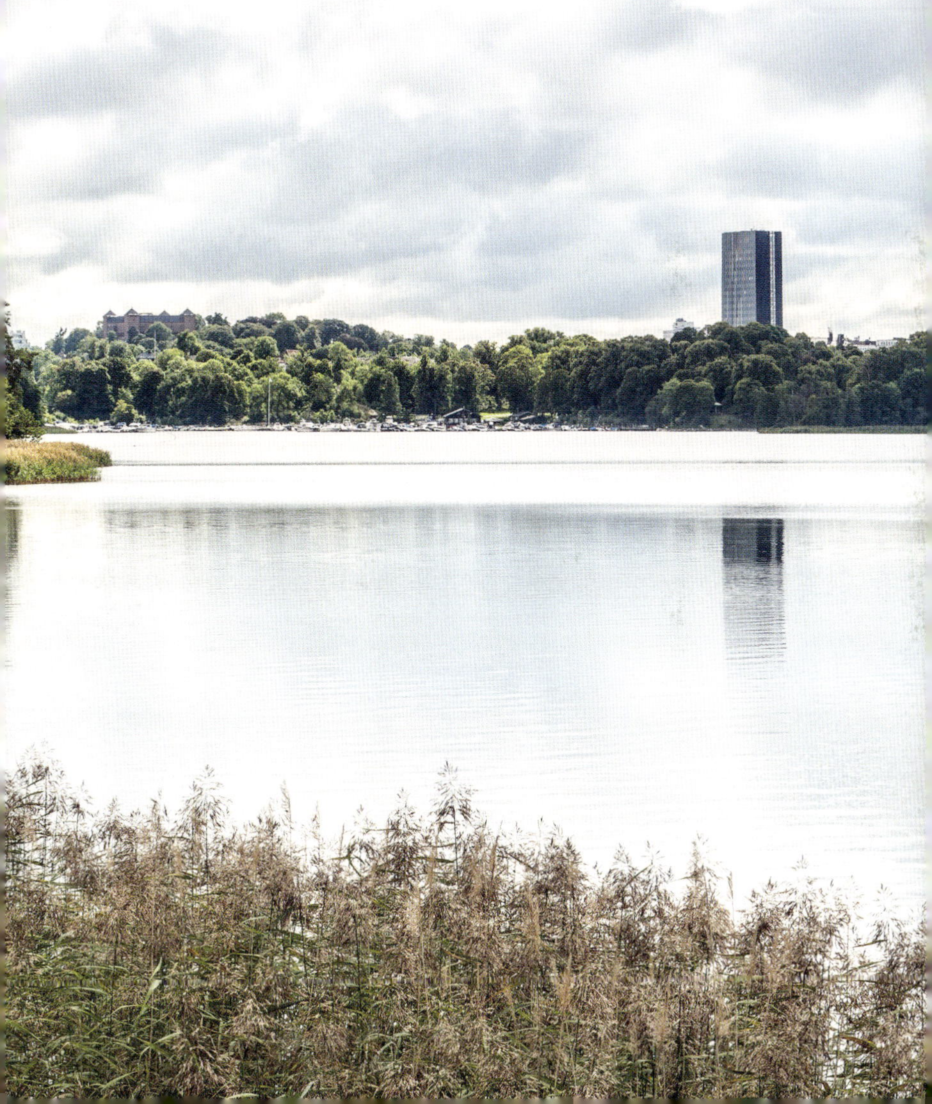

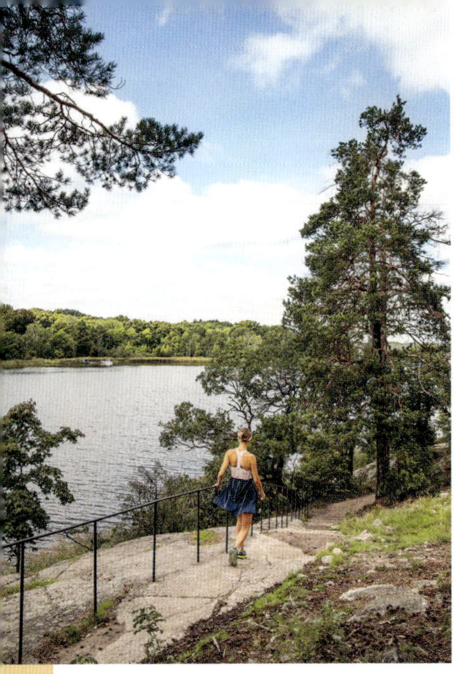

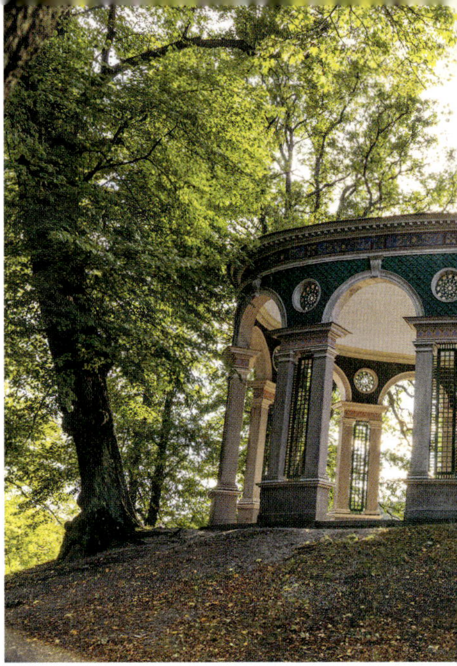

Der Ekotemplet (Echotempel) ist eines der vielen historischen Gebäude im Hagaparken.

Kurz hinter dem Dörfchen Bergshamra kommt ihr am gemütlichen Kafé Sjöstugan vorbei. Die Zimtschnecken können wir wärmstens empfehlen! Die Non-Profit-Organisation Fröet hat sich dem Anbau von Blumen verschrieben. Auf dem folgenden Wegabschnitt umrundet ihr das kurze Ende von Brunnsviken, bevor es auf der Haga-Seite des Sees wieder zurückgeht. Nach der Hälfte dieses Abschnitts seht ihr einen Tunnel. Wenn ihr rechts hineingeht, kommt ihr in Ulriksdal heraus (siehe Wanderung S. 46.)

Aber ihr bleibt am Wasser. Der erste Teil des Weges auf der Haga-Seite verläuft nahe an der Straße. Doch sobald ihr am großen Bürogebäude Frösundavik vorbei seid, führt die Route durch eine wunderbare Landschaft. Hier starten mehrere Joggingstrecken, aber schon nach ca. 15 Minuten herrscht ringsum Ruhe.

»Zahlreiche Pavillons im Hagaparken ließ König Gustav III. errichten.«

Am Bootsclub könnt ihr nach rechts abbiegen, falls ihr zum Schmetterlingsmuseum Fjärilshuset und zum Restaurant Koppartälten wollt. Unser Weg führt jedoch weiter am Wasser entlang. Es geht um die Halbinsel herum, am hohen Zaun entlang, der Haga slott umgibt, wo heute Kronprinzessin Victoria mit ihrer Familie lebt. Nach der Halbinsel seht ihr

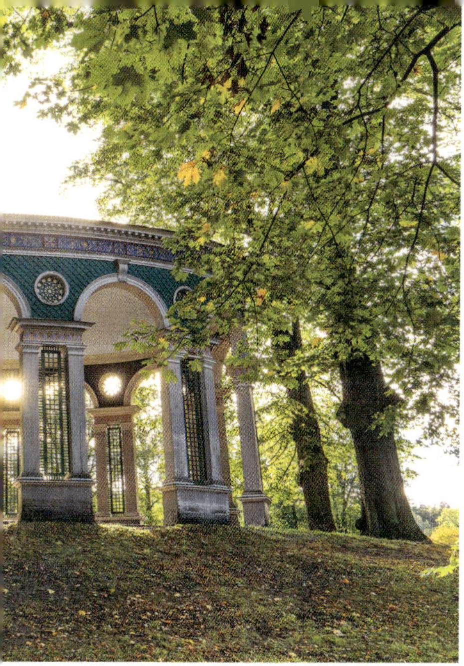

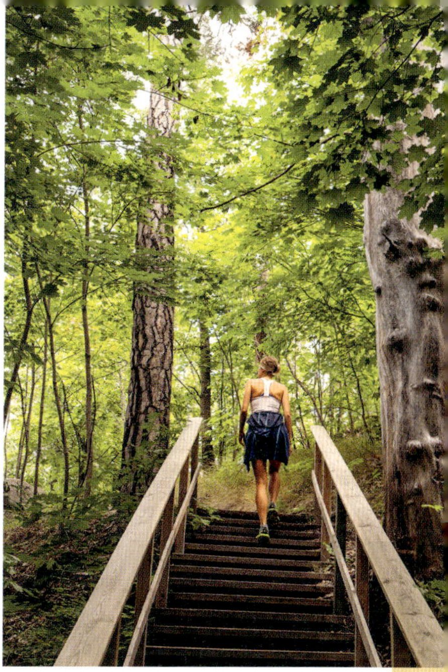

schon Ekotemplet, einen der zahlreichen Pavillons, die König Gustav III. errichten ließ. Der Name bezieht sich auf die einzigartige Akustik im Inneren des Pavillons (»Echo«).

Wenn ihr an der Hinweistafel zum einstigen Tempel von Amor und Psyche sowie am Pavillon von Gustav III. zu eurer Rechten vorbeigekommen seid, seht ihr ebenfalls rechts den berühmten Stora pelousen (der Rasen). Ein Stück weiter sind bereits die Koppartälten (Kupferzelte) zu sehen.

Der Pavillon von Gustav III. beherbergt Möbel im gustavianischen Stil. Hagaparken gilt in Schweden als Paradebeispiel eines englischen Landschaftsgartens. Der Stil entwickelte sich als Reaktion auf das Barock mit seinen strengen Regeln. Der Park dagegen betont die Schönheit und die Formen der Natur, die man in der sorgsam angelegten hügeligen Landschaft bewahren wollte. Gustav III. ließ Hagaparken gegen Ende des 18. Jahrhunderts anlegen. Sanft geformte Rasenflächen und offene Weiden bilden einen Kontrast zu den dunklen bewaldeten Gebieten. Der englische Park sollte neben kleinen, magisch wirkenden Pfaden und mächtigen Bäumen auch interessante Gebäude aufweisen. Ganze Bataillone an Arbeitern formten den Garten, indem sie das Gelände umgruben, um den *pelousen* entstehen zu lassen und die vorhandene Landschaft zu einem »natürlich« wirkenden Park umzugestalten.

Wenn man Hagaparken erkunden will, kann man eine eigene Tour dafür planen. Unsere Route führt allerdings weiter am Wasser. Nach einiger Zeit kommt ihr schließlich an der nächsten großen Rasenfläche vorbei, wo meist viel los ist. Spaziert am Wasser entlang, an den Tennisplätzen und dem berühmten Restaurant Stallmästaregården vorbei. Wenn ihr weitergeht, seht ihr bald einen weiteren »Kayakomat«. Geht am Stallmästaregårdens-Bootsclub vorbei um das kleine Kap Bellevue herum. Das Ende eures Rundwegs kommt nun in Sicht. Aber bevor ihr die Stufen zum Carl Eldhs Ateljémuseum hinaufgeht, wendet ihr euch nach rechts und genießt noch die Blumenrabatten des städtischen Gemeinschaftsgartens von Bellevue.

Es ist nicht ganz einfach, die Hauptstraße bei Ålkistan zu unterqueren. Aber haltet euch an die Beschreibung, dann klappt es schon.

EINKEHR

Bellevue Café

Wenn ihr im Frühling, Sommer oder Herbst hier vorbeikommt, legt eine Pause im Bellevue Café neben dem Carl Eldhs Ateljémuseum ein. Ihr könnt in der Laube ein Eis schlecken oder etwas trinken – es geht wesentlich entspannter zu als im Hagaparken.
IG@bellevuesthlm

Savoj

Wer eine schicke urbane Einkehr bevorzugt, überquert die Roslagstull und geht die Roslagsgatan entlang. Bei den Brüdern Andreas und Jonathan im Restaurant Savoj gibt es etwas zu trinken und einen Happen zu essen. Probiert ihre fantastischen Pizzas!
IG@savojpizza

BESONDERES VOR ORT

Carl Eldhs Ateljémuseum

Carl Eldh war einer der erfolgreichsten Bildhauer Schwedens. Sein Atelier mit mehreren Hundert Werken und Skizzen ist für die Öffentlichkeit zugänglich. In diesem von einem Künstler geprägten, geradezu magischen Umfeld herrscht eine inspirierende Atmosphäre. Es gibt auch Sonderausstellungen.
IG@carleldhsateljemuseum

Edvard-Anderssons-Gewächshaus, Bergianska trädgården

In diesem Gewächshaus könnt ihr mithilfe von Pflanzen um die Welt reisen. Es wurden sieben Räume eingerichtet, u. a. mit Mittelmeer-, Regenwald- und tropischem Klima. Es fühlt sich wie ein Vitaminshot an, besonders während der dunkleren Monate. Rund ums Jahr geöffnet.
IG@bergianskatradgarden

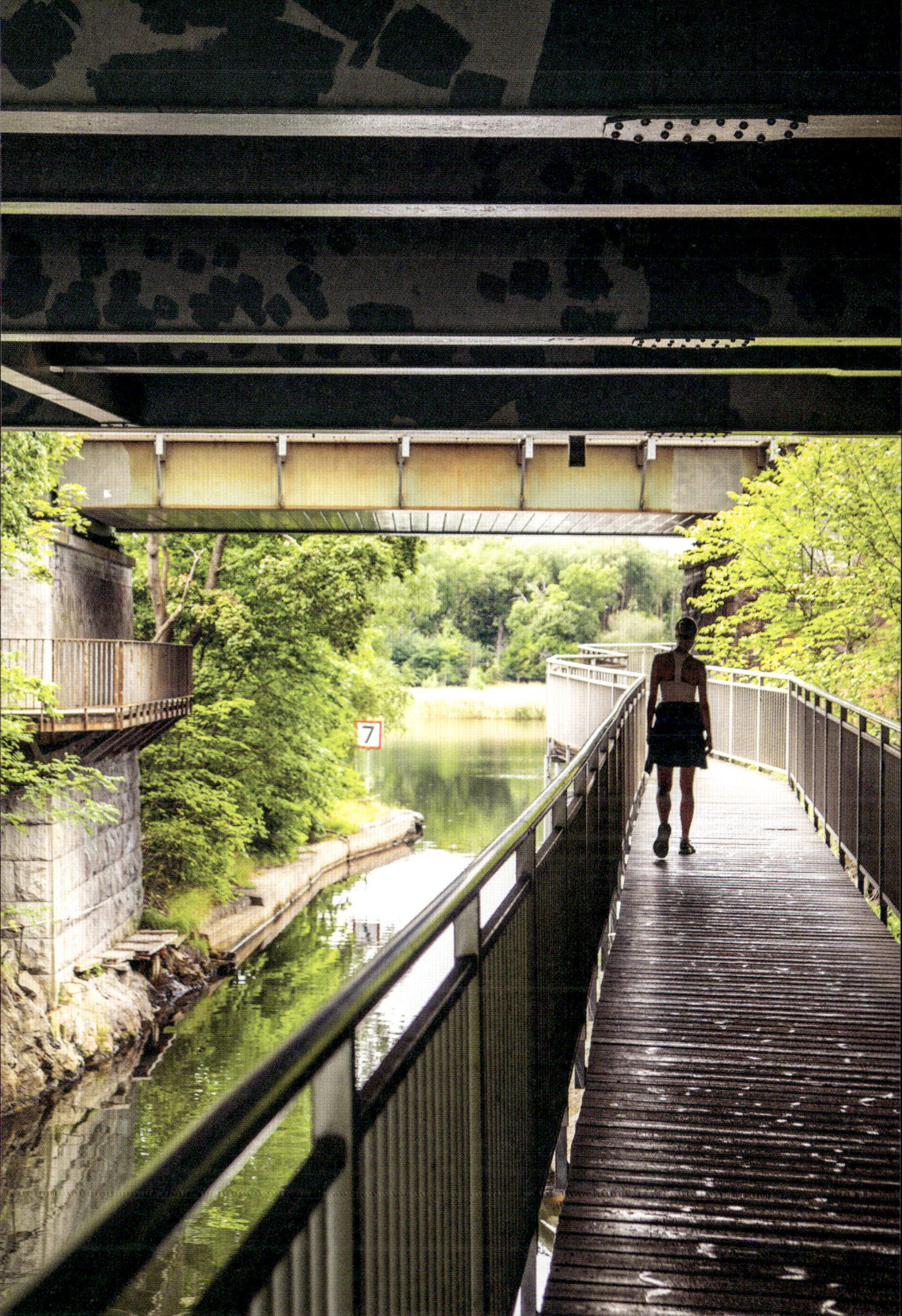
7

4. ULRIKSDAL

Entdeckungstour in historischer Umgebung

Die Ulriksdal-Wanderung verbindet Naturerlebnis und Kulturgenuss – genau wie die Brunnsviken-Tour. Sie startet am Theater Confidencen und dem Ulriksdal-Restaurant und führt auf einem Rundweg durch die Umgebung. Das Confidencen ist Schwedens ältestes Rokokotheater. Das Gebäude aus den 1670er-Jahren wurde ursprünglich als Reithalle genutzt, aber etwa 100 Jahre später zum Theater umgebaut. Der Name verdankt sich der Tatsache, dass eines der Speisezimmer mit einem Lift ausgestattet war, mit dem der Esstisch in den Keller transportiert, dort gedeckt und anschließend wieder nach oben gezogen werden konnte, wo die Gäste bereits auf das Essen warteten. So konnte man ohne Kellner speisen, wodurch private Gespräche *en confidence* stattfinden konnten, also ohne dass Geheimnisse ans Tageslicht kamen.

Wir haben einen Rundweg ausgewählt, der abseits der üblichen Routen im Wald auf kleinen Pfaden beginnt.

Wir haben einen Rundweg ausgewählt, der im Wald auf kleinen Pfaden beginnt und am beliebten Gartencenter Slottsträdgården Ulriksdal vorbeiführt. Danach geht es eine kurze Strecke am Wasser entlang, bevor man am eigentlichen

---

Start: Confidencen (Ulriksdals slottsteater)
Weglänge: 5,8 km
Dauer: 1 Stunde 45 Minuten
Schwierigkeitsgrad: mittel
Beste Wanderzeit: zu jeder Jahreszeit
Entfernung von Stockholm: 10 km

Scanne den QR-Code mit dem Smartphone.

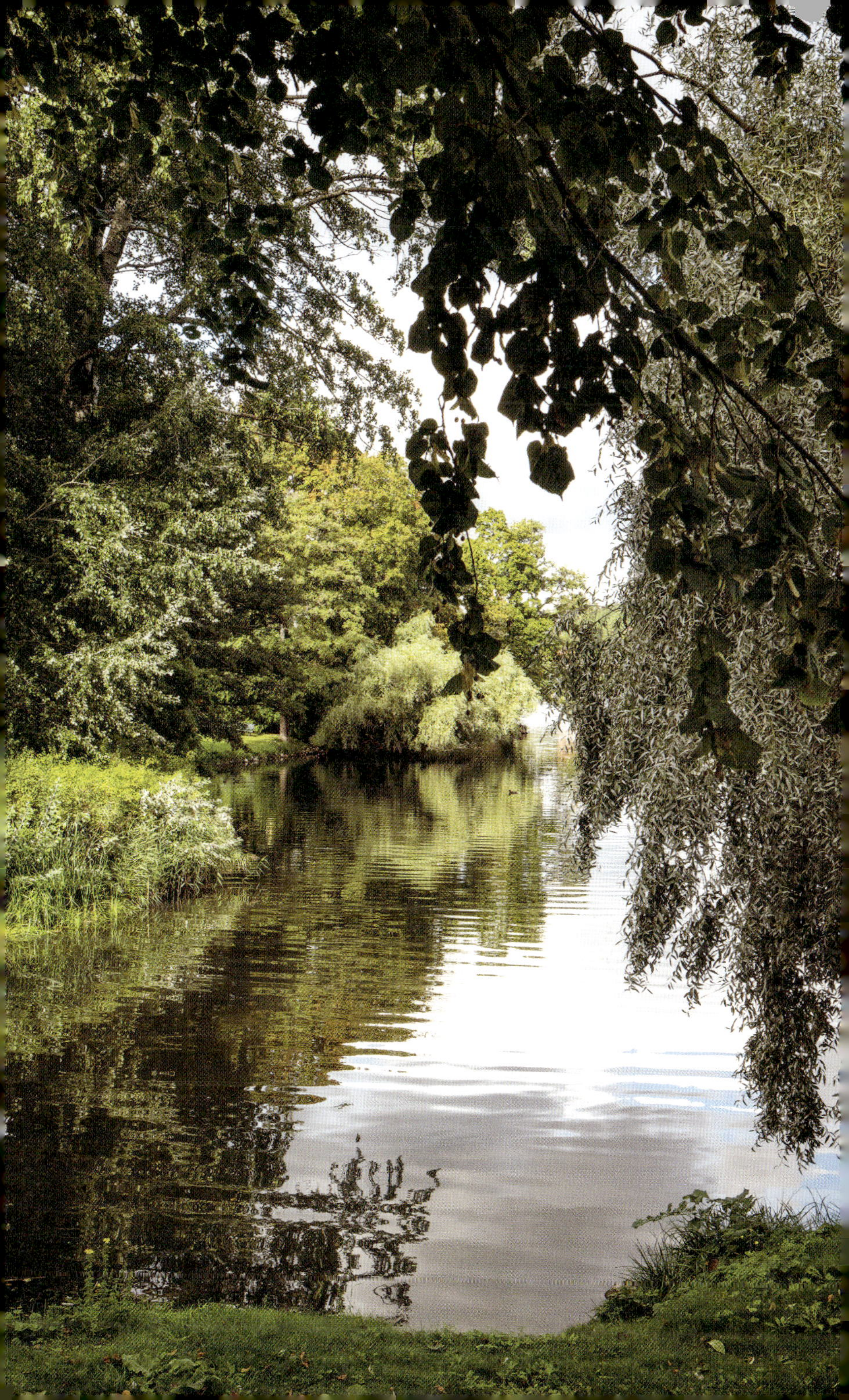

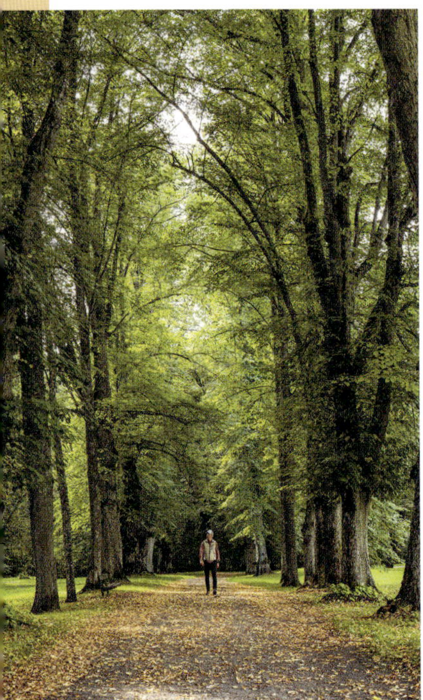

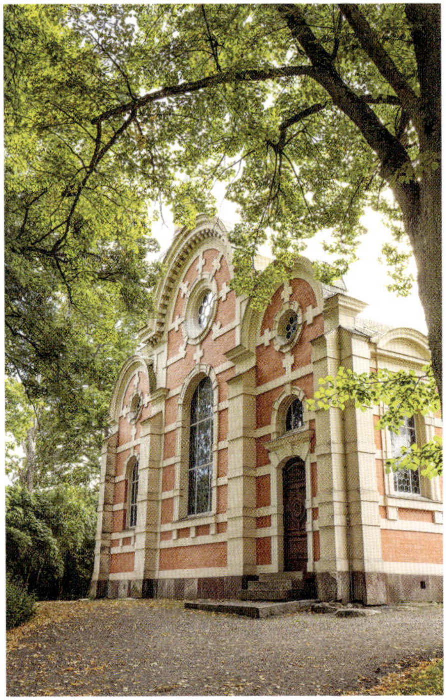

Die Ulriksdals slottskapell ist in Schweden sehr beliebt als Ort für Trauungen.

Schlosspark ankommt, der Teil der Wanderung ist. Sie führt vorbei an der Orangerie, durch den englischen Landschaftspark und zurück durch eine herrliche Lindenallee. Ihr könnt euch die kostenlose App »Kungliga promenader« (Königliche Spaziergänge) downloaden, um weitere Informationen über das Schloss, die Orangerie und den Schlosspark zu erhalten. Die Texte sind auf Schwedisch und Englisch.

Mit der kostenlosen App »Kungliga promenader« erfahrt ihr mehr über das Schloss, die Orangerie und den Schlosspark.

BESCHREIBUNG

Wer mit dem Auto anreist, kann am Ulriksdals Värdshus parken. Wenn man mit dem Bus 503 kommt, steigt man ebenfalls hier aus. Spaziert nach Süden Richtung Stadt. Anfangs geht ihr noch auf der Teerstraße, was bei einer so schönen Umgebung aber kaum auffällt. Wenn ihr an eine Kreuzung am Rande der Schrebergärten kommt, biegt ihr nach links auf den schmalen Waldweg ein.

Folgt dem Pfeil, der Richtung Ulriksdals slott zeigt. Nun seid ihr nur noch einen Steinwurf vom See Brunnsviken entfernt – ihr seht ihn auf der anderen Seite der Schnellstraße glitzern. Weiter geht es auf dem Pfad zwischen Brunnsvikens Trädgård und einer Schrebergartenanlage. Nach fast 100 m kommt ihr an eine Kreuzung. Wählt den Pfad zu eurer Rechten, der ins Ulriksdals-Naturreservat führt.

Auf einem hübschen Pfad geht es hügelaufwärts bis zu einer eingezäunten Weide. Hier nehmt ihr den Weg rechts 50 m am Zaun entlang. Am Tor ist eine weitere Kreuzung, dieses Mal wählt ihr den Weg geradeaus. An der nächsten Gabelung haltet ihr euch rechts. Der Weg ist als Reitweg ausgewiesen (Pfeil mit Reiter-Pferd-Symbol) – Reiter haben hier also »Vorfahrt«. In dem Gebiet werdet ihr zahlreiche Pfade, Pfeile und Hinweisschilder entdecken, aber wenn ihr an die nächste Abzweigung kommt und euch zwischen zwei Pfeilen entscheiden müsst, haltet ihr euch eher links. Folgt also den Reitschildern zur Linken und geht den Hügel hinunter bis zu einer breiteren Schotterstraße, die am Schlosspark entlangführt. Auf der Schotterstraße haltet ihr euch links.

Die Wanderung führt weiter durch die Kleingartenanlage an der Järvavägen 10. Ihr betretet sie durch Tor Nr. 4.

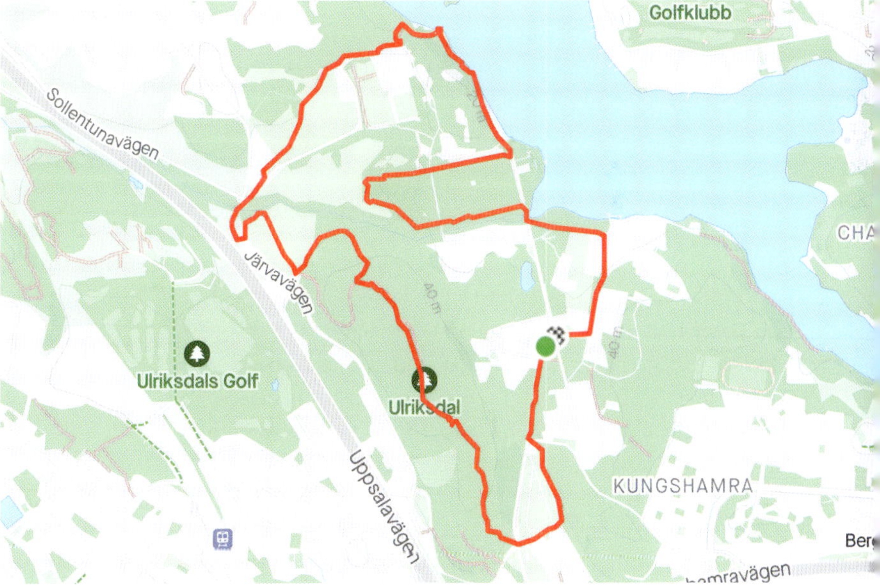

Die charmanten Kleingartenhäuschen bilden einen witzigen Kontrast zu all den Schlössern und grandiosen Gebäuden, an denen ihr auf dieser Tour vorbeikommt.

Geht auf dem Grasweg zwischen den gepflegten Gärten entlang. Wenn ihr fast am anderen Ende der Anlage angekommen seid, wendet ihr euch nach links und verlasst sie durch das Tor. Hinter der Anlage geht ihr auf der Teerstraße ca. 100 m nach rechts. An der nächsten Kreuzung spaziert ihr in Richtung Schlosspark und betretet dann den Friedhof, an dem ihr vorbeikommt. Wo sich die Wege kreuzen, biegt ihr nach rechts ab. Hier gibt es keine Hinweisschilder. Schon bald kommt ihr am beliebten Gartencenter Slottsträdgården Ulriksdal an. Ein Besuch lohnt sich wirklich. Das vegetarische Büfett im Restaurant ist recht bekannt (Montag bis Freitag).

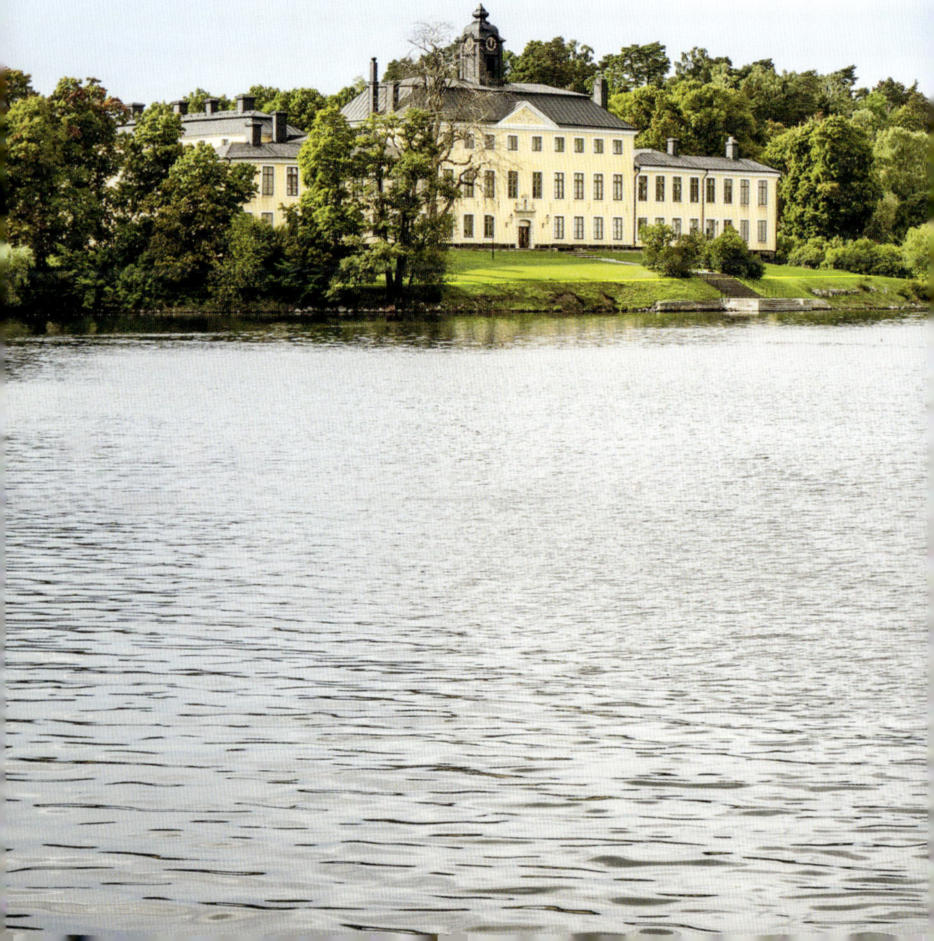

Wenn ihr weitergehen wollt, spaziert ihr den Parkplatz entlang mit dem Gartencenter zu eurer Rechten. Die Pfeile zeigen in Richtung Ulriksdals slott, aber wir machen noch einen Abstecher hinunter ans Wasser – ihr nehmt also stattdessen den kleinen Pfad ganz links am Ende des Parkplatzes. Wenn ihr auf die Schotterstraße stoßt, biegt ihr rechts ab und spaziert am Wasser entlang (Edsviden). Auf der anderen Seite ist Danderyd zu sehen. Nach ca. 500 m gelangt ihr zum Schlosspark. Ulriksdals slott wurde in den 1640er-Jahren gebaut und im Laufe der Jahre mehrfach renoviert. Die letzten königlichen Bewohner waren König Gustav VI. Adolf (1882–1973) und Königin Louise (1889–1965).

Geht gleich hinter dem Schlosstor, und noch bevor ihr das Schloss erreicht, nach rechts, am Schlosscafé, das sich in der

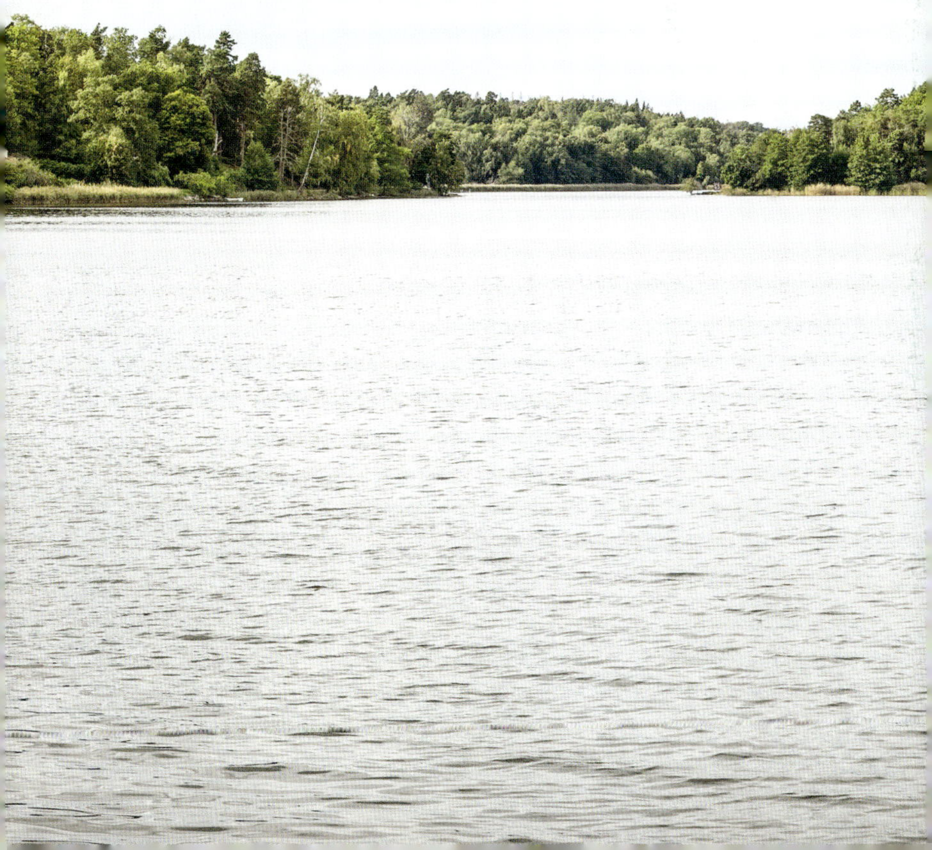

ursprünglichen Schlossküche befindet, und an der Orangerie vorbei. Eines der Gebäude beherbergt ein Skulpturenmuseum, in dem Teile der Sammlung des Nationalmuseums untergebracht sind (am Wochenende geöffnet).

Geht bis zur T-Kreuzung am Ende der Wiese und nehmt den Weg zur Linken, der euch auf der anderen Parkseite durch die schöne Lindenallee wieder Richtung Schloss führt. Sobald ihr an der Skulptur »Morianer med fisknät« (Mauren mit Fischernetzen) vorbeikommt, verlasst ihr den Schlosspark durch das Tor und nehmt den Weg zur Kapelle. Ihr seid nun unterhalb des Ulriksdals Värdshus, wo es gutes Essen und einen Garten gibt. Ihr könnt einfach hindurchspazieren. Auf der anderen Seite des Küchengartens ist der Rundweg zu Ende. Aber der letzte Abschnitt kann auf zwei unterschiedlichen Strecken zurückgelegt werden – entweder durch den Garten oder oben auf der Straße ein paar Meter weiter, an dem Haus im reich verzierten Schweizer Stil vorbei (ein wunderbares Beispiel der schwedischen Romantik). Nun seid ihr wieder am Confidencen angekommen. ⊛

»Durch den Garten könnt ihr einfach hindurchspazieren.«

EINKEHR

Falls ihr weder im Gartencenter noch im Slottsträdgården eine Pause eingelegt habt, könntet ihr am Ende der Wanderung dahin zurückkehren.
IG@slottstradgardenulriksdal

BESONDERES VOR ORT

Naturhistoriska Riksmuseet
Dieses monumentale Gebäude ist Schwedens größtes Museum. Es ist ca. 3,5 km von der Route entfernt. In ihm erfahrt ihr eine Menge über die Flora und Fauna der Erde. Auch das Kino Cosmonova befindet sich hier: Es zeigt Tier-, Natur- und Weltraumfilme im eindrucksvollen IMAX-Format auf einer 760 m² großen Leinwand.
IG@naturhistoriska

Bockholmen hav & restaurang
In dieser auf einer kleinen Insel gelegenen Villa (Jahrhundertwende) kurz vor Bergshamra kann man gut essen oder etwas trinken. Schärenfeeling mitten in Stockholm. Rund 3 km von der Route entfernt.
IG@bockholmen

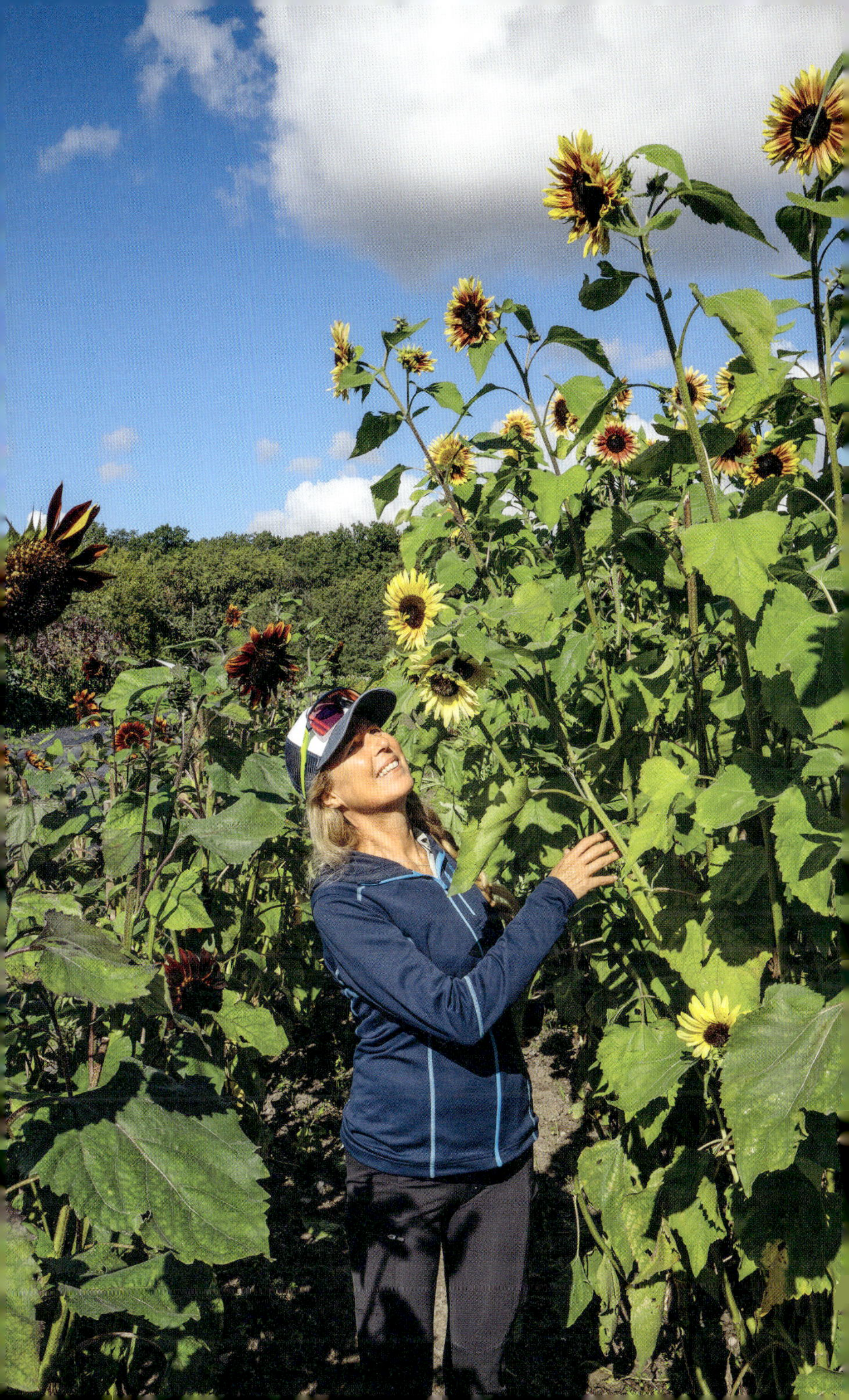

IM UMLAND

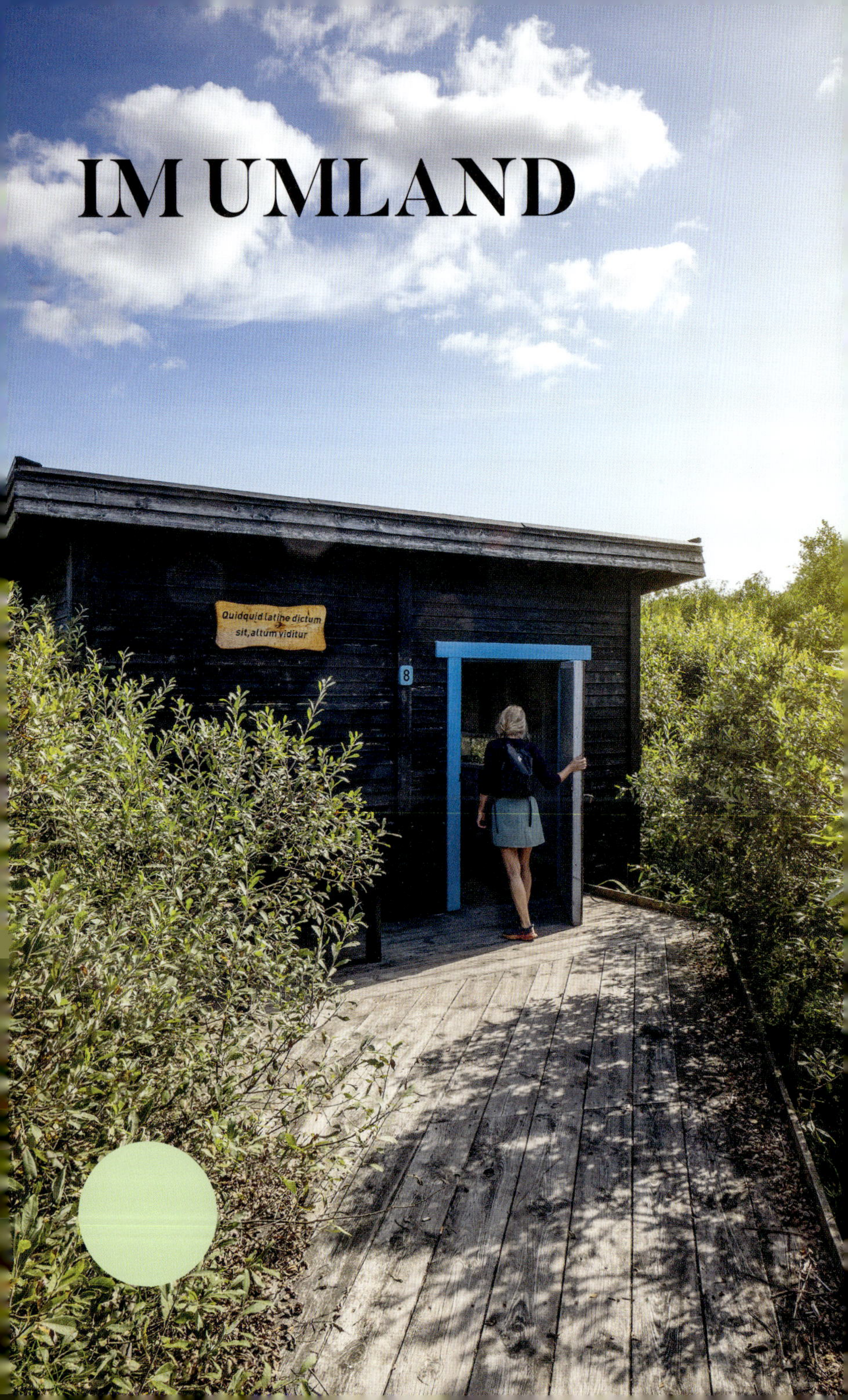

Beliebter Treffpunkt für Outdooraktivitäten

EIN HOCH AUF die Erholungsgebiete mit Sportanlagen! Sie sind unserer Ansicht nach perfekte Zentren für Sport, Spiel und Spaß im Freien. Hier ist immer etwas los, egal, zu welcher Jahreszeit. Die Anlagen werden für alle Altersgruppen sorgfältig geplant. Die beiden hier vorgestellten Zentren – Hellasgården und Lida Friluftsgård – bieten einen bunten Strauß an Möglichkeiten: Auf den Infotafeln am Eingang stehen zahllose Aktivitäten und Kurse. Man kann bereits bekannte Sportarten ausüben oder aber ganz neue Sachen ausprobieren. Neben Spazieren, Wandern oder Joggen gibt es Mountainbiketrails, Outdoorfitnessgeräte, Mietkanus, Yogakurse, Hochseilgärten und wirklich gemütliche Saunen. In Lida kann man sogar eine schwimmende Sauna mieten. Im Winter werden die zugefrorenen Seen Källtorpssjön in Hellasgården und Getaren in Lida vom Schnee befreit, damit man Schlittschuh laufen kann. Die Schlittschuhe könnt ihr euch dort ausleihen. In Lida erwartet euch sogar eine Skipiste. Beide Zentren verfügen über Langlaufloipen und Schlittenhügel für Kinder. Neben all diesen Aktivitäten bekommt man hier in netter Umgebung auch immer etwas Gutes zum Essen oder einen Kaffee.

»Perfekte Zentren für Sport, Spiel und Spaß im Freien.«

5. HELLASGÅRDEN

Trotz Ruhe ordentlich was los

In Hellasgården wird uns warm ums Herz, denn das Erholungsgebiet verströmt positive Energie – ideal, ob ihr nun wandern, joggen, Rad fahren, skaten oder Ski fahren wollt, in die Sauna gehen, eisbaden, Outdoorfitness machen oder Kanu fahren möchtet. Hier könnt ihr euch von anderen anstecken lassen, die auch gerne in der Natur unterwegs sind. Nutzt doch die Gelegenheit und probiert etwas Neues aus!

Unsere Wanderung, die sich auch als Joggingrunde eignet, bietet einen guten Überblick über die Gegend. Der Weg führt durch hügelige Wälder, rund um die Seen Källtorpssjön und Sandasjön und vorbei an der bekannten Quelle Källan, deren kristallklares Wasser Heilwirkung haben soll. Die Tour geht bergauf und bergab durch grüne Wälder und über felsige Hügel. Manchmal seid ihr unten am Wasser und spaziert auf Stegen durchs Schilf. Oder ihr steht auf einer Anhöhe und blickt hinab auf den See und hinüber nach Globen und Stockholm. Es gibt einige Stellen, an denen man eine Saunarunde einlegen kann, besonders zu Beginn der Wanderung. Obwohl man in Stadtnähe ist, hat man auf diesem Trail meist ziemlich seine Ruhe. Hellasgården ist eine wahre Oase, von der man nicht genug bekommt.

Relaxen und den Moment genießen.

Start: Hellasgården
Weglänge: 10,6 km
Dauer: 3 Stunden
Schwierigkeitsgrad: mittel
Entfernung von Stockholm: 10 km
Anreise: per Auto oder mit dem Bus 401 ab Slussen Richtung Älta (Haltestelle Hellasgården)

Scanne den QR-Code mit dem Smartphone.

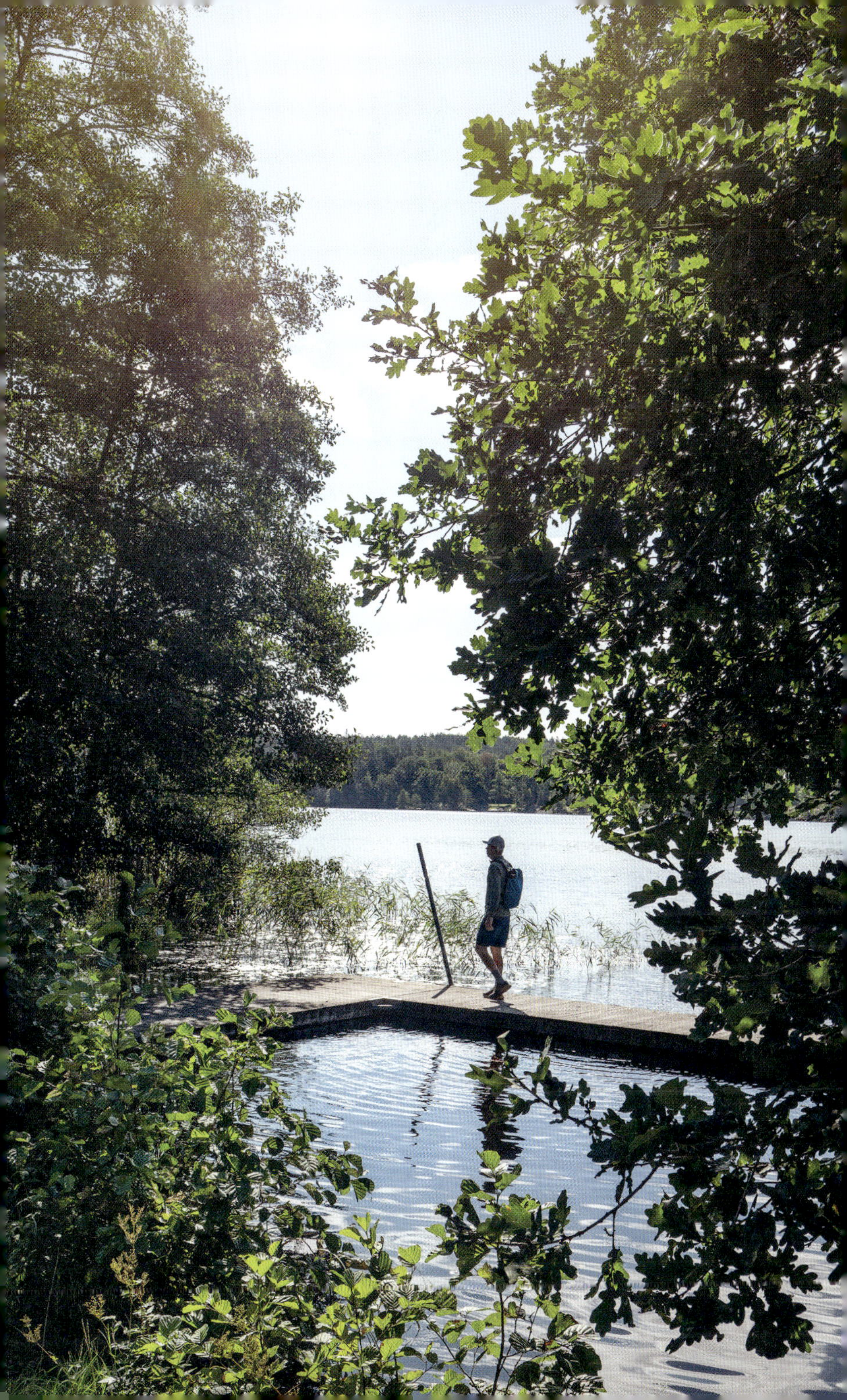

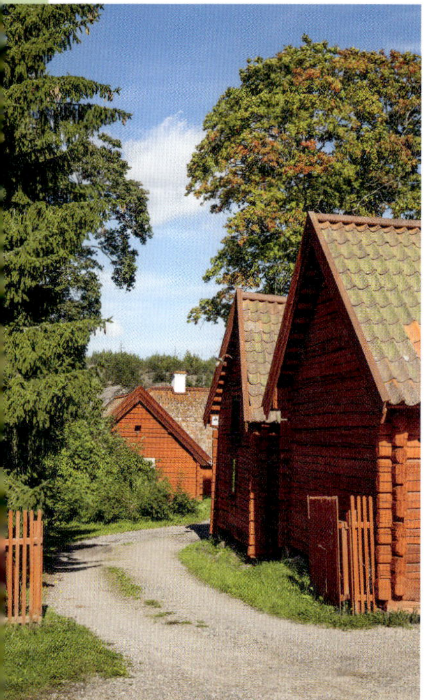

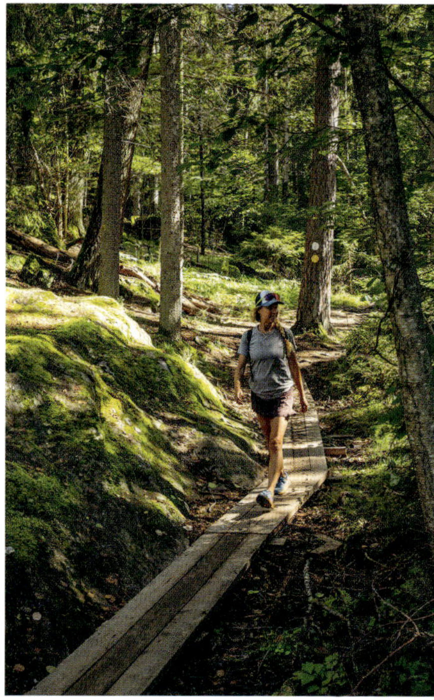

Marschiert einfach los und erkundet ganz entspannt das Hellas-Gebiet.

BESCHREIBUNG

Die Wanderung beginnt an der Willkommens- und Infotafel von Hellasgården. Spaziert auf den gelb und grün markierten und bei Dunkelheit beleuchteten Joggingwegen in nordwestlicher Richtung los, mit der Outdoorfitnessanlage zu eurer Linken. An der Weggabelung wählt ihr den Pfad, der näher am Wasser verläuft. Nach einigen Hundert Metern kommt ihr an einem Feld und einem großen Badeplatz mit gepflegten Stegen vorbei. Ab hier teilt sich der Weg mehrfach auf. Ihr folgt noch immer den gelben/grünen Markierungen, aber der Pfad verläuft nun etwas naturnaher. Ihr könnt natürlich den Markierungen auch weiterhin folgen, aber unserer Meinung nach macht es mehr Spaß, die ausgetretenen Pfade zu verlassen. Falls ihr das auch so seht, solltet ihr gut aufpassen. Rund 100 m nach der Sauna geht es etwas bergauf. Hier verlasst ihr nun den gelb/grün markierten Weg und biegt auf den nicht ausgeschilderten Pfad am Wasser ein. Seid vorsichtig, wenn ihr über die Felsplatten am Wasser wandert! Danach führt

»Hellasgården ist eine wahre Oase, von der man nicht genug bekommt.«

der Trail wieder Richtung Wald, wo ihr die bekannten gelben Markierungen an den Bäumen entdeckt. Ihr kommt an eine Kreuzung, an der ihr den breiteren Pfad wählt, der links leicht hügelan führt. Folgt der gelben Markierung zur Rechten, wenn der Weg anzusteigen beginnt. Der kleine Umweg führt euch jetzt wieder zurück auf den bekannten Trail. Er schlängelt sich hier durch das wunderbar hügelige Waldgebiet.

Nach einem etwas schwierigeren, steilen Abschnitt kommt ihr oben auf einem felsigen Hügel heraus. Wenn ihr den Blick über den See Källtorpssjön schweifen lasst, seht ihr die Avicii Arena (Globen), die Anhöhen von Hammarbyhöjden sowie Enskede.

An der nächsten Kreuzung nehmt ihr den weiß markierten Weg, der laut Ausschilderung nach Saltsjö-Duvnäs/Kolbotten führt. Haltet euch an der nächsten Kreuzung rechts (immer noch weiß markiert). Nach ca. 1 km kommt ihr an eine Lichtung mit einer weiteren Kreuzung. Nehmt den breiteren der beiden Trails zu eurer Rechten. Er führt euch direkt hinaus auf einen Steg durch das Schilf. Ihr seid jetzt fast am See Sandasjön. Hier spaziert ihr auf einem Pfad, der in den Wald hineinführt, am See entlang. Sandasjön ist kleiner als Källtorpssjön und nicht so stark besucht. Geht die Treppen hinauf

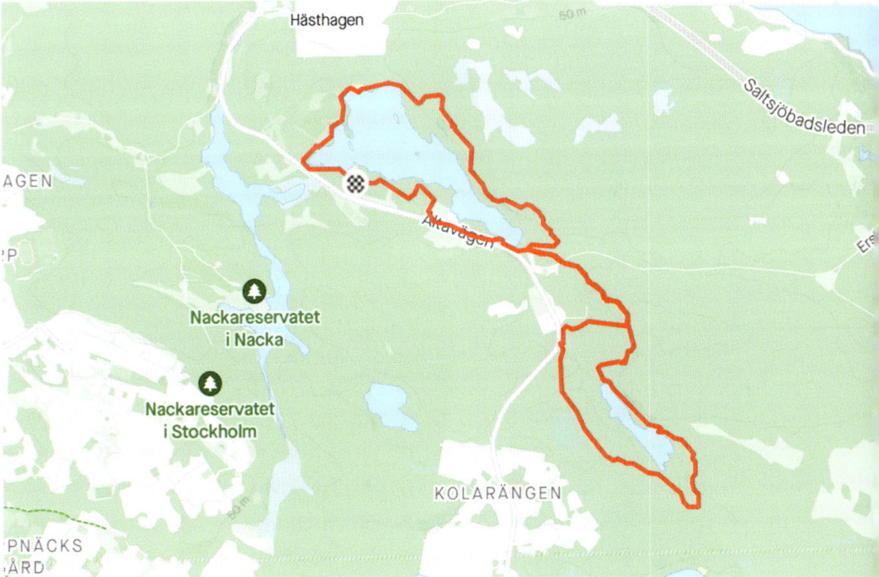

und dann in Richtung Sjölägret – ein schönes Plätzchen für eine Pause. Der Ort gehört zum Veranstalter Äventyrsbanan, der nicht allzu weit weg einen Hochseilgarten betreibt. Hier aber gibt es eine große Feuerstelle mit langen Bänken, wo man Essen kochen kann. Außerdem findet ihr in der Nähe ein Tipi, einen Steg und eine kleine Hütte. Die Hütte ist verschlossen, doch die Feuerstelle ist für alle zugänglich. Denkt daran, den Platz so zurückzulassen, wie ihr ihn vorgefunden habt.

Nach der Pause spaziert ihr weiter am See entlang. Haltet euch rechts, wenn sich der Weg gabelt. Der Pfad ist hier etwas breiter. An der großen Kreuzung biegt ihr rechts ab und geht nach 50 m erneut nach rechts, wo ihr den orangen Markierungen folgt. Nun seid ihr auf einer Schotterstraße unterwegs, auf der euch vielleicht Fahrzeuge begegnen. Passt gut auf, damit ihr den Pfeil, der in Richtung Süßwasserquelle zeigt, nicht überseht. Die Quelle ist nicht weiter spannend, aber ihr werdet spüren, wie gut euch das Wasser tut (der Glaube versetzt Berge, nicht wahr?)!

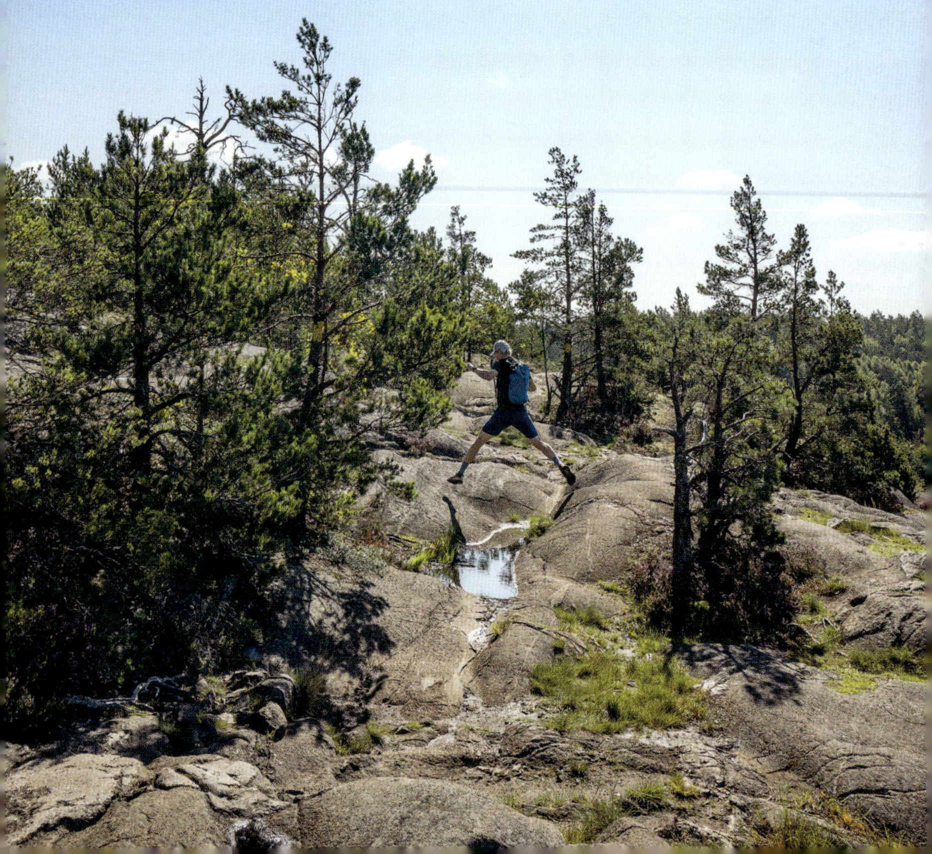

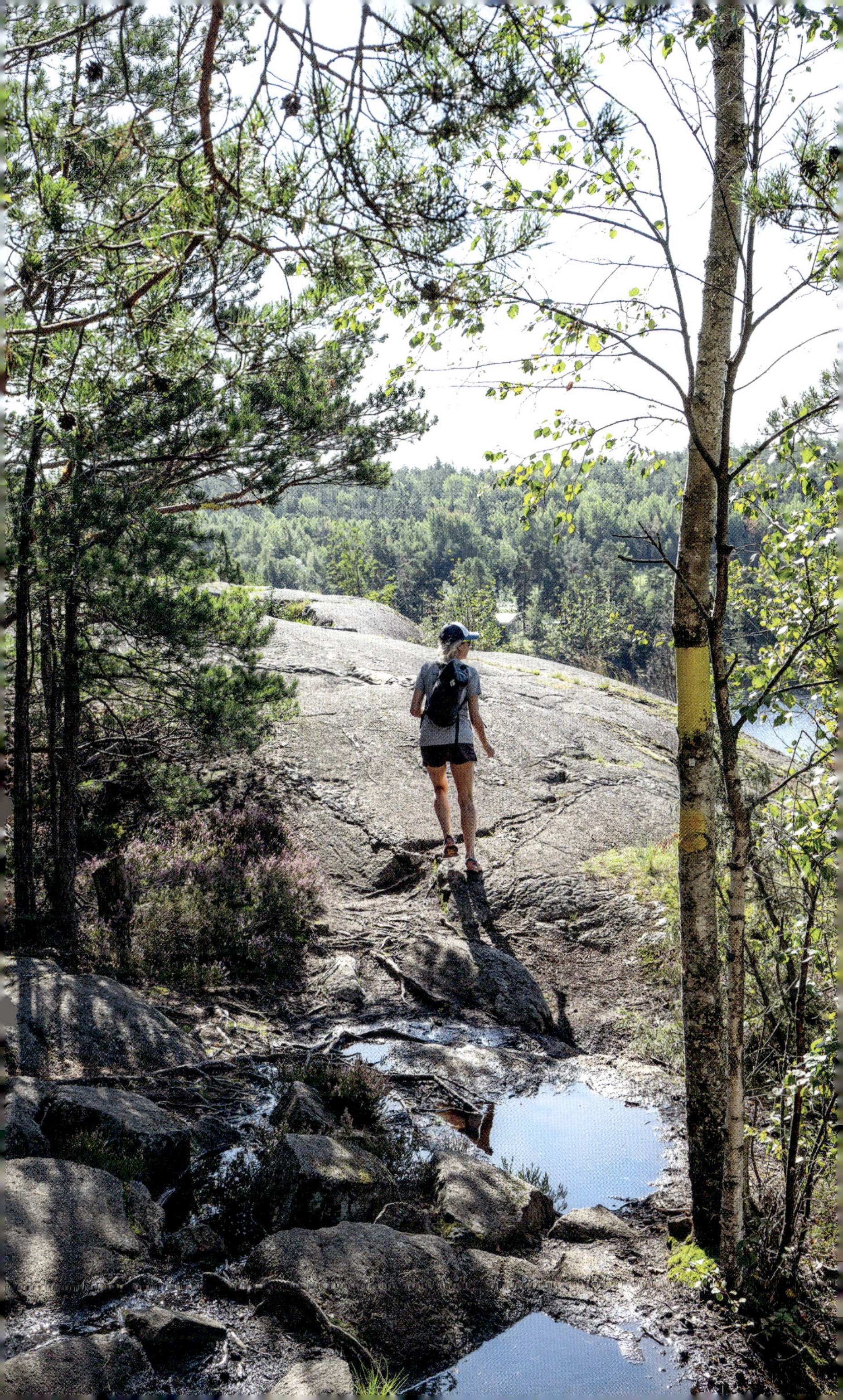

Danach geht es weiter auf der Schotterstraße Richtung Hellasgården. Ihr kommt an einem Hochseilgarten und einem Café mitten im Wald vorbei, das den Namen Glöd trägt. Meist hat es nur geöffnet, wenn auch der Hochseilgarten genutzt wird. Selbst wenn ihr hier direkt neben der Straße seid und das Gefühl habt, wieder in der Zivilisation angekommen zu sein, liegen doch noch einige Kilometer auf schönen Waldwegen vor euch. Am Parkplatz des Hochseilgartens folgt ihr dem Schild Richtung Solsidan zu eurer Rechten. Nach nur 30 m biegt ihr auf den Pfad linker Hand ab. Auch an den nächsten beiden Weggabelungen haltet ihr euch stets links. Folgt den weißen Markierungen. Wenn ihr an einem größeren Schild mit mehreren Wegweisern ankommt, geht ihr in Richtung Hellasgården weiter und am See entlang. Sobald ihr euch dem See nähert, müsst ihr eine kurze Strecke auf der Straße gehen, an der Mountainbikeschule und dem roten Haus vorbei, das ihr gesehen habt, als ihr auf dem Hügel auf der anderen Seite des Sees gestanden seid. Biegt an der gelben Markierung ab und vollendet den Rundweg in Hellasgården, wo auch euer Startpunkt war.

Nehmt unterwegs ein erfrischendes Bad im Sandasjön.

EINKEHR

Sjöcaféet

Das Sjöcaféet hat eine hübsche Terrasse direkt am Wasser. Hier kann man die Wanderung vielleicht mit einem leckeren Smoothie oder einem Eis abrunden.

BESONDERES VOR ORT

Saunarunde

Die Sauna in Hellasgården gehört einfach dazu. Sie hat das ganze Jahr über geöffnet. Sogar im Winter laufen ein paar ganz Tapfere aus der Sauna und springen in ein Eisloch ins Wasser. Steht noch auf unserer Bucketlist! Mittwochabend gibt es *aufgusskväll* – einen duftenden Aufguss. Den Platz in der Sauna muss man reservieren!
IG@hellasgarden

Mountainbikeskolan

Im Angebot der Schule sind Kurse, Leihräder, ein Laden, eine Werkstatt. Mountain- und Gravelbikefans können hier Pause machen. Am Wochenende haben Café und Restaurant im hübschen Garten geöffnet. Ihr könnt natürlich hier auch eine *fika* einlegen, wenn ihr nicht per Fahrrad kommt. Von April bis November geöffnet.
IG@mountainbikeskolan

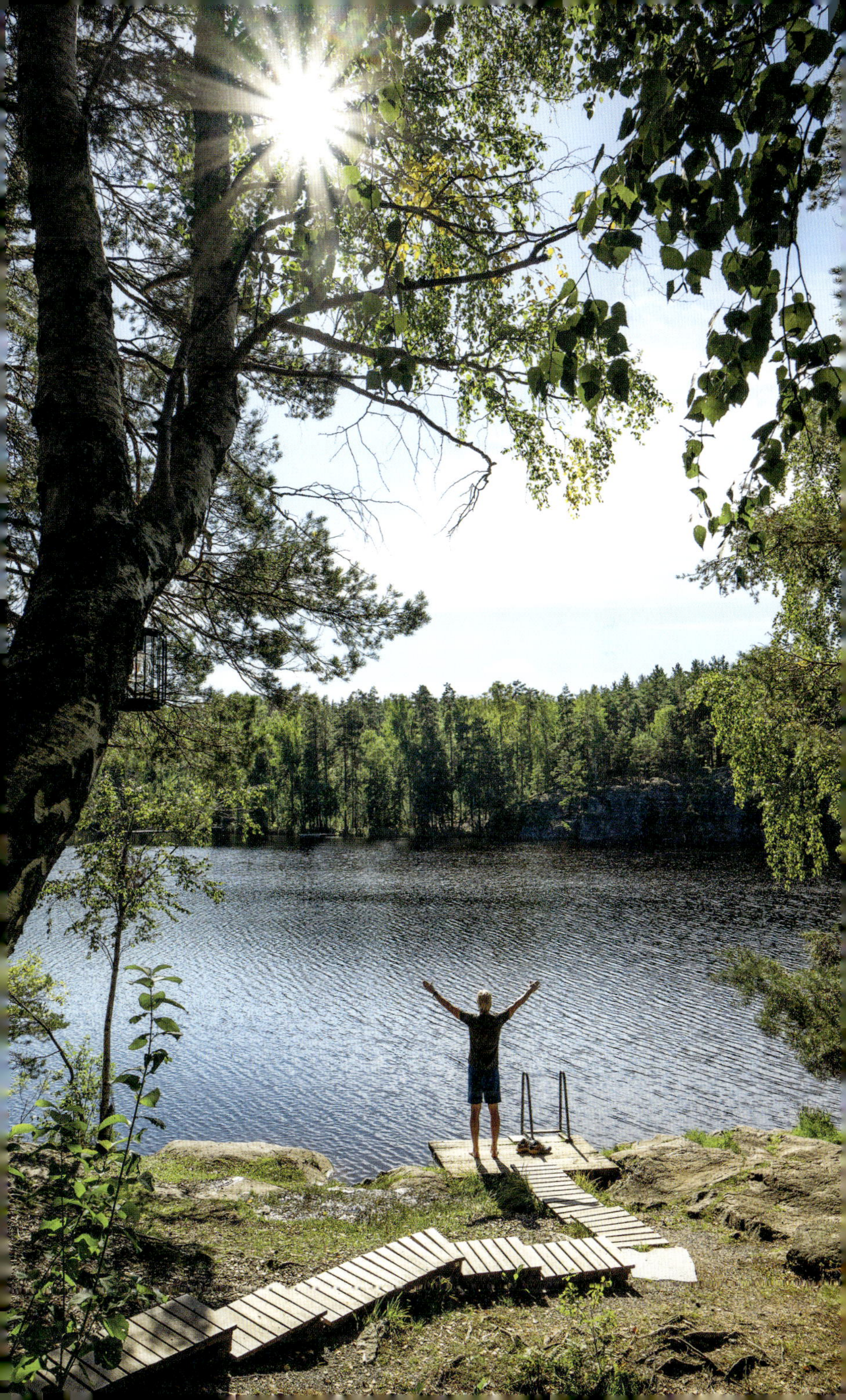

6. LIDA

In Mulles Fußstapfen

Dieses wunderbare Stück Natur am Getaren-See in der Gemeinde Botkyrka bietet reichlich Aktivitäten für Naturliebhaber jeden Alters. Lida ist ein sehr gepflegtes Naturreservat unweit der riesigen Neubaugebiete der schnell wachsenden Vorstädte.

Wir sind als Kinder mit der Skogsmulleskolan aufgewachsen, einem Angebot, das von der Schwedischen Outdoorvereinigung entwickelt wurde, um Kindern alles über Tiere und die Umwelt beizubringen – und zwar draußen, mitten in der Natur. Aus diesem Grund bedeutet uns Lida immer noch sehr viel. In den 1970er-Jahren zeigte hier die Figur Mulle, ein kleines Waldwesen, den Kindern mit fantasievollen Spielen, wie man im Freien Spaß hat. Mulles Schöpfer, Gösta Frohm, verbrachte einen Teil seines Lebens in Lida und war der Hauptorganisator der Ski- und Outdoorvereinigung. Er stieß den Bau des Hauptgebäudes an, das heute das Lida Värdshus beherbergt, das vom bekannten Architekten Ralph Erskine

»Lida ist ein sehr gepflegtes Naturreservat.«

Start: Parkplatz bei Lida Friluftsgård
Weglänge: 8,8 km
Dauer: 2 Stunden 30 Minuten
Schwierigkeitsgrad: mittel
Beste Wanderzeit: zu jeder Jahreszeit
Entfernung von Stockholm: 28 km
Anreise: per Auto oder Pendelzug Richtung Södertälje. An der Haltestelle Tullinge aussteigen und den Bus 721 bzw. 721x nehmen

Scanne den QR-Code mit dem Smartphone.

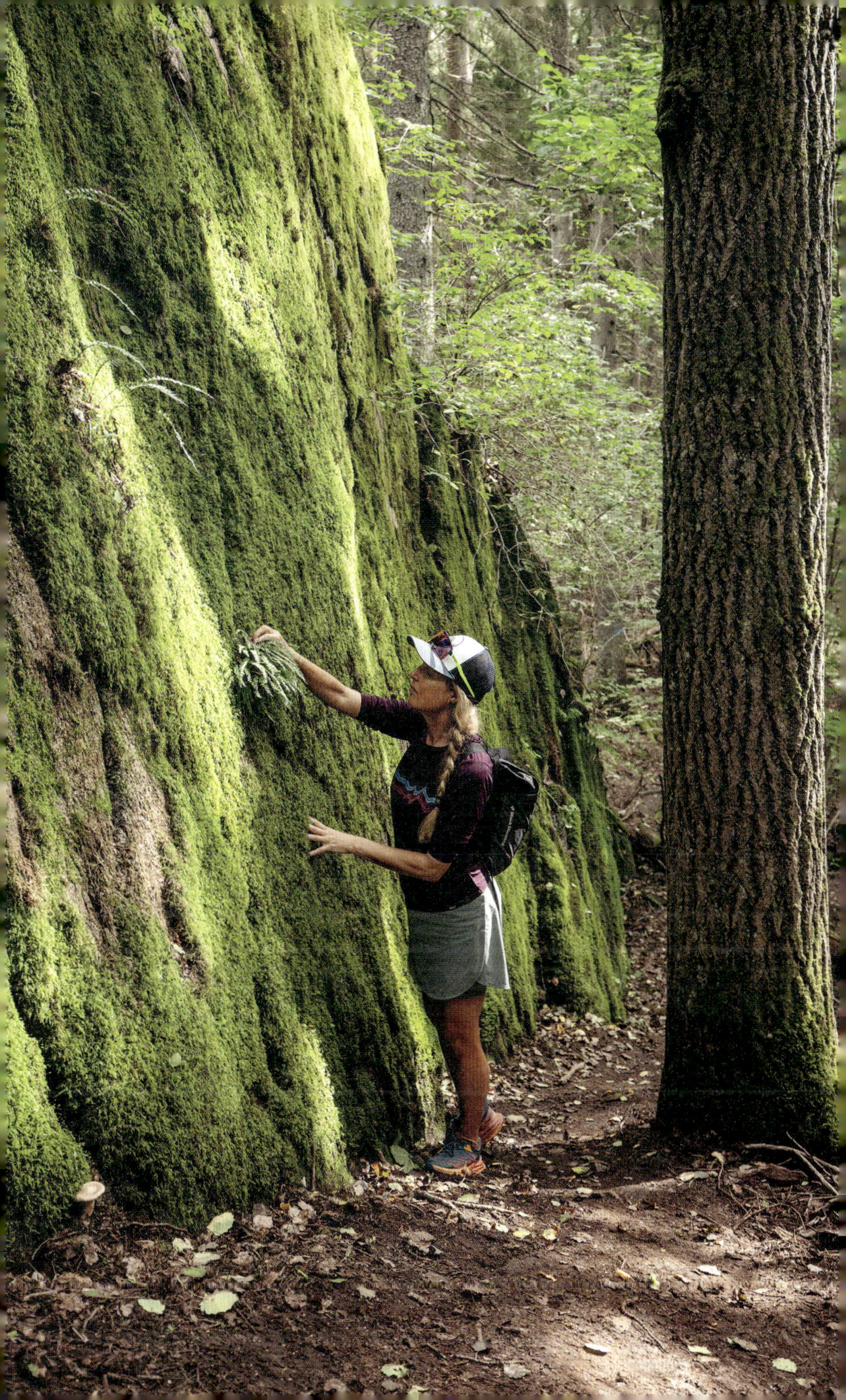

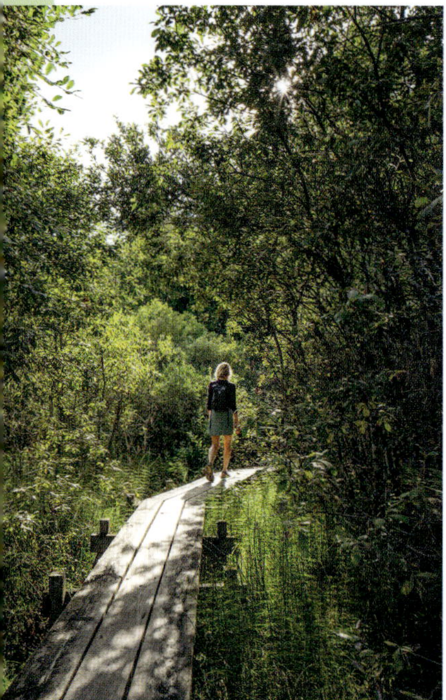
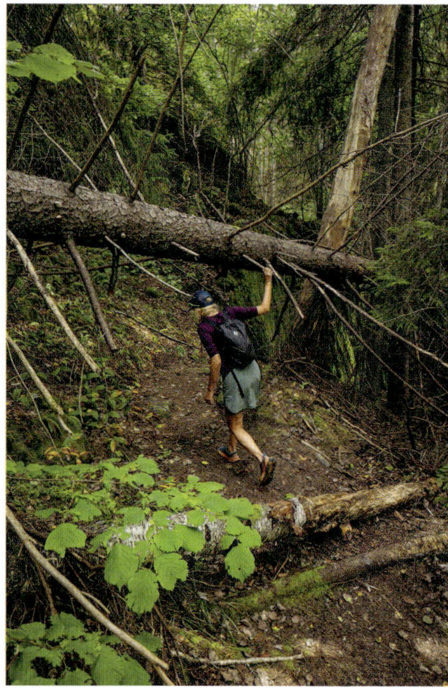

Dies ist unserer Ansicht nach der abenteuerlichste Weg in dieser Gegend.

entworfen und errichtet wurde. Hier gibt es zahllose Wanderwege, hervorragende Radwege, Mountainbiketrails, Hochseilgärten, Wassersportangebote und für die Kleinen – oder die Nostalgiker unter uns – auch Mullepfade. Ihr findet auf dem Gelände sogar eine kleine Skipiste, Schlittenhügel und tolle Langlaufloipen. Das Restaurant in Lida serviert zudem wirklich fantastisches Essen.

»Hier wurde das kleine Waldwesen Mulle geboren, das uns die Liebe zur Natur näherbrachte.«

BESCHREIBUNG

Am Parkplatz stehen zwei große Portale, von denen eines mit »Sörmlandsleden – Äventyrsstigen« beschriftet ist. Dieses Portal durchschreitet ihr und folgt dann den blauen Markierungen. Gleich von Anfang an schlängelt sich der Pfad durch ziemlich dichten Wald. Nach ein paar Minuten kommt ihr an die auf einem Hügel stehende Hütte Vildmarksstugan. Daneben befindet sich ein Grillplatz. Ihr könnt hier auch übernachten. Der Weg führt am Rande des Hügels noch eine Weile weiter, bevor es wieder bergab zur Straße geht, auf der ihr hergekommen seid. Der Weg setzt sich auf der anderen Seite der Straße fort. Dort seht ihr auch die blaue Markierung an einem Feld, bevor ihr wieder in den Wald eintaucht. An der Gabelung folgt ihr dem blauen Pfeil und geht nicht Richtung Sörmlandsleden.

Schon bald ist der Getaren-See erreicht, wo ihr wahrscheinlich an den Bäumen die typischen Anzeichen fleißiger Biber entdecken könnt. Anschließend führt der Weg wieder weg vom Wasser und schlängelt sich gemütlich dahin. Eine steile Felswand, die komplett von Moos und Tüpfelfarn bedeckt ist, lässt mystische Gefühle aufsteigen. Die Vegetation besteht überwiegend aus Espen und Birken. Nach diesem Zauberwald kommt ihr durch ein waldfreies Gebiet. Danach tauchen bei der roten Scheune die blauen Pfeile wieder auf. Macht vielleicht einen Abstecher hinunter nach Källan, einer hübschen Picknickstelle am Wasser, bevor ihr weiterspaziert. Nun lauft ihr auf einer Schotterstraße, haltet aber Ausschau nach einem blauen Pfeil, der auf einen nach oben führenden Weg zu eurer Rechten verweist – er ist leicht zu übersehen. Der Trail windet sich durch einen stillen Wald mit

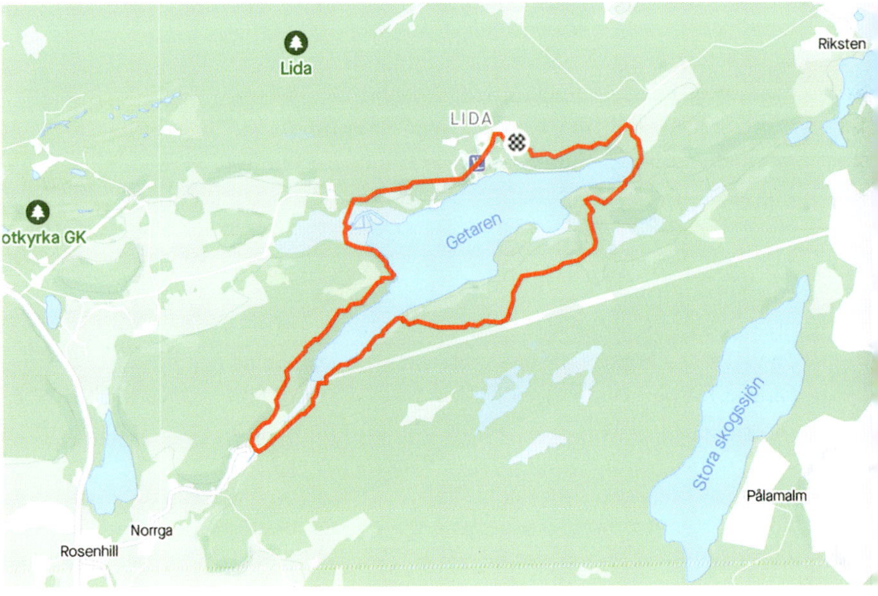

Kiefern, Espen, Moos und Flechten. Nach einer Weile landet ihr wieder unten am See, an dem der Weg nun entlangführt. Bemooste Felsblöcke ziehen sich wie ein steinerner Wasserfall bis zum See hinunter – ein Anblick, der an John Bauers berühmte Illustrationen schwedischer Märchenbücher erinnert. Kurz darauf kommt ihr an einige faszinierende Höhlen. Der Weg verlangt hier Trittsicherheit, aber die dafür nötige Konzentration lässt euch alle anderen Sorgen vergessen.

Der See wird am Abfluss eines Baches nun schmaler und schmaler. Nach einer Gruppe gepflegter Bauernhöfe biegt der Weg ab und ihr wandert auf der anderen Seite des Getaren wieder zurück – die ersten 200 m auf der Schotterstraße und dann erneut bergan auf einem Waldweg. Nach einer Weile mündet der Sörmlandsleden-Weg in unseren Pfad, der nun mit blau-roten Markierungen gekennzeichnet ist. Nochmals geht es bergauf zum 30 m hohen Norrgabranten. Ihr kommt schließlich an einen schönen Rastplatz mit Windschutz, Grillstelle und einem herrlichen Blick auf den See.

Im Marschland von Lida kann man Rohrammern und Wasserrallen beobachten.

Danach geht es wieder bergab und ihr gelangt zu einer Kreuzung, wo aus den Wegen Stege werden. Geht auf dem Steg nach rechts, er führt auf 300 m durch ein spannendes Feuchtgebiet, das bei Vögeln besonders beliebt ist. Nach 150 m kommt ihr an eine kleine Hütte, wo ihr die verschiedenen Vogelarten in Ruhe beobachten könnt. Nach dem Feuchtgebiet wendet ihr euch nach rechts und geht auf der Schotterstraße ca. 1 km zurück zu Lida Friluftsgård. Rechter Hand zeigt ein Pfeil zu einem Vogelturm. Klettert hinauf, falls ihr genügend Zeit habt – die Aussicht über das Feuchtbiotop ist sensationell.

EINKEHR

Es gibt wirklich Schlimmeres als einen Aufenthalt in Lida Friluftsgård, wo ihr gutes Essen, köstlichen Kuchen und wunderbares Gebäck bekommt.

BESONDERES VOR ORT

Lida Friluftsgård bietet zahlreiche Aktivitäten an, die ihr unbedingt ausprobieren solltet.
IG@lidafriluftsgard

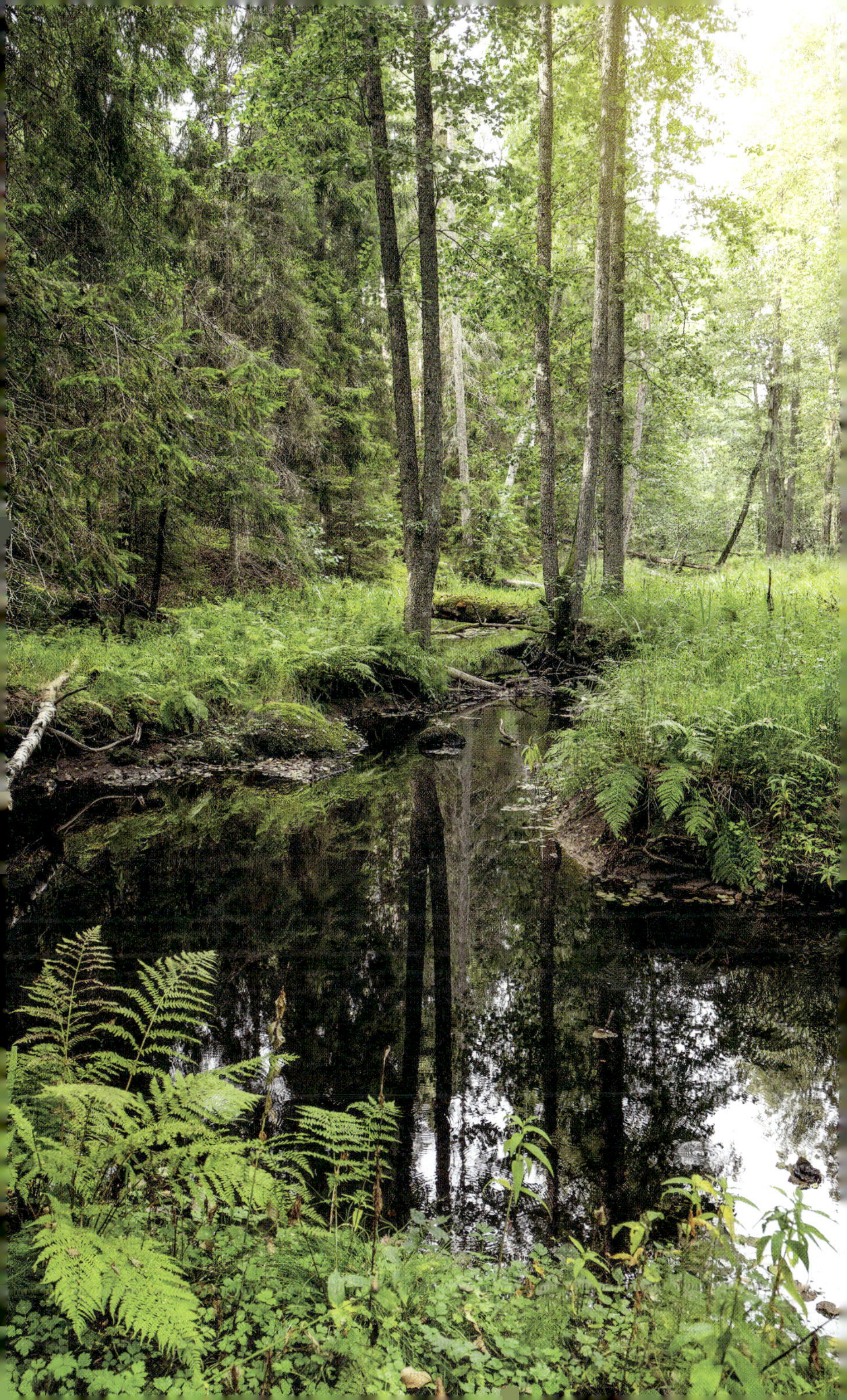

EINEN STEIN-WURF ENTFERNT

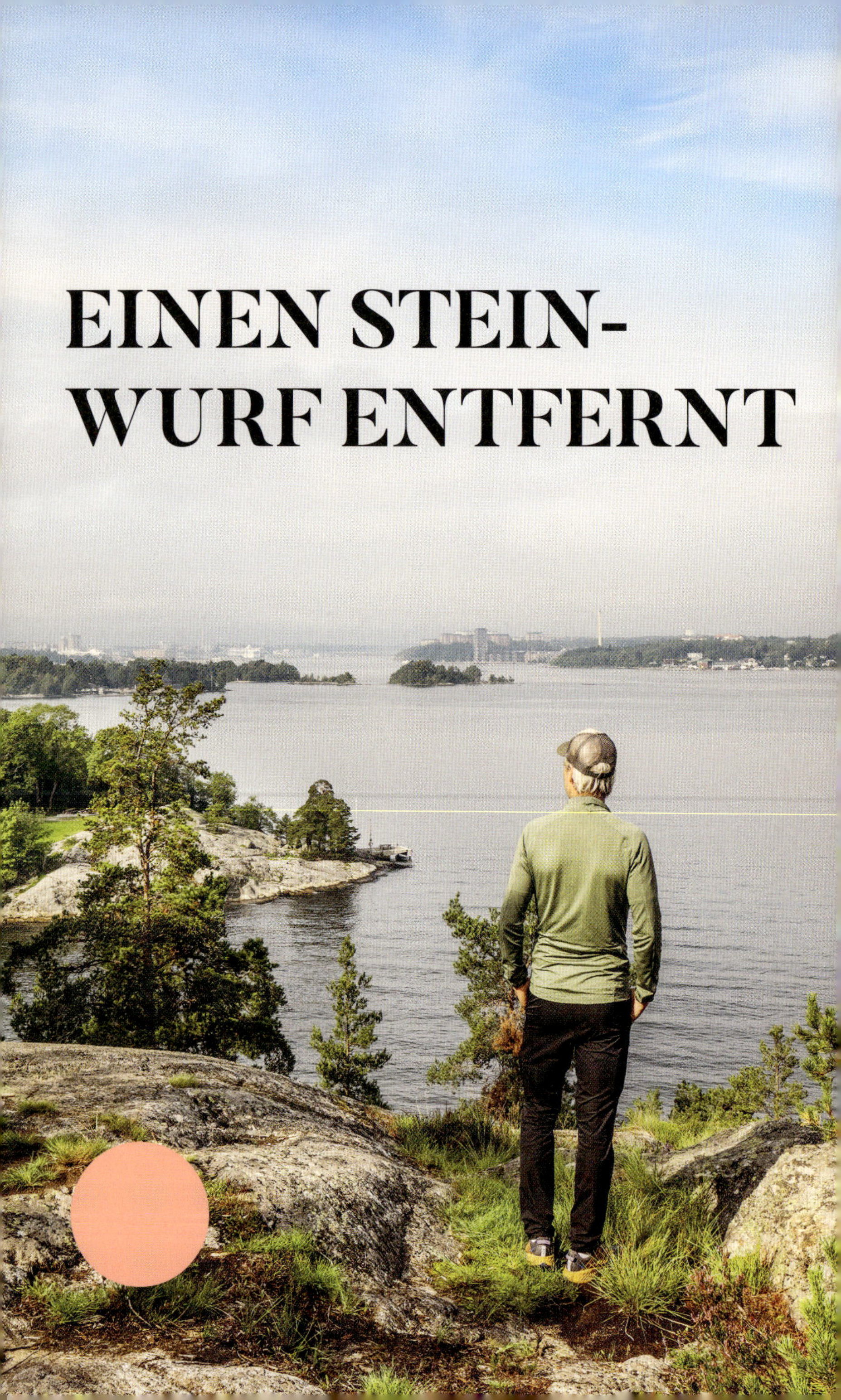

Für Gesundheit und Lebensqualität

WIE WEIT IST EIN STEINWURF? Im Jargon von Immobilienmaklern beträgt ein Steinwurf meist 300 bis 400 m, in der Realität sind es vielleicht rund 50 m. Wir übertreiben also auf jeden Fall ein klein wenig. Die vier schönen Naturgebiete Lovön, Paradiset, Nyckelviken und Elfvik besuchen wir immer wieder gerne. Sie sind zwar keinen Steinwurf weit entfernt, liegen aber doch recht nahe an Stockholm. Auf der Insel Lovön im See Mälaren vor den Toren der Stadt gehen Natur und Kulturerbestätten eine enge Verbindung ein. Die gesamte Insel ist ein Naturschutzgebiet und Schloss Drottningholm ist samt Schlosspark UNESCO-Weltkulturerbe. Fornstigen, die längste Wanderung dieses Buchs, führt euch durch Lovöns kulturelle Landschaft, u.a. an archäologischen Stätten aus der Stein-, Bronze- und Eisenzeit vorbei.

Nyckelviken entspricht vielleicht am ehesten dem »nur einen Steinwurf entfernt«. Man erreicht es zwar nicht unbedingt zu Fuß, aber mit dem Fahrrad geht es durchaus. Hier wandert ihr durch eine hügelige Waldlandschaft und könnt ab und zu einen Blick auf Stockholm und seinen Hafen erhaschen. Unter der Woche begegnen euch nur ein paar Leute, aber am Wochenende wird es richtig voll.

»Die vier schönen Naturgebiete besuchen wir immer wieder gerne.«

Im September wird Lidingö jedes Jahr von Läufern überrannt, wenn der Lidingöloppet stattfindet, Teil des Sportevents *En svensk klassiker* (Ein schwedischer Klassiker). Den Rest des Jahres haben die Bewohner von Lidingö ihre Insel für sich allein, obwohl es wunderbare Wander- und Joggingstrecken gibt. Unsere Tour verläuft zum Teil auf der Lidingölopppet-Runde, macht aber einen Abstecher ins ländliche Elfvik, zu einem der abgelegensten Kaps von Lidingö.

Paradiset wird seinem Namen gerecht. Es liegt weniger als 10 km außerhalb der Stadt und besticht durch Wälder, kleine Seen, Ruhe und Frieden. Außerdem befindet sich hier die höchste Erhebung Stockholms – der 111 m hohe Tornberget.

7. FORNSTIGEN LOVÖN

Von Königsschlössern zu Steinzeitgräbern

Lovön ist ein fabelhafter Ort vor den Toren der Stadt, der einen ausgiebigen Besuch lohnt. Die Anreise ist ganz einfach und die Landschaft sehr abwechslungsreich – die Wege führen durch Wälder und über Weiden, über Klippen und am Wasser entlang. Seit 2014 ist ganz Lovön ein Naturschutzgebiet. Die Insel ist ein sogenannter *kronopark*, befindet sich also im Besitz des Staates, der auch das Land nutzen darf. Dies geht zurück auf die Zeit von Gustav I. Wasa, als das Königshaus von Schweden das Land auf der Insel aufkaufte oder annektierte, außer dem Grund und Boden, der der Kirche gehörte.

Wir haben Fornstigen ausgewählt, da die Route nicht nur landschaftlich reizvoll ist, sondern auch eine gute Einführung in Lovöns kulturelles Erbe bietet. Auf der Insel befinden sich Tausende von archäologischen Stätten. Bis heute wurden acht Steinzeitsiedlungen und zehn Eisenzeitsiedlungen mit Hunderten von Gräbern entdeckt. Die Historische Gesellschaft von Lovön hat einen Rundweg angelegt, der an mehreren Dörfern und Grabstätten vorbeiführt. Entlang des Weges

Schloss Drottningholm taucht beim Überqueren der Drottningsholmsbron wie eine Fata Morgana auf.

Start: Parkplatz Karusellplan
Weglänge: 20 km
Dauer: 5 Stunden
Schwierigkeitsgrad: aufgrund der Länge mittel
Beste Wanderzeit: April–Oktober
Entfernung von Stockholm: 11 km
Anreise: per Auto oder U-Bahn bis Brommaplan, dann weiter mit Bus 176, 177, 301, 302, 303 oder 323 Richtung Drottningholm (an der Haltestelle Orangeriet aussteigen)

Scanne den QR-Code mit dem Smartphone.

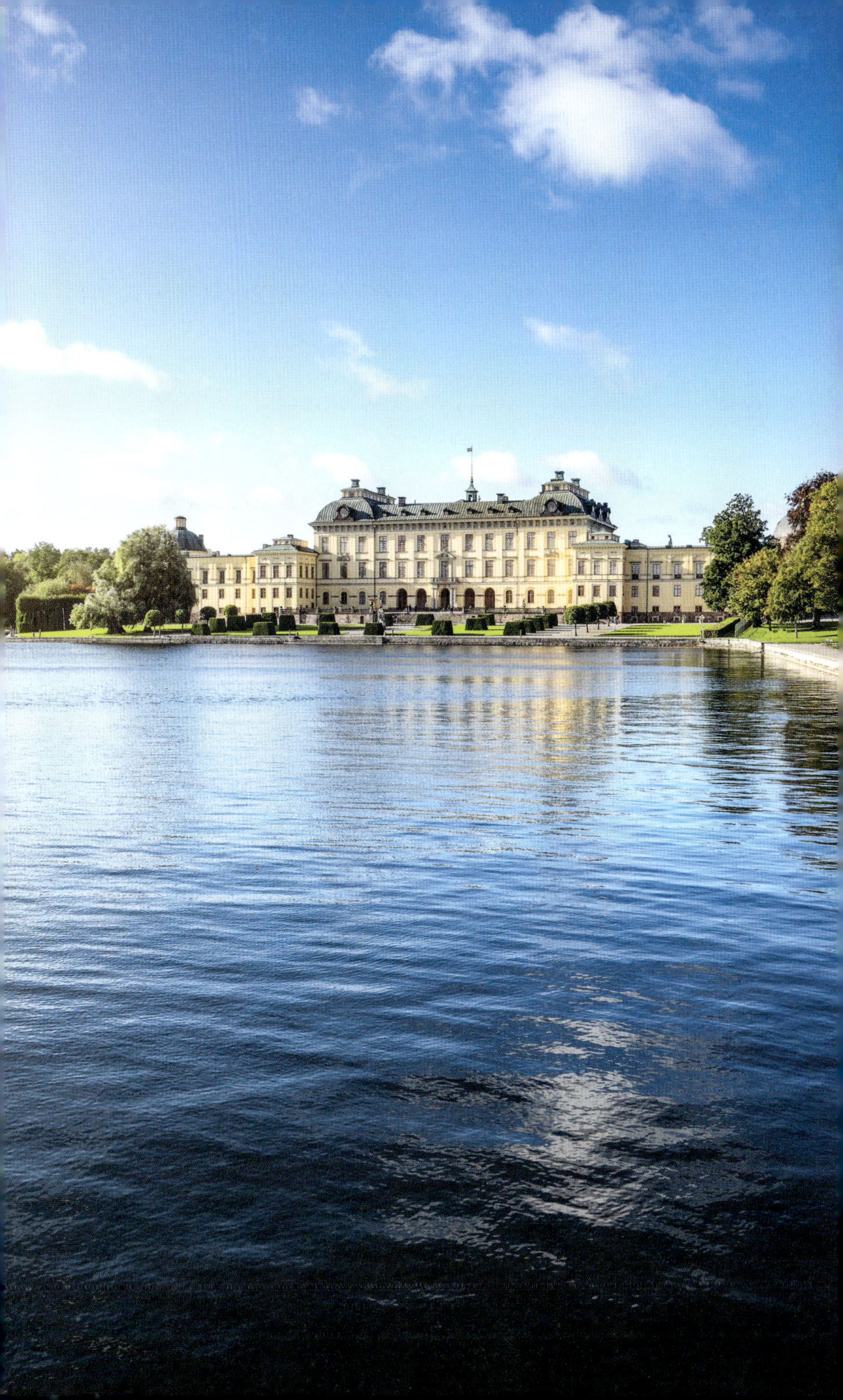

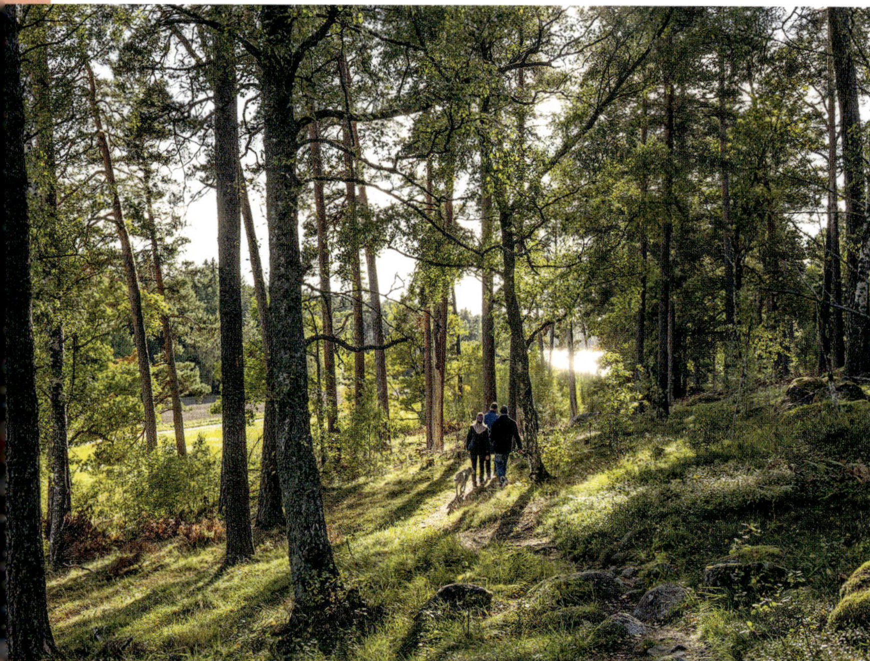

Es gibt viele Aussichtspunkte – die Zeit reicht nicht, um alle zu bewundern.

stehen immer wieder hervorragende Infotafeln. Auch viele Abstecher, z. B. zu Aussichtspunkten, sind gut ausgeschildert.

Die Wanderung beginnt am Schlosspark von Drottningholm und führt auf einem Rundweg durch eine hügelige und abwechslungsreiche Landschaft. Unterwegs kommt ihr nicht nur an archäologischen Stätten vorbei, sondern auch am berühmten Haus »Lådan« (Schachtel) des Architekten Ralph Erskine – ein Meisterwerk aus den 1940er-Jahren. Ganz in der Nähe befindet sich das gemütliche Lovö Magasin. Dort kann man wunderbar einen Kaffee trinken oder zu Mittag essen. Ihr werdet mehrere Male an Baustellen vorbeikommen, die zu dem gewaltigen Projekt »Förbifart Stockholm« gehören – ein Tunnelsystem, das den Verkehr aus Stockholms Zentrum und den sich anschließenden Vierteln heraushalten soll und voraussichtlich Mitte der 2030er-Jahre fertiggestellt sein wird.

Fornstigen ist mit fast 20 km die längste Tour dieses Buches. Wer nicht so lang marschieren möchte, kann die Umgebung des Schlosses auf der Slottspromenaden (4 km) erkunden. Schloss Drottningholm steht auf der UNESCO-Weltkulturerbeliste, da es als das schönste Beispiel einer königlichen Residenz aus dem 18. Jahrhundert in Schweden gilt. Ergänzt wird es durch das Drottningholmsteatern und das Kina slott. Der König und die Königin von Schweden haben Schloss Drottningholm zu ihrer offiziellen Residenz gemacht.

BESCHREIBUNG

»Ihr marschiert auf einem hübschen Pfad durch einen Laubwald.«

Lauft vom großen Parkplatz Karusellplan los, der sich direkt an der Bushaltestelle Orangeriet befindet. Wir gehen die Route gern gegen den Uhrzeigersinn, aber ihr könnt natürlich auch andersrum spazieren.

Überquert die Hauptstraße und biegt in den Weg Richtung Hogsta ein. Nach 100 m seht ihr am Stall Kungsgården ein Schild nach links, das euch anzeigt, wo es zum Fornstigen-Trail geht. Schon bald marschiert ihr auf einem hübschen Pfad durch einen Laubwald, der hinauf zur ersten Begräbnisstätte führt: Ättebacken. Geht auf dem Pfad, der über sanfte Hügel führt, einfach weiter. Er ist mit blauen Rauten gekennzeichnet. An der Schotterstraße biegt ihr schließlich nach rechts ab. Nach ca. 100 m setzt sich der Pfad auf der anderen Seite der Straße fort. Wenn sich der Weg etwas später gabelt,

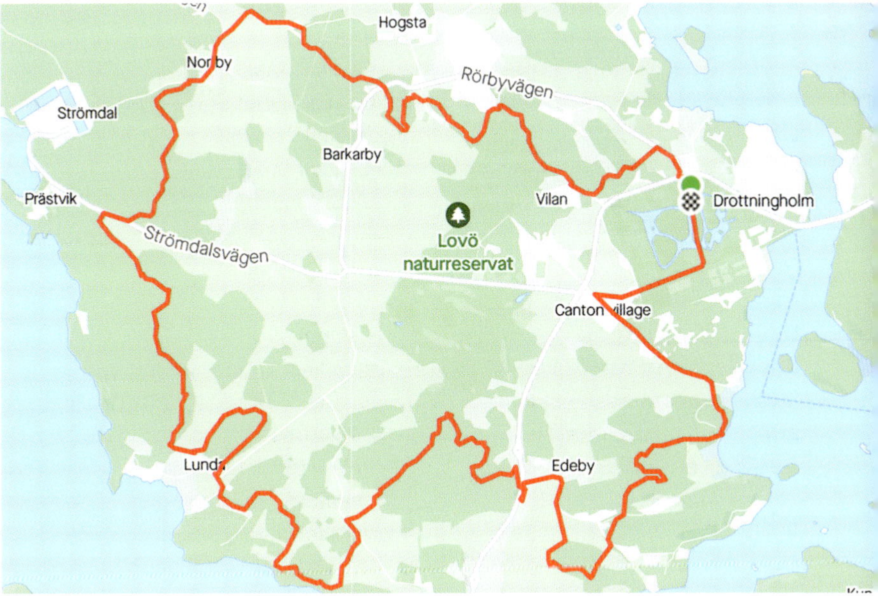

folgt ihr den blauen Markierungen des linken Pfades. Nach ca. 1 km verläuft der Weg zwischen einem Golfplatz und einem großen Gebäudekomplex, der völlig unvermutet mitten im Wald auftaucht. Dies ist die Zentrale der FRA (Funkeinrichtung für nationale Verteidigung). Die FRA gehört zum Geheimdienst des Landes, der die Regierung von Schweden, die schwedischen Streitkräfte und wichtige Behörden mit Informationen versorgt. Unser Weg führt weiter in den Wald. Nach ca. 500 m stoßt ihr auf das Haus Lådan (Schachtel) des weltberühmten Architekten Ralph Erskine. Dieses minimalistische, raffinierte Haus wurde 1941 in Huddinge errichtet, wo Erskine und seine Frau ein Stück Land nutzen durften. Dort lebten sie vier Jahre lang mit ihren beiden Kindern. Ihr Haus galt als bedeutendes Beispiel der Architekturgeschichte und war erhaltenswert. Deshalb versetzte man es im Jahr 1989 hierher nach Lovön.

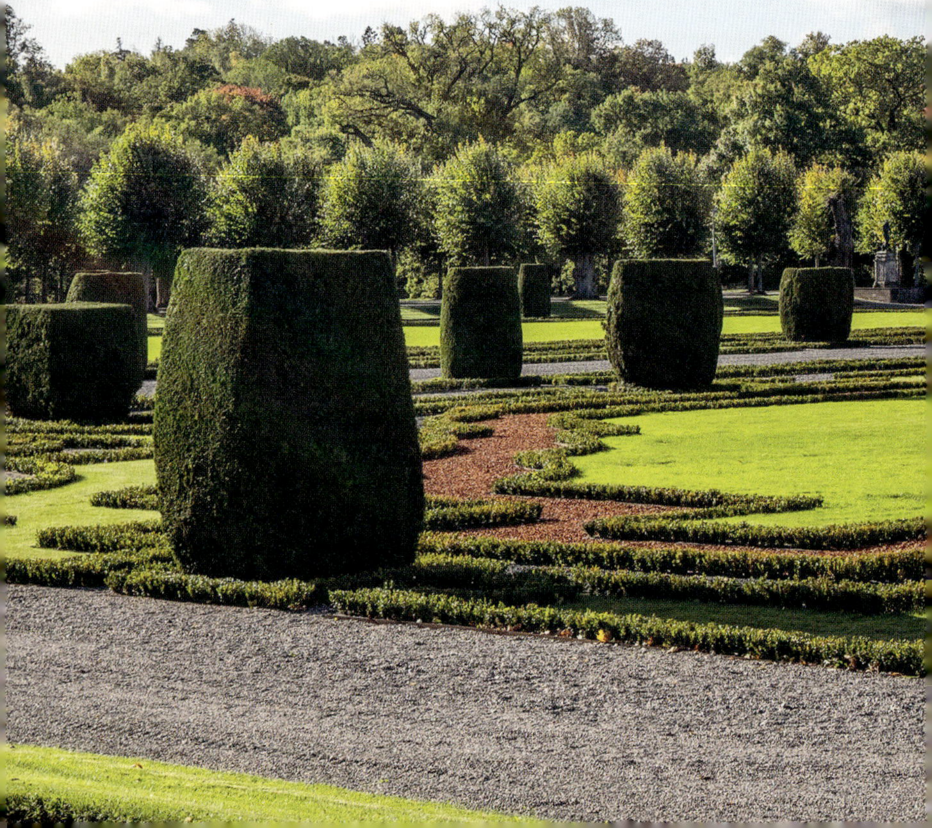

Auf dem vor euch liegenden Weg geht es weiter und schon bald seht ihr Lovö Magasin. Hier keine Kaffeepause einzulegen, ist wirklich schwer. In der Scheune werden im Sommer regionale Würste, vegetarische Hamburger und solche mit Fleisch angeboten, die im Freien gebraten und mit köstlichen hausgemachten Beilagen serviert werden.

Der Fornstigen-Trail setzt sich hinter der Scheune fort, anfangs durch eine Pferdekoppel. Er ist noch immer mit den blauen Rauten gekennzeichnet. Auf der Schotterstraße Norrbyvägen geht es ca. 700 m weiter, bevor der Trail nach links abbiegt. Schließlich kommt man auf einer Teerstraße heraus, wo es ca. 100 m nach links geht, bevor ein Schild anzeigt, dass die Route auf dem Pfad links unten fortgesetzt wird. Nach ein paar Kilometern durch den Wald kommt ihr schließlich am Parkplatz von Lunda wieder heraus. Der Fornstigen-Trail verläuft auf der Schotterstraße auf einige Häuser zu, wo er nach

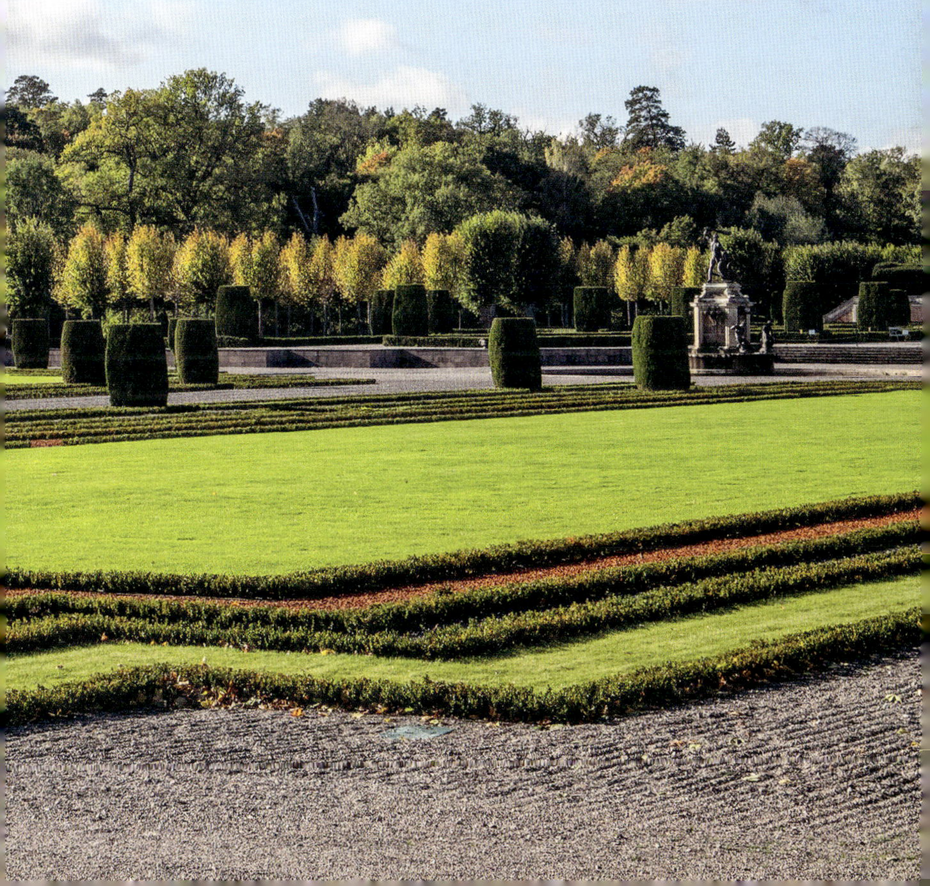

links abbiegt. Ein Pfeil weist euch den Weg. Wenn ihr am Wasser ankommt, marschiert auf die linke Seite der Straße. Der Weg führt zwischen den Häusern hindurch und in den Wald hinein. Am nächsten Schild wendet ihr euch nach links und dann nochmals links, wenn ihr an die große Baustelle kommt. Hier weicht der Trail etwas ab, weshalb ihr gut aufpassen und nach den blauen Rauten Ausschau halten solltet.

Der Wald ist anfangs fast dschungelartig. Danach führt der Weg übers freie Feld. An den Pferdekoppeln seht ihr gleich nach einem großen Rohr, das zur Baustelle gehört, einen nach rechts zeigenden Pfeil. Nach einem weiteren Stück durch den Wald erreicht ihr einen anderen Teil der Baustelle. Hier haltet ihr euch rechts und folgt dann dem Zaun zur Linken an der Baustelle entlang, bis ihr die nächste Wegmarkierung seht.

Schließlich kommt ihr bei der Ekerövägen aus dem Wald heraus. Überquert die Straße und spaziert die Auffahrt nach Edeby Gård entlang. Kurz bevor ihr dort ankommt, schickt euch die Wegmarkierung nach rechts. Entlang des Weges stehen nun mehr Gebäude und ihr wandert teils am Wasser entlang, bevor ihr in die Kantongatan einbiegt, die an Evert Lundquists Ateljémuseum beginnt. Die Häuser hier wurden Mitte des 18. Jahrhunderts errichtet. In ihnen wurden Luxusgüter für die königliche Familie hergestellt. Die Kinderbuchautorin Elsa Beskow soll beim Illustrieren des Buches *Tante Grün, Tante Braun und Tante Lila* von der Kantongatan inspiriert worden sein. Ihr könntet nun schnurstracks auf Kina slott zusteuern, bevor ihr die Allee durch den Schlosspark entlangflaniert. Um an den Startpunkt des Rundwegs zu gelangen, geht ihr nach links zwischen den Teichen hindurch zurück zum Parkplatz Karusellplan.

Die Wanderung endet nahe Kina slott – wer Zeit hat, besucht das Lustschlösschen von Königin Lovisa Ulrika.

EINKEHR

Karamellan

Am Besucherzentrum des Schlosses befindet sich das beliebte Karamellan, wo ihr die Wanderung mit einem Drink abrunden könnt. Hier gibt es etwas für jeden Geschmack – Waffeln und einfache Mahlzeiten.

IG@karamellanrestaurant

BESONDERES VOR ORT

Drottningholms slott

Besucht Schloss Drottningholm und Umgebung. Das Gelände aus dem 17. Jahrhundert ist UNESCO-Weltkulturerbe. Schlendert durch den Schlosspark, besucht das Lustschlösschen Kina slott, das Theater und das große Schloss.

IG@kungligaslotten

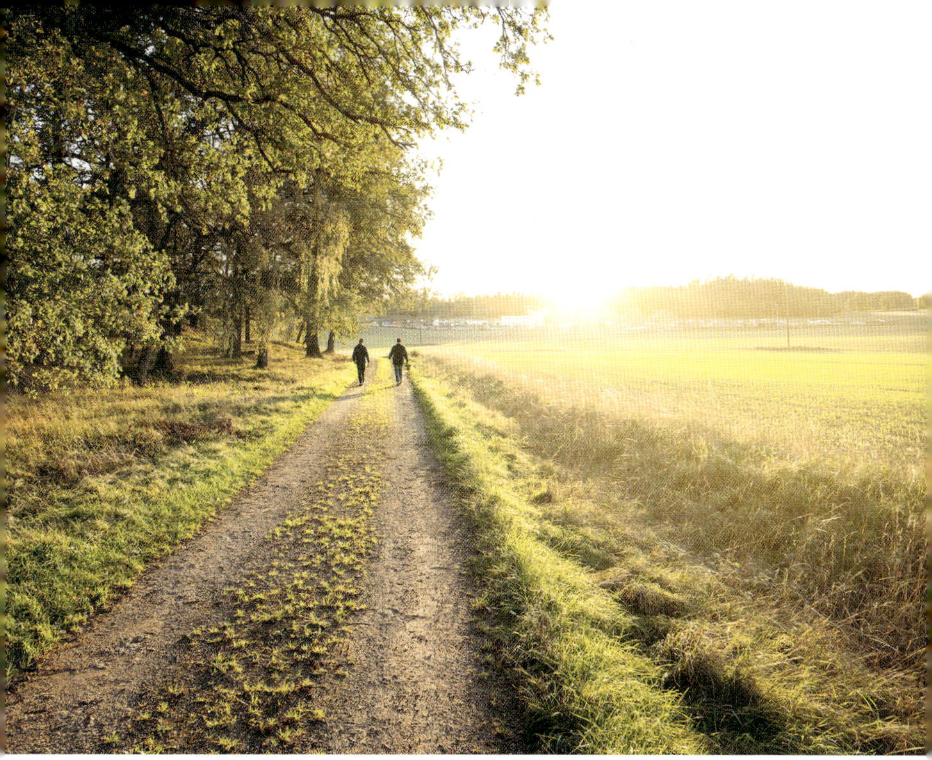

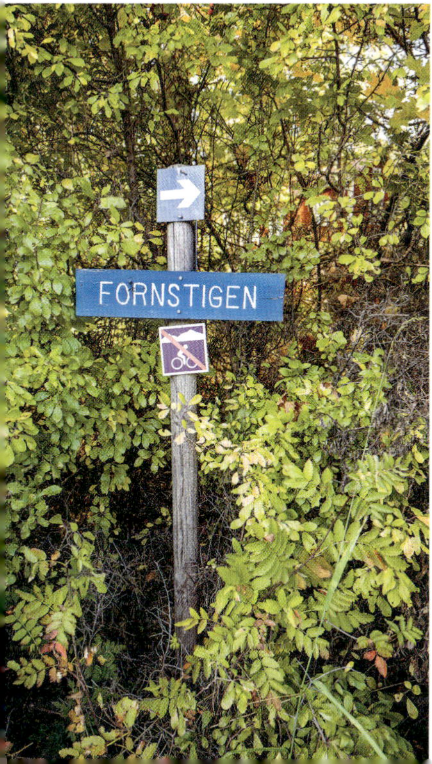
FORNSTIGEN

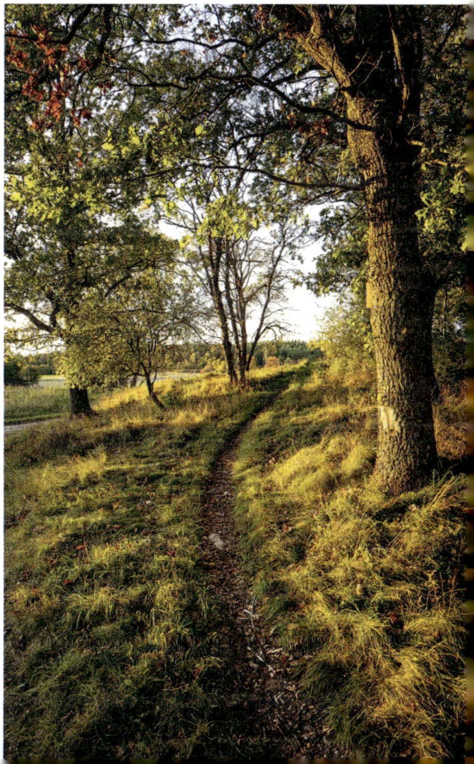

8. NYCKELVIKEN

Wanderung mit Aussicht

Nyckelviken liegt nicht weit von Nacka Strand entfernt, das wiederum von Stockholms Zentrum in ca. 15 Minuten zu erreichen ist. Wir waren erstaunt, dass unter der Woche nur wenig Leute dieses Gebiet in Stadtnähe besuchen. Am Wochenende sieht das ganz anders aus. Samstags und sonntags tummeln sich hier Menschen jeden Alters : Familien mit Kindern grillen Würste an den Feuerstellen nahe des 4H-Stadtbauernhofs, ältere Leute kommen vor und nach ihrer Wanderung am hübschen Nyckelvikens Gård zusammen. Dieses Naturschutzgebiet umfasst ein hügeliges Gelände, dessen Trails abwechselnd durch den Wald und am Wasser entlangführen. Ab und zu erhascht ihr einen schönen Ausblick auf die Stockholmer Hafeneinfahrt.

»Die Trails führen abwechselnd durch den Wald und am Wasser entlang.«

Start: Parkplatz bei Nyckelviken
Weglänge: 5,8 km
Dauer: 2 Stunden
Schwierigkeitsgrad: mittel
Beste Wanderzeit: zu jeder Jahreszeit
Entfernung von Stockholm: 10 km
Anreise: per Auto oder Bus 442 ab Slussen (bis Haltestelle Skogalundsklippan und 15 Minuten bis zum Naturschutzgebiet zu Fuß gehen)

Scanne den QR-Code mit dem Smartphone.

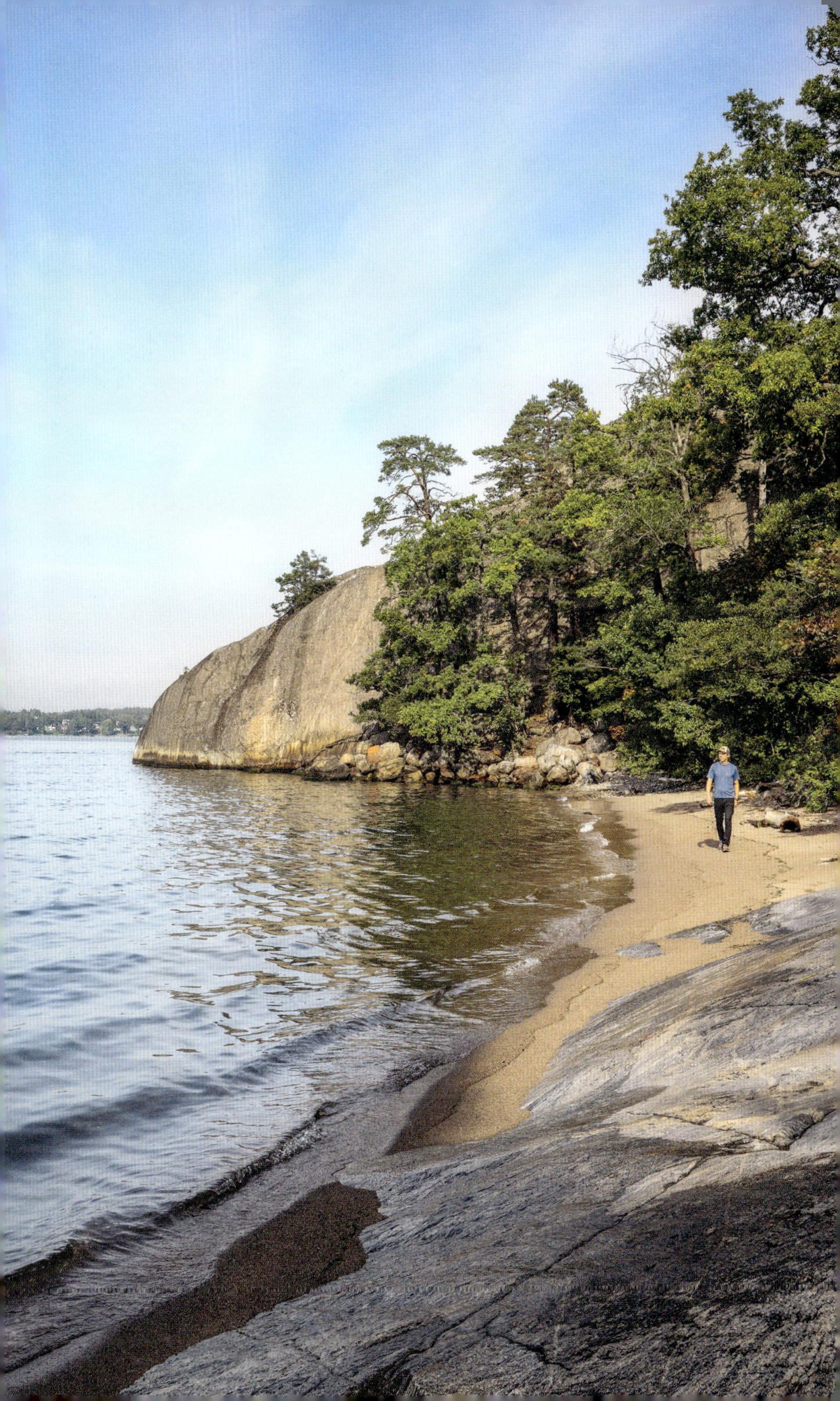

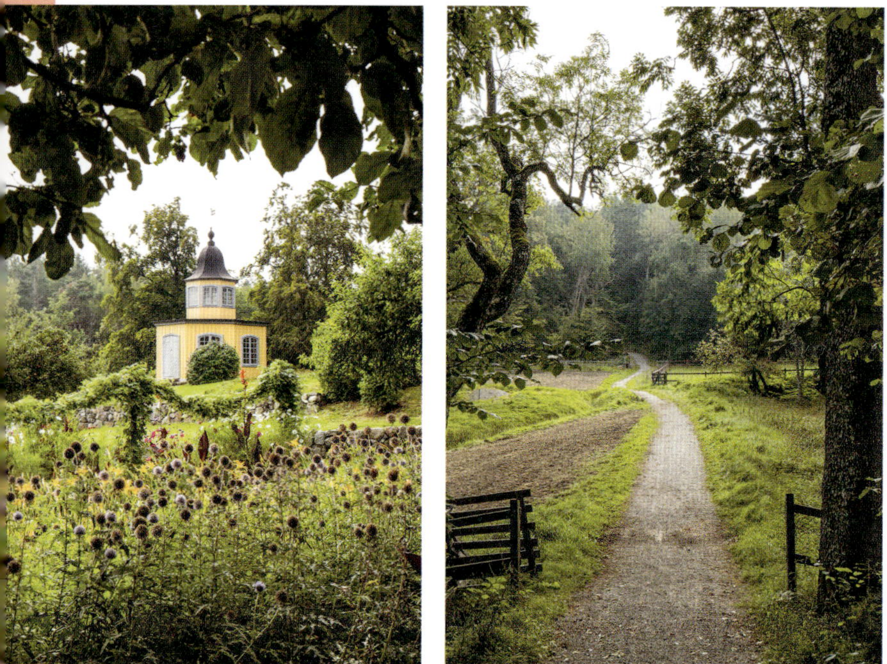

Der Pavillon im Garten von Nyckelviken dient als Wegweiser.

Die hier vorgestellte Wanderung führt fast um ganz Nyckelviken. Am Nyckelviken Gård kann man Pause machen und Kaffee trinken. Wir folgen teils den gut angebrachten gelben und blauen Markierungen, weichen aber hier und da davon ab. Wer am Wochenende mit dem Auto anreist, muss damit rechnen, dass die Parkplätze schnell voll sind. Es gibt mehrere in einem Abstand von einigen Hundert Metern. Unsere Wanderung beginnt am letzten Parkplatz, direkt vor der Sperre am Naturschutzgebiet Nyckelviken.

BESCHREIBUNG

Am Rande des Parkplatzes führt ein gelb markierter Weg in den Wald. Ihr geht nach links und könnt bereits nach ca. 200 m einen Abstecher nach links machen (nicht Teil des GPX-Trails) und den Weg einen Moment verlassen, um zum Kullberget-Hügel zu gehen. Von oben bietet sich ein perfekter Panoramablick auf die Stockholmer Hafeneinfahrt. Auf einer Infotafel werden die verschiedenen Sehenswürdigkeiten erklärt. Die Insel zu euren Füßen ist Fjäderholmarna und auch viele der Stockholmer Wahrzeichen sind zu erkennen: Kaknästornet, Katarina kyrka, Hötorgsskraporna, Norra Tornen und sogar der Kista Tower.

»Am Nyckelviken Gård kann man Pause machen und Kaffee trinken.«

Anschließend kehrt ihr wieder zu der Kreuzung zurück, wo der Abstecher begann. Geht weiter auf dem schmalen, blau markierten Pfad, der schließlich zu einem breiteren Weg wird, wenn ihr euch dem Wasser nähert. Auf der anderen Seite der Schifffahrtslinie könnt ihr Lidingö sehen. Nach ca. 1 km kommt ihr an ein Feld, auf dem Tiere des Nyckelviken-Bauernhofs grasen. Direkt vor euch liegt Stora Nyckelviken aus dem 18. Jahrhundert. Dort könnt ihr einen Kaffee trinken und den Bauerngarten bewundern. Die Gartenanlage entspricht noch immer dem ursprünglichen Plan, der vor 300 Jahren entwickelt wurde. Ein hoher Pavillon zeigt an, wo die alten Streuobstwiesen, die Blumenwiesen und der Gemüsegarten liegen.

Spaziert auf der Straße weiter, die euch hergeführt hat, und geht die Treppe hinunter. Danach wendet ihr euch nach links und folgt dem Pfeil Richtung Duvnäs Utskog. Dann geht es bei den gelb-blauen Pfeilen nach dem Hang nach rechts. Folgt

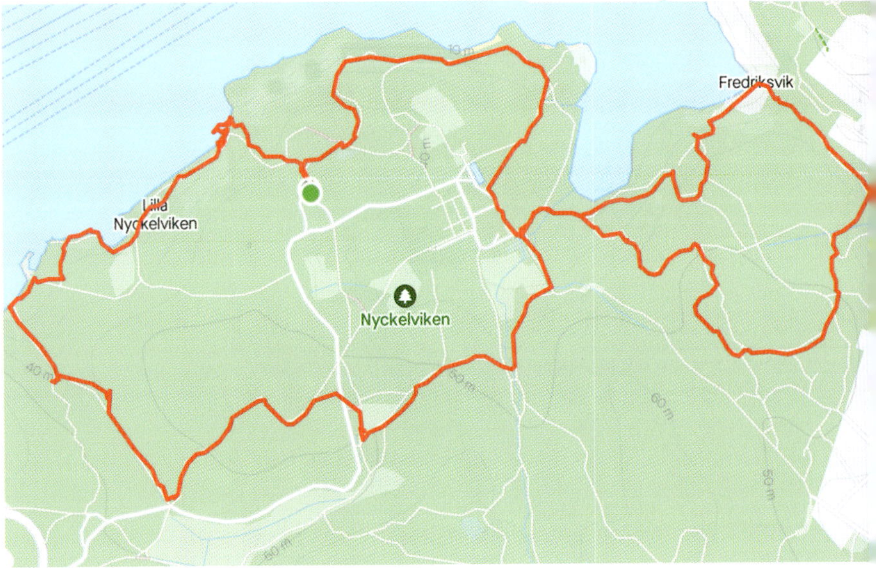

den blauen Markierungen in Richtung Vrakberget. Wenn ihr oben auf dem Hügel steht, bietet sich euch ein fantastischer Ausblick. Unten seht ihr den Schiffsverkehr mit kleinen Privatbooten, den Waxholm-Fähren und sogar den riesigen Kreuzfahrtschiffen von Silja Line und Viking Line, die nach Finnland fahren.

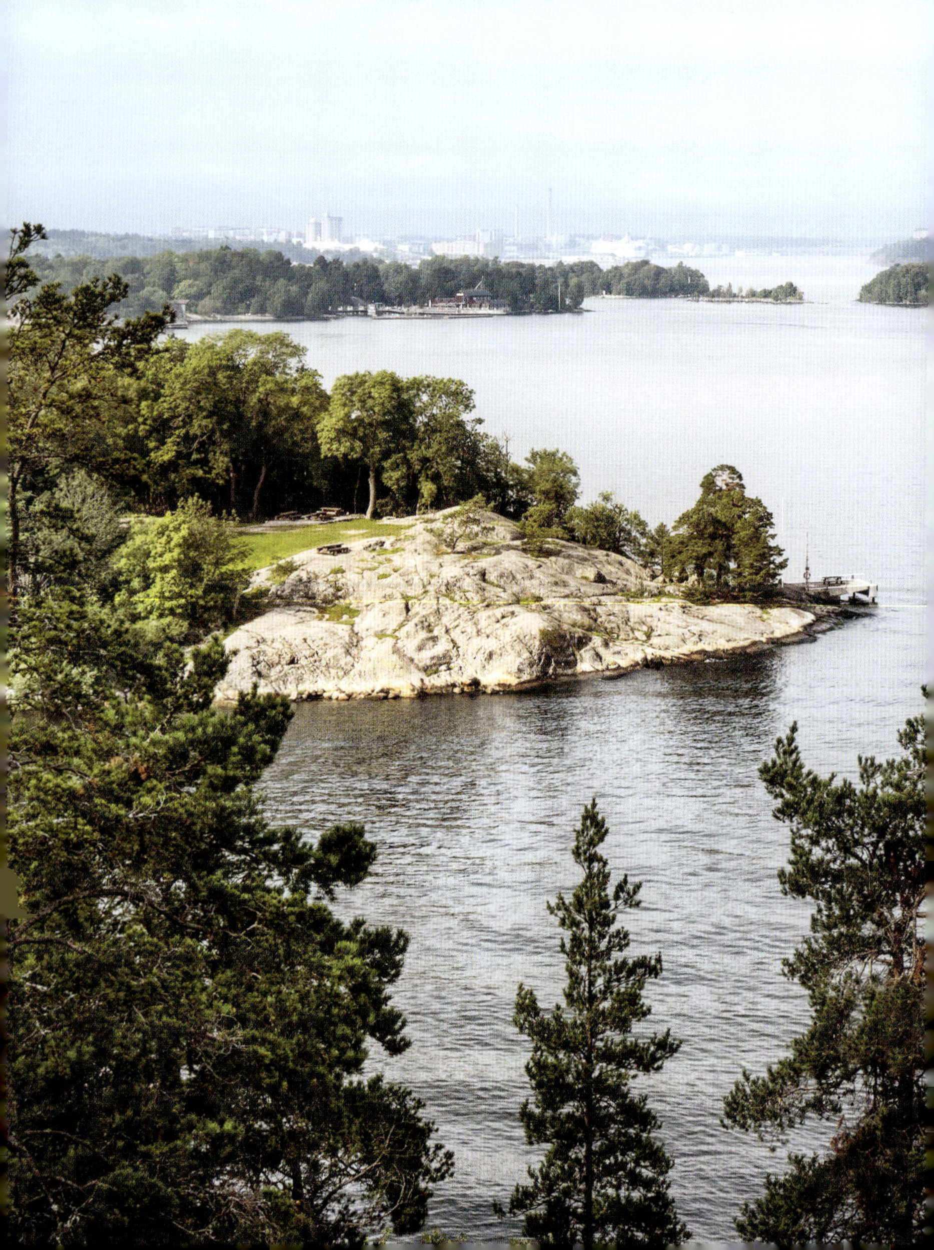

Eine steile Treppe führt hinunter nach Fredriksvik, einer hübschen Häusergruppe direkt am Wasser. Spaziert an den Häusern vorbei und durch die Schlucht mit dem dramatischen Namen Helveteshålan – Höllenloch. Dies ist die tiefste Schlucht in Nyckelviken. Dank des feuchten Mikroklimas gedeihen hier viele Moose, sogar seltene Arten, was für die

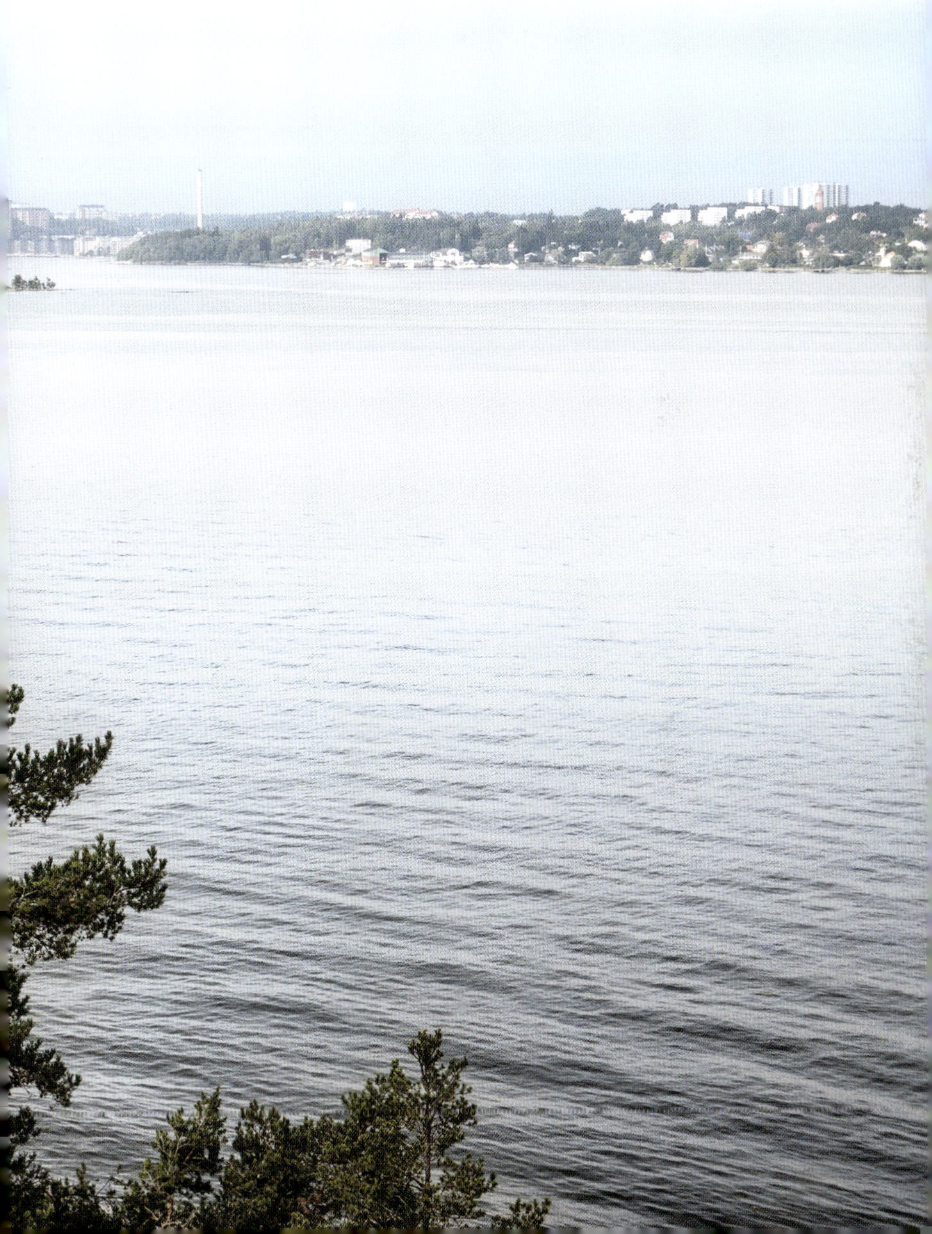

große Biodiversität an diesem Ort spricht. Wählt nun den blau markierten Pfad und biegt nach ca. 50 m auf den kleinen Naturpfad zu eurer Rechten ein. Hier geht es einige hundert Meter durch die Wildnis. Wenn ihr wieder auf den Trail stoßt, biegt nach links ab. Nach nur 20 m nehmt ihr den kleinen, nicht markierten Weg zu eurer Rechten. Nun geht es geradeaus, selbst wenn ihr wieder auf den ursprünglichen Trail stoßt. Marschiert einfach weiter über den nackten Fels. Der Pfad ist schlecht zu erkennen, aber schon bald treffen alle Wege aufeinander, weshalb es eigentlich egal ist, welchen ihr bis dorthin nehmt. Der Pfad wendet sich nach rechts auf eine weitere Felsenklippe und schlängelt sich Richtung Norden hügelab. Wenn ihr schließlich den größeren Trail erreicht, biegt ihr nach links ab und folgt dem gelben Pfeil. Steigt die Treppe hinunter und schon seid ihr wieder in Vrakviken. Biegt nach links, nochmals nach links und erneut nach links ab – ihr solltet jetzt auf dem Ivar-Åkerfeldts-Weg sein, der zwischen zwei

»Viele Bereiche in Nyckelviken gelten als Schlüsselbiotope.«

Hinter den hübschen Bootshäusern bei Fredriksvik geht es durch eine Schlucht mit dem erschreckenden Namen Helveteshålan (Höllenloch).

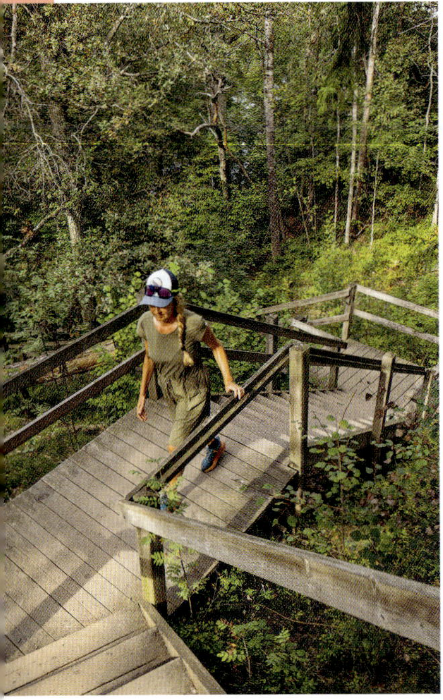

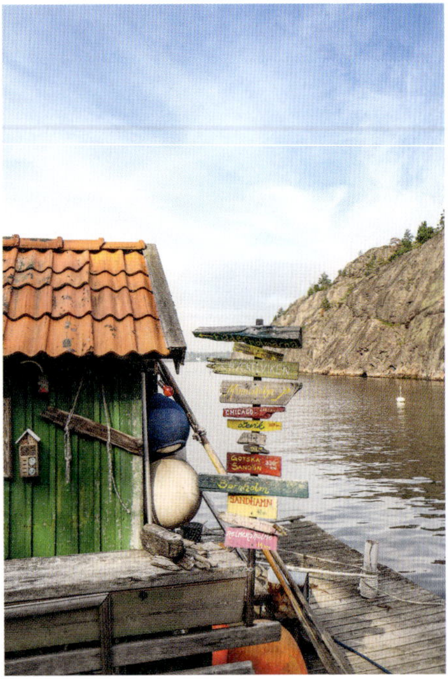

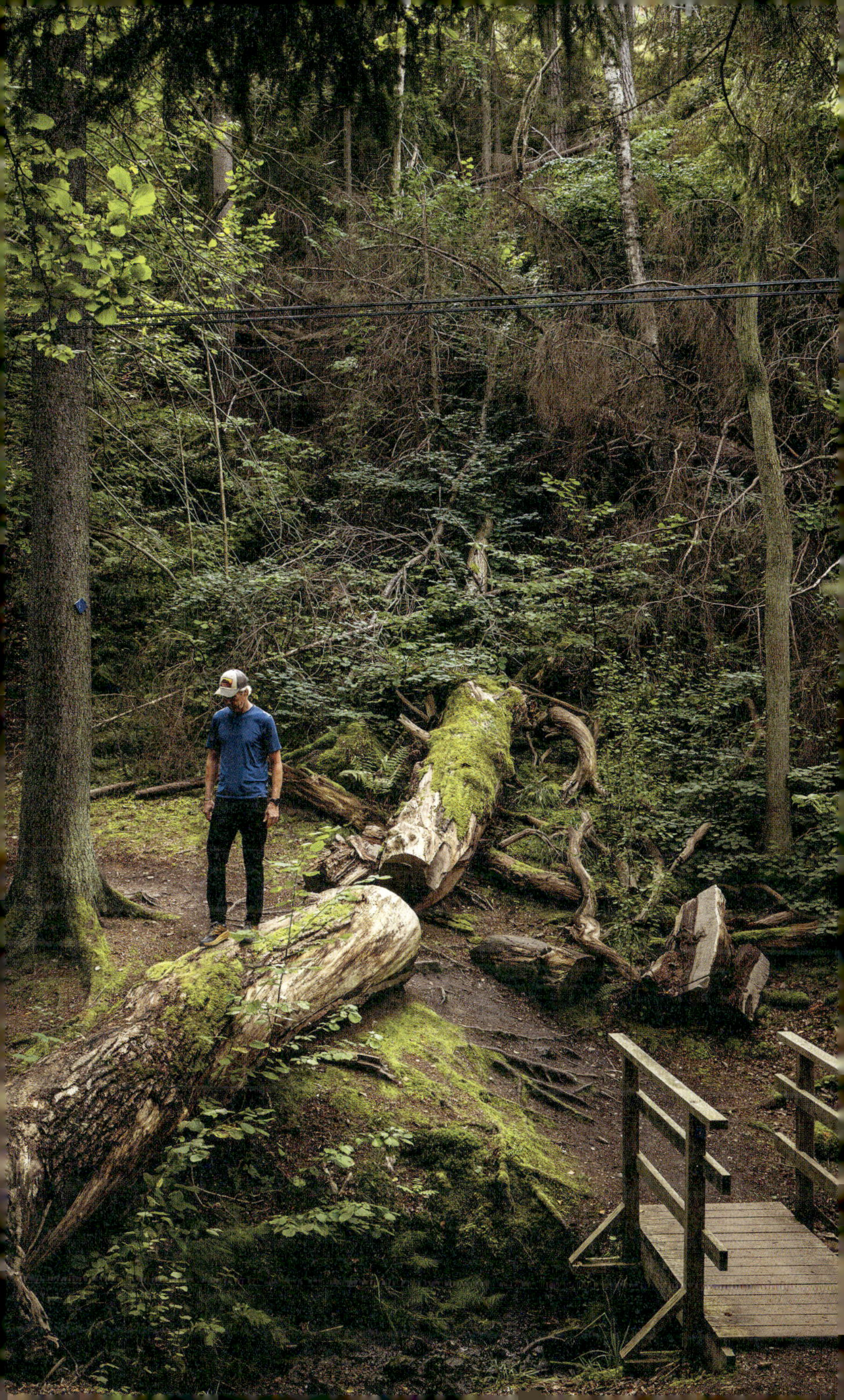

von großen Eichen und Blumenwiesen gesäumten Koppeln verläuft. Am Ende der Koppeln geht es nach rechts und am roten Zaun entlang, der die rechte Koppel einzäunt. Überquert die Brücke und wandert auf der anderen Seite geradeaus hügelan. Der Trail ist gelb markiert. Auf der anderen Seite der nächsten Koppel seht ihr einen Parkplatz. Überquert die Straße zum Parkplatz. Von dort aus folgt ihr dem gelben Trail im Uhrzeigersinn. Nach ca. 200 m biegt ihr scharf nach rechts ab, Richtung Rosendalsravinen.

Viele Bereiche in Nyckelviken gelten als Schlüsselbiotope, was bedeutet, dass die Chancen auf eine Begegnung mit gefährdeten Tierarten recht gut stehen. Der folgende Abschnitt ist für seinen Vogelreichtum bekannt. Hier haben wir u.a. den Schwarzspecht mit seiner markanten roten Haube gesehen.

»Wir waren erstaunt, dass nur wenig Leute dieses Gebiet in Stadtnähe besuchen.«

Wenn ihr ans Wasser kommt, haltet ihr euch rechts und folgt den blauen Markierungen, vorbei an den Villen am See, und überquert den Strand direkt danach. Die blauen Markierungen weisen euch den steilen Weg hinauf in den Wald. Wenn ihr den Grat erreicht habt, seht ihr schon den Parkplatz, an dem ihr losgelaufen seid, zu eurer Rechten – der schöne Rundweg ist nun zu Ende.

EINKEHR

Svindersviks brygghus

Ein idyllisches Café aus dem 18. Jahrhundert zurück auf dem Weg in die Stadt. Es gibt Mittagessen und köstliche hausgemachte Kuchen. Drinnen sitzt man ebenso nett wie draußen.
Bis Oktober Donnerstag–Sonntag geöffnet. Besser vorher googeln.
IG@svindersviksbrygghus

BESONDERES VOR ORT

Fotografiska museet

Dieses Museum hat sich zu einem der beliebtesten Museen Stockholms entwickelt. Spektakuläre Ausstellungen mit berühmten Fotografen sowie ein hübsches Restaurant mit Ausblick sind der Grund dafür.

Wer mit dem Bus nach Nyckelviken gefahren ist, fährt zurück nach Slussen und spaziert von dort aus weiter.

Hier könnt ihr auch euer Auto parken, entweder auf dem Weg nach Nyckelviken oder auf dem Heimweg.
IG@fotografiska.stockholm

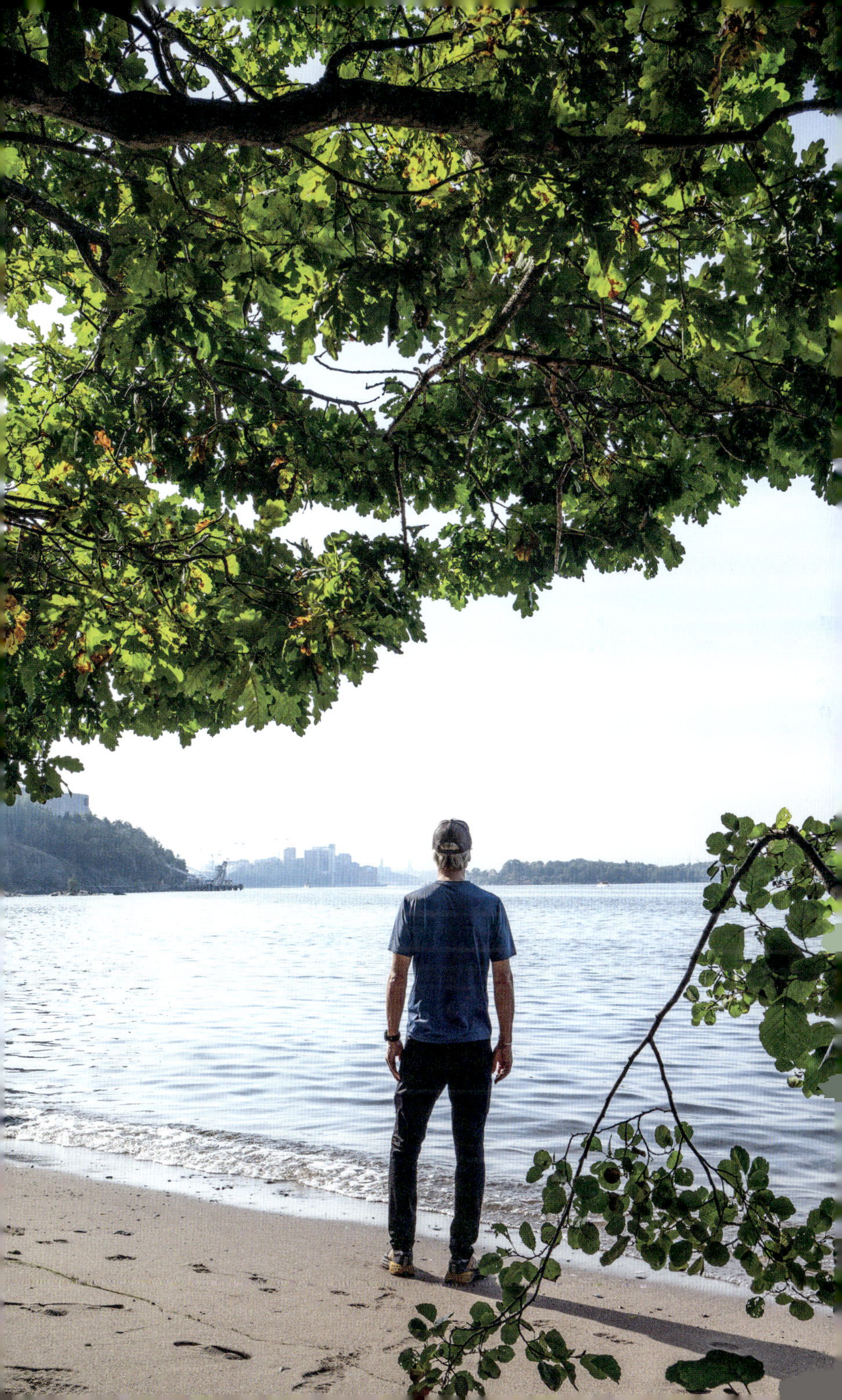

9. ELFVIK, LIDINGÖ

Ein ländliches Juwel – auf den Spuren des Crosslaufs Lidingöloppet

Lidingö liegt weniger als 10 km vom Stockholmer Zentrum entfernt. 72 % dieser grünen Insel sind unbebautes Land mit kilometerlangen Wegen und Pfaden. Auf Lidingö befindet sich auch Bosön, Schwedens Zentrum für Leistungssportler. Die Insel ist Austragungsort des Lidingöloppet, des weltweit größten Crosslaufs, der Teil des Gesamtwettbewerbs *En svensk klassiker* ist.

Der ländliche Charakter ist erhalten geblieben, da große Teile von Elfvik unter Naturschutz stehen.

Unsere Wanderung beginnt in Lidingövallen, unten bei Kyrkviken. Wir folgen den Pfaden, die am Wasser entlang verlaufen und im Süden der Insel über Weiden führen, bis nach Elfvik auf der nördlichen Halbinsel. Nach einem Kaffee im hübschen Elfviks Gård wandern wir am Nordrand der Halbinsel an Fågelöudde vorbei zurück nach Kyrkviken, wobei wir der Strecke des Lidingöloppet folgen.

Start: Lidingövallen
Weglänge: 14,8 km
Dauer: 3 Stunden 30 Minuten
Schwierigkeitsgrad: einfach/mittel
Beste Wanderzeit: zu jeder Jahreszeit
Entfernung von Stockholm: 9 km
Anreise: per Auto oder mit der U-Bahn bis Ropsten und dann mit Bus Nr. 203, 204 oder 212 nach Lidingövallen

Scanne den QR-Code mit dem Smartphone.

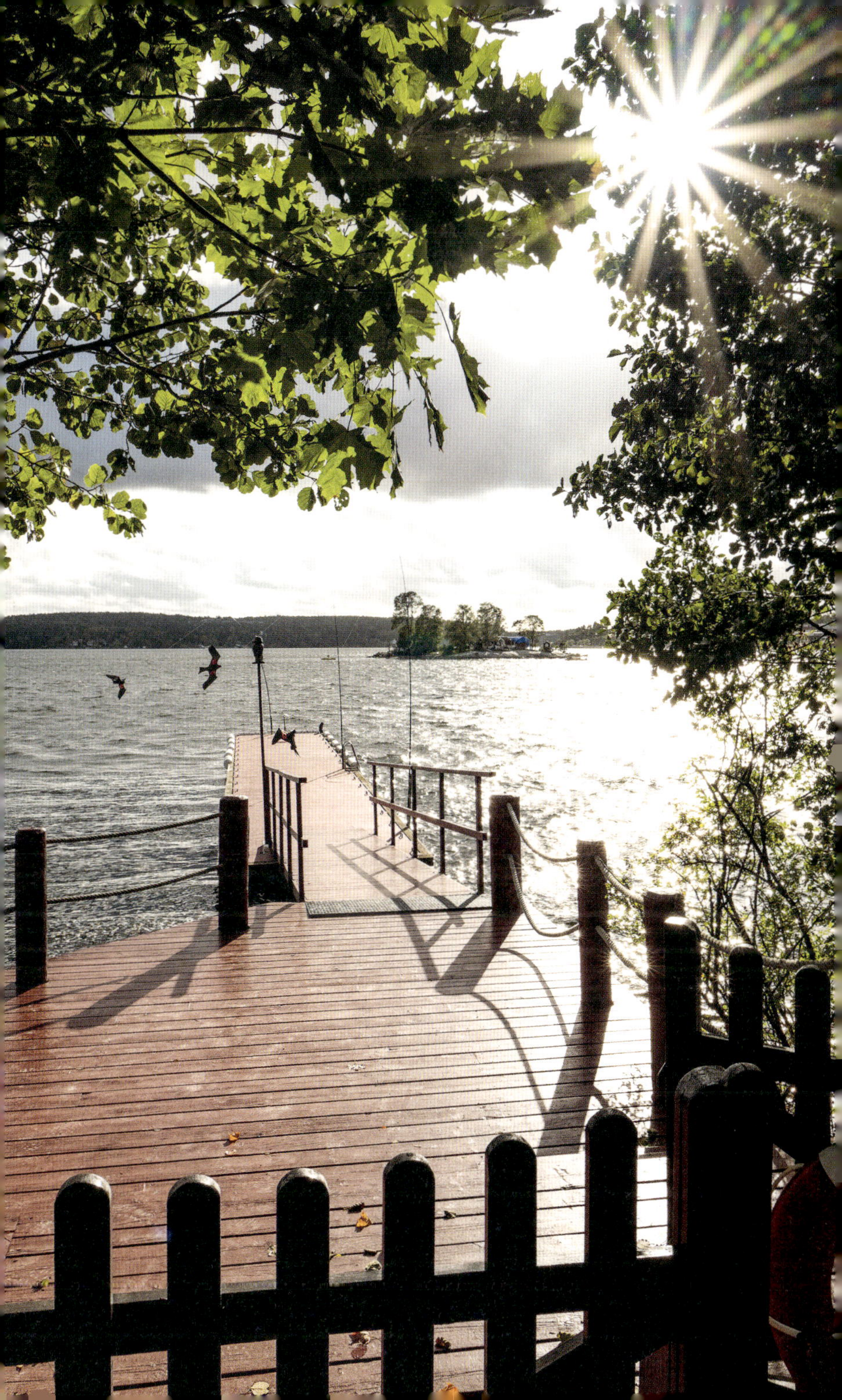

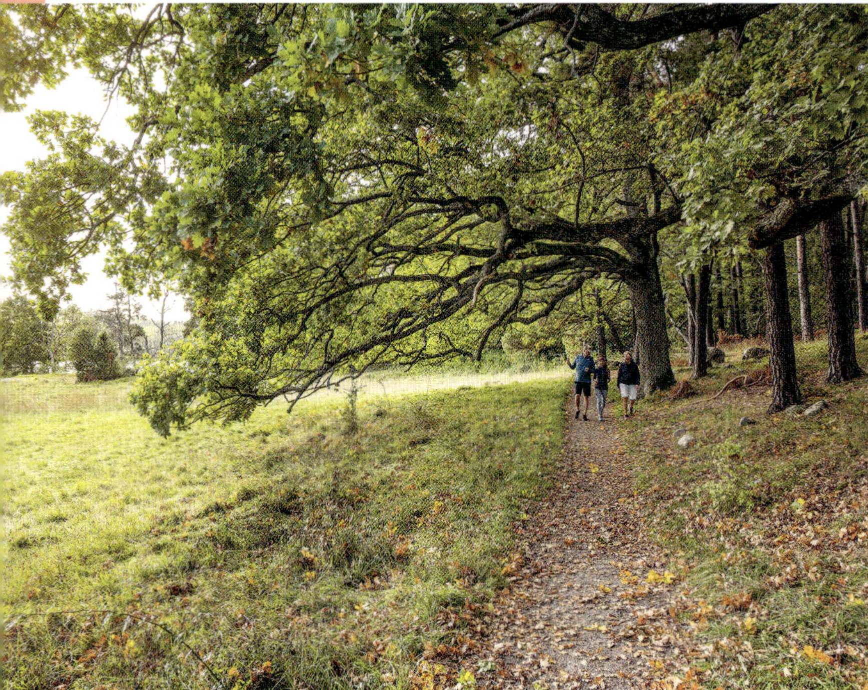

Der Weg windet sich durch einen Mischwald mit Laub- und Nadelbäumen und führt vorbei an mehreren Weiden.

BESCHREIBUNG

Los geht's an der breiten Treppe des Lidingö-Tennisclubs. Geht in Richtung Marina nach Osten mit dem Wasser zu eurer Rechten. Schon bald seht ihr das Schild mit der Aufschrift »Elfviksleden«. Die Straße führt am Wasser entlang, an einer riesigen Eiche vorbei, deren dicken Stamm zwei Erwachsene zusammen nicht umfassen können. Wer will, kann über die Brücke gehen und einen Abstecher auf die kleine Insel machen. Weiter geht es auf dem ursprünglichen Pfad. Wenn ihr an eine Kreuzung kommt, nehmt ihr den Weg zur Linken und verlasst den Weg nach Elfviksleden. Nach weniger als 100 m kommt ihr an eine weitere Kreuzung, wo ihr wieder Richtung Elfvik weitermarschiert. Hinter Gråviken gelangt ihr in einen von Feldern umgebenen Laubwald. An der nächsten Kreuzung folgt ihr dem Pfad Richtung Elfvik. Der Wald ist hübsch und moosbedeckt. Schon bald geht es über eine Weide mit dem Wasser des Kyrkviken im

»Das ca. 1 km vom Zentrum entfernte Lidingö ist eine grüne Insel.«

Rücken. Nach der Weide führt der Weg weiter am Wasser entlang Richtung Elfvik. Bald seht ihr eine größere Wasserfläche namens Hustegafjärden. Auf der gegenüberliegenden Seite befindet sich das Neubaugebiet Gåshaga. In der Mitte des Fjärd liegt die 2000 m² große Insel Svanholmen, ein bei Schwänen und anderen Vögeln beliebtes Brutgebiet. Auf der Insel stehen auch einige Ferienhäuser. Von der Gåshaga-Seite aus sieht man das Haus »Birdnest«, das erst kürzlich errichtet wurde. Die architektonische Gestaltung erinnert an ein Vogelnest, was nicht nur ästhetische Gründe hat, sondern auch geschah, um nistende Vögel nicht zu stören.

Auf dem letzten Abschnitt des Weges nach Elfvik kommt ihr an einigen riesigen Villen vorbei, die einst Privathäuser waren, heute aber als Konferenzzentrum genutzt werden.

Am Anlegesteg von Elfvik geht es auf der Teerstraße an der Einfahrt zum exklusiven Hotel Ellery Beach House vorbei. Wenn ihr weiter auf der Teerstraße entlangspaziert, seht ihr linker Hand Elfviks Gård. Die Familie Hallman betreibt hier einen Bauernhof sowie mehrere andere Unternehmen, darunter das entzückende Bistro, das leichte Gerichte und hausgemachte Kuchen serviert. Auf dem Bauernhof kann man auch Lammfleisch sowie Lammfelle kaufen bzw. bestellen.

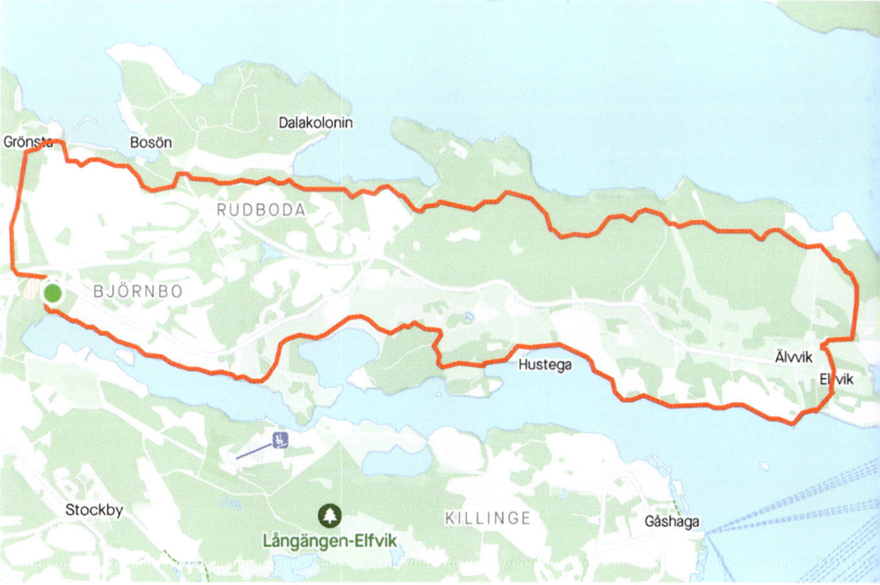

Nach der Pause geht es wieder zurück auf die Teerstraße. An der nächsten Weggabelung haltet ihr euch rechts und nehmt die Schotterstraße zwischen der Weide und dem Gemüsefeld. Folgt der Straße Richtung Fiskarudd, Hagen und Duvholmen. Geht an dem Gatter vorbei und weiter geradeaus bis zu einer Rechtskurve, wo ein Weg von der Schotterstraße abgeht und zwischen mit Weißdornsträuchern gesäumten Weiden mit Pferden, Schafen und Kühen entlangführt. Der Trail verschwindet bald im Wald, der wie zuvor aus Laub- und Nadelbäumen besteht. Wenn ihr wieder an einer kleinen Straße zu eurer Rechten mit einigen Häusern vorbeikommt,

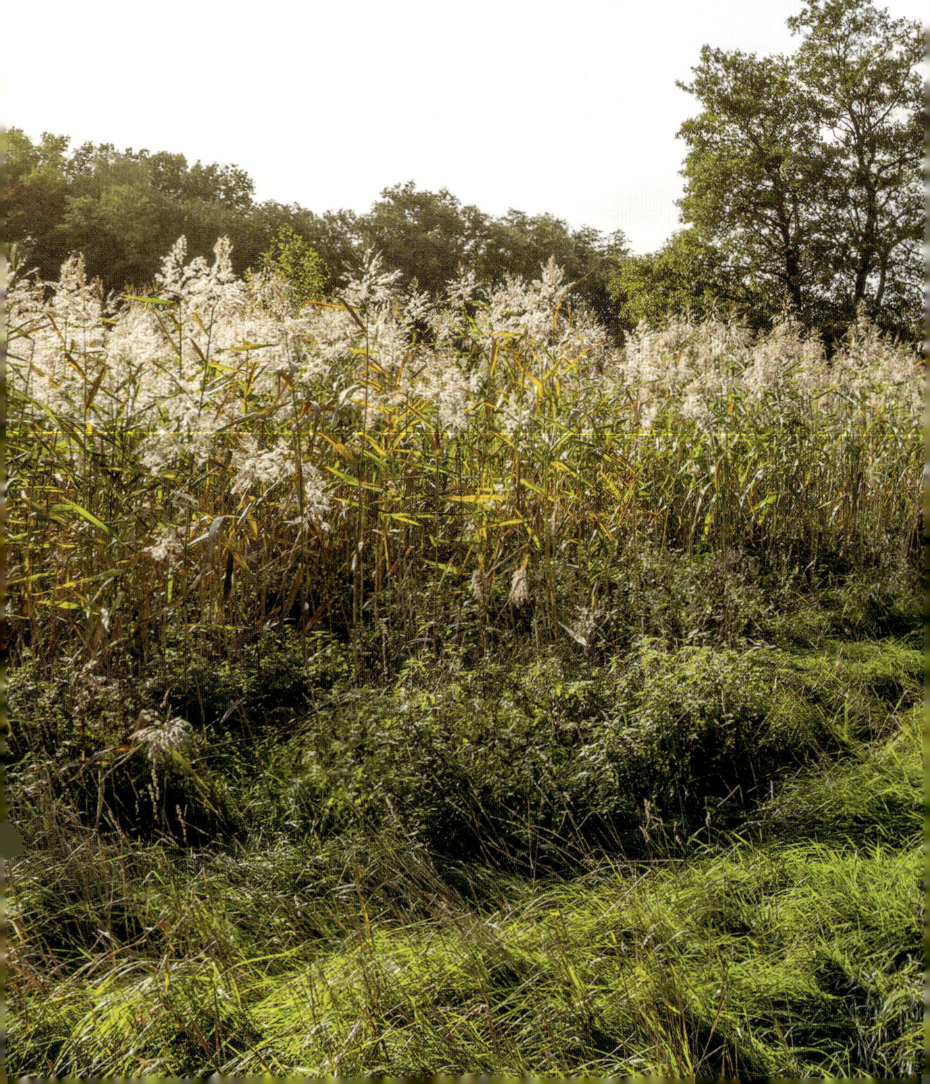

geht ihr auf eurem Pfad weiter geradeaus. Nach den Häusern wird der Pfad zu einer Schotterstraße. Nach 100 m gelangt ihr wieder an ein Gatter. Weiter geht es durch einen Nadelwald. Am Wendeplatz marschiert ihr in Richtung Grönsta Gärde.

Nun seid ihr auf der Lidingöloppet-Laufstrecke, die mit einem weißen Viereck markiert ist. In Fågelöudde führt der Weg rechts am Parkplatz für den Strand Fågelöudde vorbei. Dies ist einer der größten und beliebtesten Badeplätze von Lidingö. Falls es warm genug ist, könnt ihr hinuntergehen und eine Runde schwimmen. Dort befindet sich auch ein sogenannter Kayakomat – ein Selbstbedienungskanuverleih.

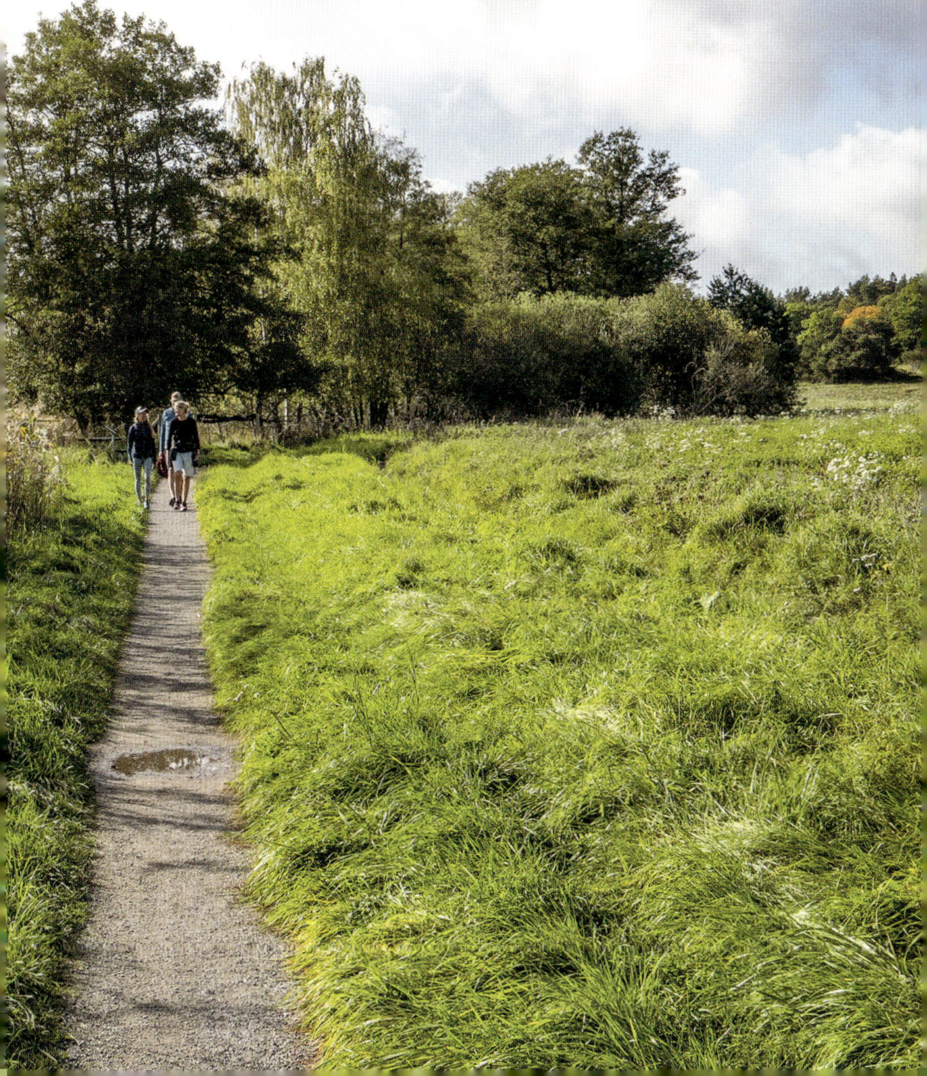

Wenn ihr eure Wanderung abkürzen möchtet, steigt ihr hier einfach in den Bus 211. Er fährt einmal pro Stunde und bringt euch zurück zur U-Bahn-Haltestelle nach Ropsten.

Ansonsten schlendert ihr auf dem netten, gewundenen Weg durch den Nadelwald. Zwischen den Kiefern und Fichten erhascht ihr einen Blick auf eine umwerfende Villa, die heute das Konferenzzentrum Södergarns Kursgård ist.

Ihr spaziert auf dem Lidingöloppet-Trail weiter und folgt dem Pfad Richtung Grönsta Gärde, wenn ihr an die Kreuzung am Bosön-Bootsclub kommt.

An der nächsten Bucht seid ihr in höherem Gelände und könnt hinunter auf Askrikefjärden schauen. Der Trail führt anschließend durch bebautes Gebiet, aber selbst hier könnt ihr den Schildern für den Lidingöloppet folgen. Nach 200 bis 250 m achtet auf das Schild, das auf den steil nach rechts unten führenden Weg verweist. Danach solltet ihr rechts auf die Askrikevägen einbiegen. Kurz vor der Askrike-Marina geht es einen Pfad zur Linken entlang. Nach 200 m kommt ihr nach Grönsta Gärde, dem Endpunkt des Lidingöloppet. Hier zeigt euch ein Schild deutlich den Weg nach Lidingövallen, wo euer Rundweg zu Ende ist. ⊕

In Elfviks Gård ist viel los: Neben dem hübschen Café findet ihr hier einen Antiquitäten- und Geschenkeladen, eine Galerie und noch mehr.

EINKEHR

Lidingö tennisklubb
Der Lidingö-Tennisclub hat ein nettes Café mit einer Treppe, auf der man die Sonne genießen kann. Perfekt, um die Wanderung mit einem Smoothie, einem Eis oder einem Bier abzuschließen.
IG@lidingotk

Lidingö Musteri
Die Lidingö Musteri (Apfelpresse) bei Grönsta Gärde ist in einer Scheune untergebracht, die zum alten Pfarrhaus gehört. Man kann seine eigenen Äpfel zum Pressen vorbeibringen. Es gibt auch ein hübsches Café, das am Wochenende geöffnet hat, selbst außerhalb der Apfelsaison. Der Schokokuchen lohnt den Besuch!
IG@lidingomusteri

BESONDERES VOR ORT

Millesgården
Das Künstlerhaus und der Skulpturenpark des Bildhauers Carl Milles ist heute ein Museum auf der Klippe von Lidingö mit Ausblick über den Värtan Sund. Das Haus aus dem Jahr 1808, früher Wohngebäude und Atelier, beherbergt heute in einem Seitenflügel eine Sammlung antiker Skulpturen sowie eine Kunstgalerie mit Sonderausstellungen.
IG@millesgarden

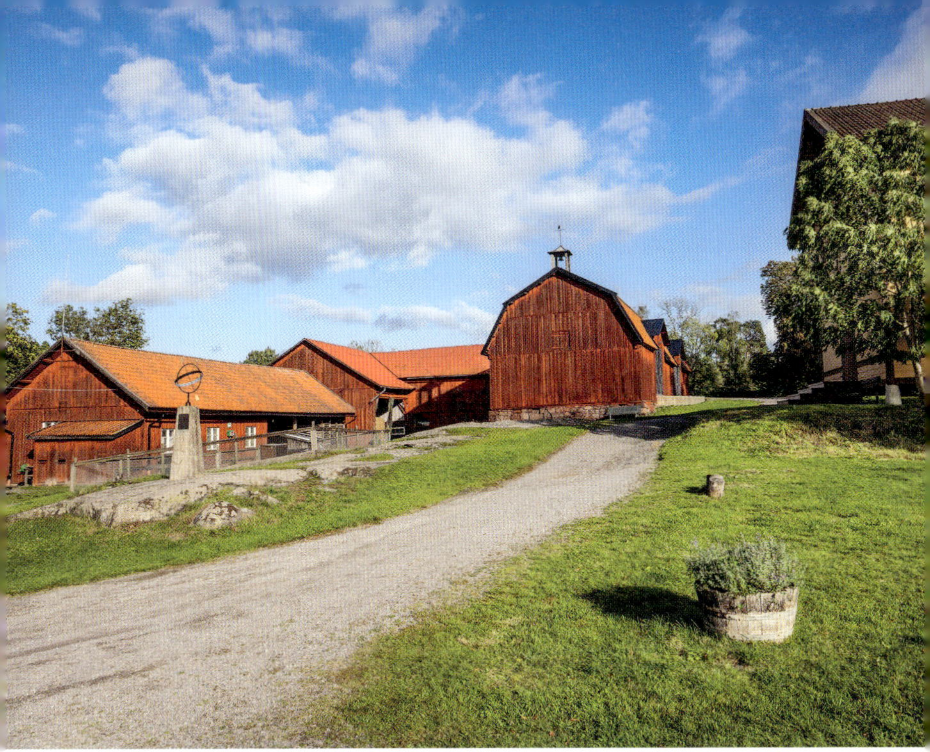

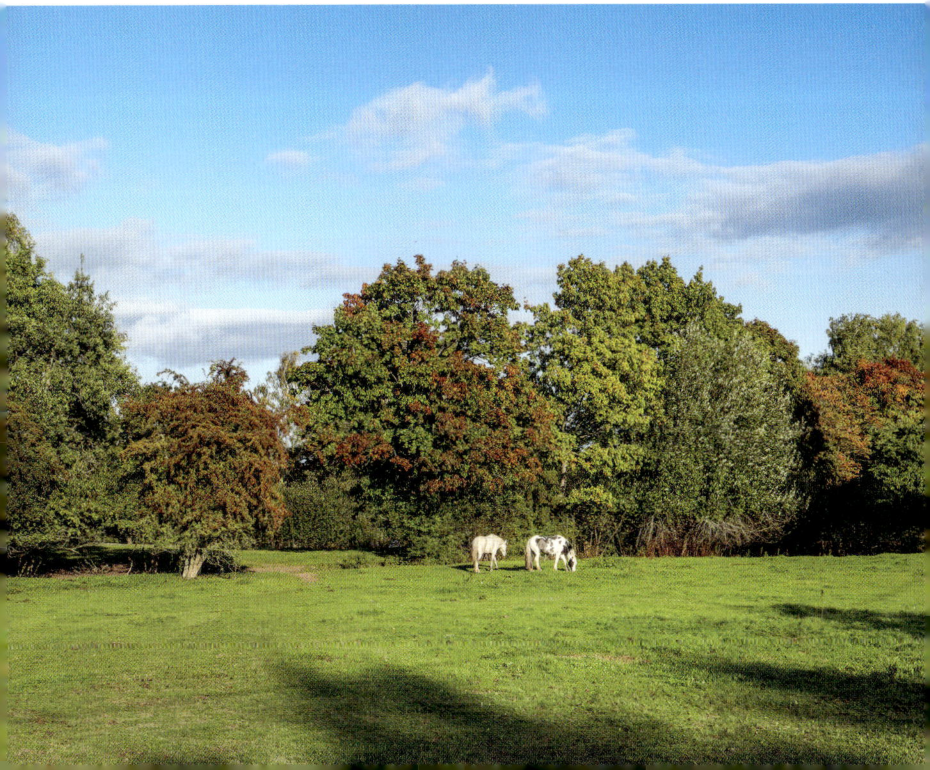

10. PARADISET

Zauberhafte Waldseen prägen die Landschaft

Wir haben das Paradies besucht – das Paradies auf schwedische Art! Diese Variante umfasst für uns Naturliebhaber eine Tour durch uralte, unberührte Wälder, deren Bäume mit Moos und Flechten bewachsen sind, über glatte Felsplatten und knorrige Baumwurzeln, an kleinen Waldseen vorbei, durch Blaubeergestrüpp und Feuchtgebiete mit duftendem Sumpfporst. Das nennen wir eine Wanderung! Die Tour führt auch auf den höchsten Punkt Stockholms, den 111 m hohen Tornberget. Auf seinem Gipfel steht heute ein toller Aussichtsturm, mit dem man nochmals 20 Höhenmeter dazugewinnt. Dieses Gebiet ist bei Besuchern jeden Alters beliebt, bei Campern, Familien mit Kindern und Geländeläufern, fühlt sich aber nicht überlaufen an. Denn erst die Ruhe und Stille machen Paradiset zu einem wahren Paradies. Die abwechs-

Die Wanderung setzt sich aus verschiedenen Trails zusammen. An den Abzweigungen aufpassen!

Start: Paradiset-Hütte
Weglänge: 11,5 km
Dauer: 3 Stunden
Schwierigkeitsgrad: mittel
Beste Wanderzeit: zu jeder Jahreszeit
Entfernung von Stockholm: 22 km
Anreise: per Auto ab Haningevägen, Straße 259. Richtung Ådran, Ekedal und Paradiset abbiegen
Öffentliche Verkehrsmittel: Pendelzug bis Haltestelle Huddinge, dann mit Bus Nr. 709 nach Bruket oder Ådran, dann 1,2 km bzw. 1,7 km zu Fuß bis Paradiset

Scanne den QR-Code mit dem Smartphone.

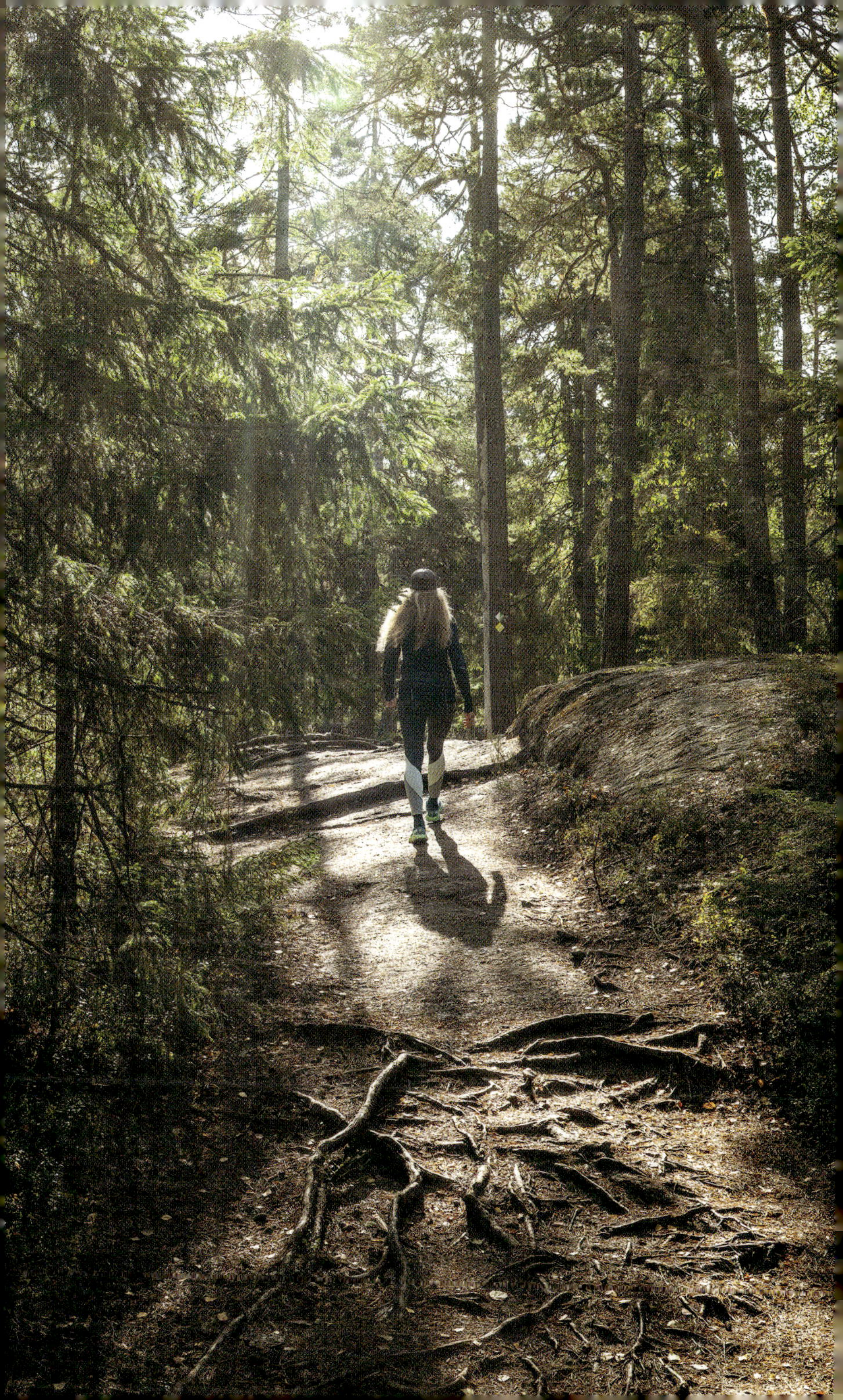

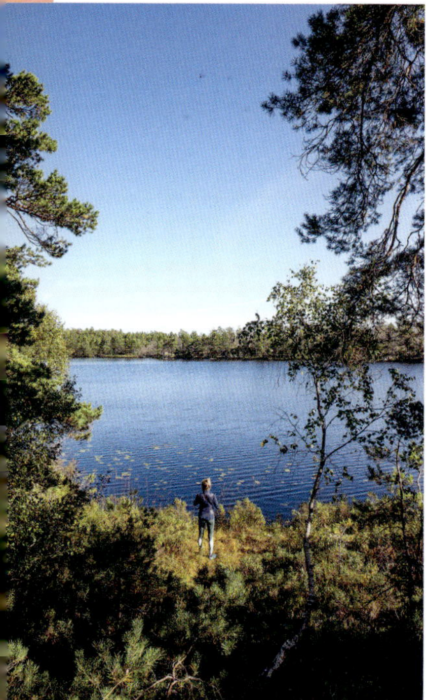

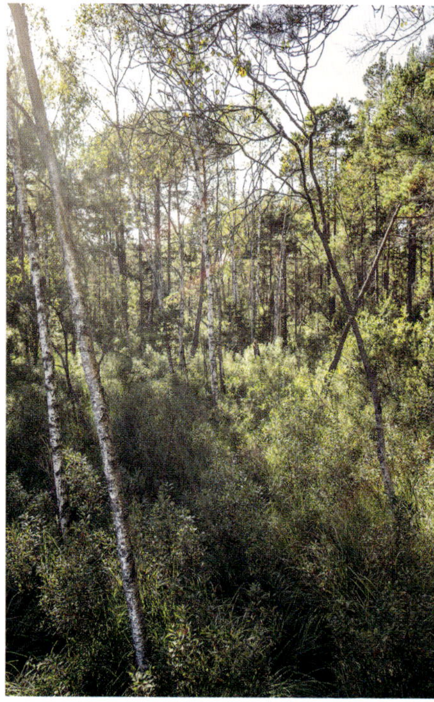

Sumpfporst ist ein 30 bis 100 cm hoher Strauch mit weißen oder hellrosa Blüten. Sein intensiver Duft ist unverwechselbar.

lungsreiche Wanderung macht richtig Spaß! Man muss aber aufpassen, wo man hintritt. Die Tour geht durch das Naturschutzgebiet Paradiset, aber ihr könnt auch kleine Abstecher in die benachbarten Naturreservate Tornberget und Svartsjön machen.

Damit die Wanderung auch schön lang und unterhaltsam wird, wechselt ihr zwischen mehreren der gut markierten Pfade. So könnt ihr auf den Tornberget klettern, weiterlaufen, an Hanveden vorbei und entlang der schönen Waldseen Långsjön und Trekanten. Hanveden wird Hahnenwald genannt und von Birkhühnern und Auerhähnen bewohnt. Diese Vögel halten größtmöglichen Abstand zum Menschen.

Falls ihr mit Kindern unterwegs seid oder aus anderen Gründen nicht so weit laufen wollt, folgt einfach dem 5 km langen Sameslingan, der sowohl am Långsjön als auch am Trekanten vorbeiführt. Dies ist zugleich Abschnitt 6 des Sörmlandsleden: von Paradiset zum Lida Friluftsgård (siehe die

Wanderung bei Lida auf S. 64). Die Hütte der »Freunde von Paradiset Hanveden« ist sonntags geöffnet. Hier trefft ihr auf begeisterte Wanderer, mit denen ihr über die Wahl der Route diskutieren, eine Tasse Kaffee trinken oder euch anderweitig informieren könnt. Die Hütte ist der Startpunkt unserer Wanderung und liegt tief im Wald, weshalb ihr ausreichend Essen und Getränke für den ganzen Tag einpacken solltet. In dieser Gegend könnt ihr auch für einen oder zwei Tage wild zelten.

BESCHREIBUNG

Vom Parkplatz am Landschaftsschutzgebiet Paradiset geht ihr zu den etwas höher gelegenen roten Hütten, wo es eine gute Infotafel gibt. Beginnt mit dem Tornbergsslingan im Süden. Eine Holztreppe führt euch hinauf in den Wald. Nach ca. zehn Minuten kommt ihr an eine große Weggabelung mit Schildern: Hier kreuzen sich die Abschnitt 6 und 5:3 des Sörmlandsleden. Geht weiter bergauf nach links auf dem grün-weiß markierten Tornbergsslingan.

»Entlang der schönen Waldseen Långsjön und Trekanten.«

Schon bald seid ihr auf dem wundervollen Hanveden, wo ihr zwischen Heidekraut, Moos, Blaubeeren und Sumpfporst entlangspaziert. Nach 2,2 km kommt ihr am Tornberget an, dem höchsten Punkt der Gemeinde Stockholm. Ihr könnt nun

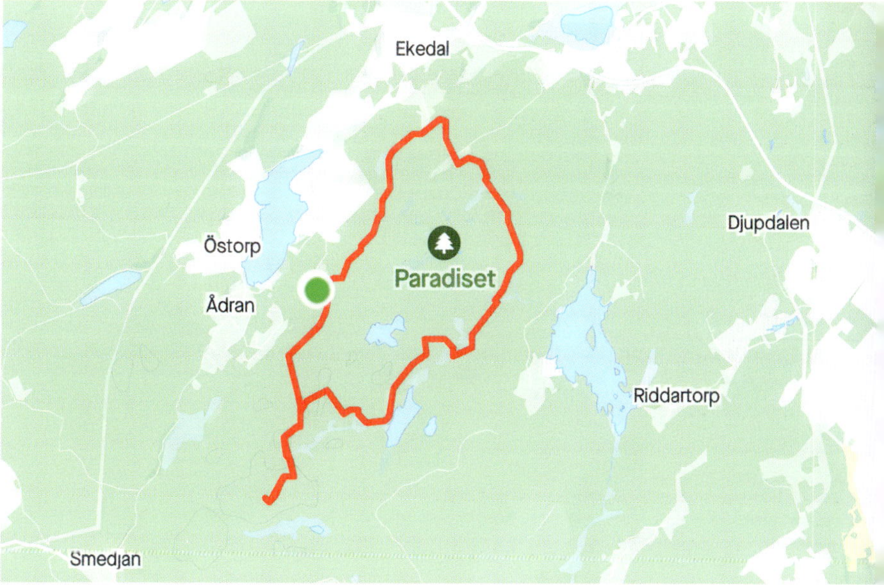

entweder auf den Aussichtsturm steigen oder euch vielleicht auf eine der Felsplatten setzen und euren Gedanken freien Lauf lassen.

Danach dreht ihr wieder um und marschiert auf dem grün-weiß markierten Weg ca. 1 km Richtung Paradiset, bis ihr an eine Kreuzung kommt, wo ihr auf den Sameslinga stoßt. Jemand hat hier ein kleines lila Holztier mit Kuscheltieren aufgestellt. Der Weg Sameslingan ist gelb markiert. Ab jetzt geht ihr nicht mehr Richtung Paradiset. Der Trail schlängelt sich vielmehr durch alte Fichten- und Kiefernwälder, über glatte Felsen und knorrige Wurzeln. Schmale Stege führen durch Marsch- und Feuchtgebiete. Hier heißt es aufmerksam sein. Nach ca. 5 km kommt ihr an den See Långsjön. Dort

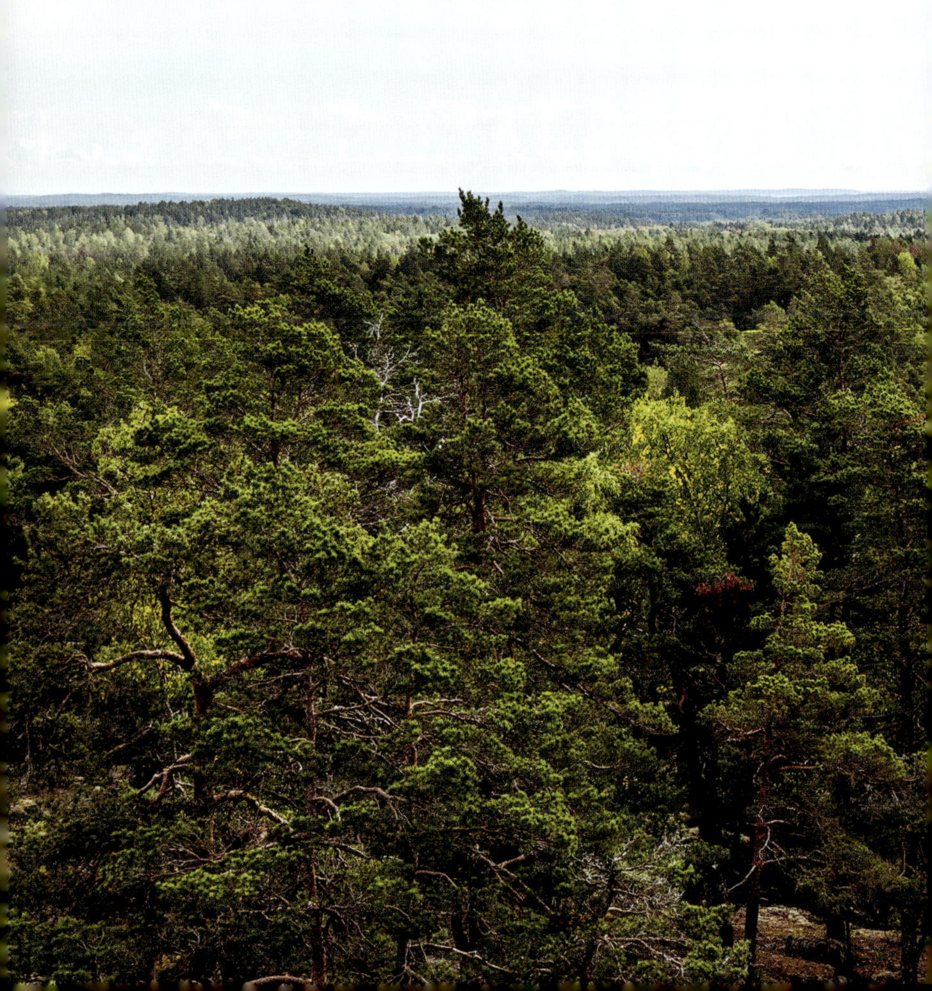

gibt es einen Windschutz und eine Feuerstelle. Ein Schild zeigt an, wo ihr Feuerholz findet. In dieser Gegend entdeckte man Hunderte von Siedlungen aus der Steinzeit, 9000 bis 10 000 Jahre alte Spuren von Jägern und Fischern. Damals lag der Meeresspiegel 75 m höher als heute und die Anhöhe hier erschien den ersten Bewohnern wohl als ideale Wohngegend. Auf der anderen Seite des Långsjön sind noch Spuren des großen Waldbrands von 2020 zu erkennen.

Nach dem Långsjön geht es weiter auf dem Sameslingan. An einer Kreuzung, wo der Sörmlandsleden zur Rechten orange markiert ist, geht ihr auf dem Sameslingan links weiter, bis ihr zu einer weiteren großen Kreuzung kommt. Hier wechselt ihr auf den grün markierten Brinkslingan. Heißer Tipp:

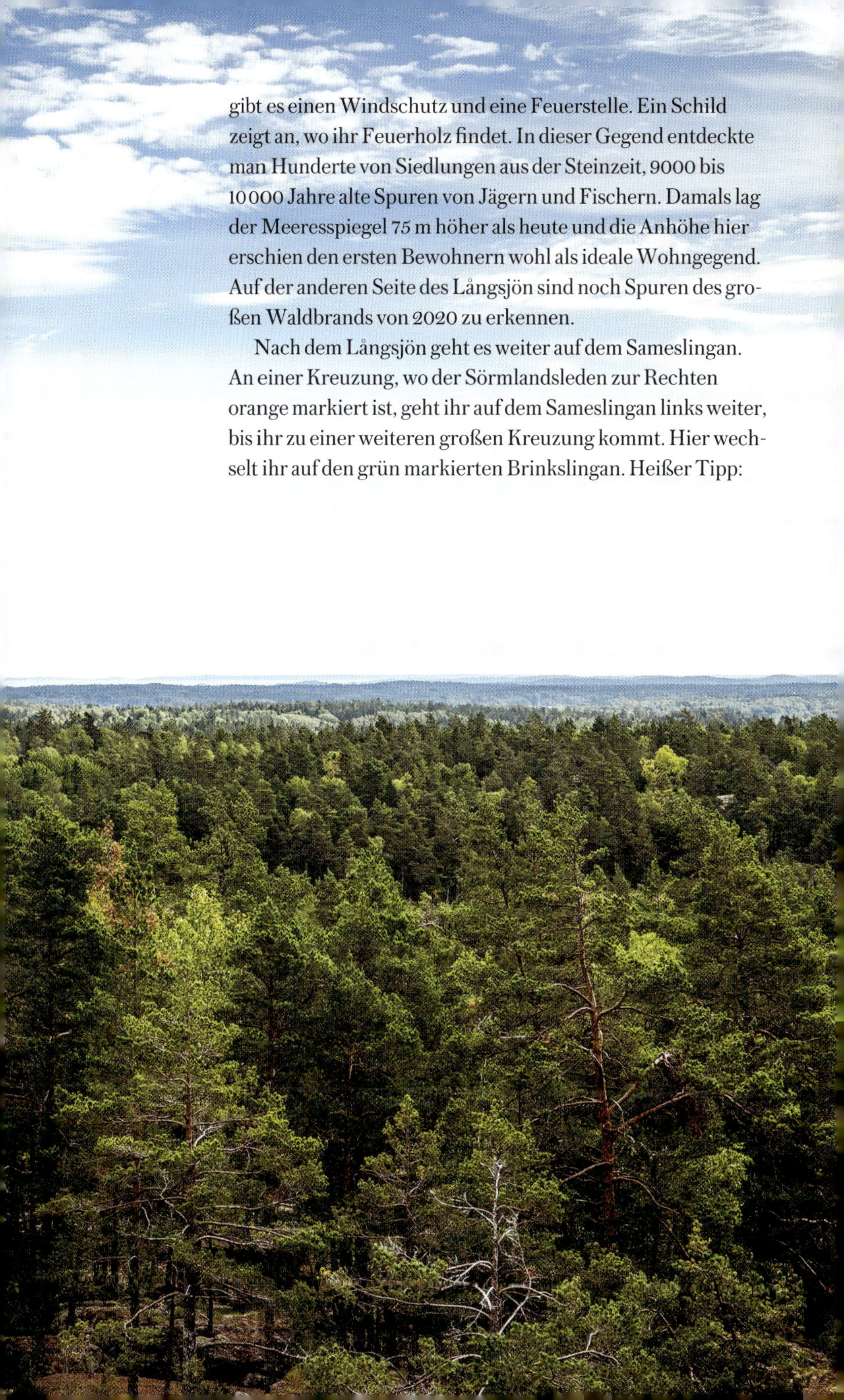

Macht einen kleinen Abstecher und spaziert die paar Hundert Meter hinunter zum See Trehörnigen, bevor ihr auf dem Weg Brinkslingan weitermarschiert. Trehörnigen ist ein Paradebeispiel für einen Waldsee. Es gibt an seinem Ufer sowohl eine Feuerstelle als auch die kleine Übernachtungshütte Ugglekojan mit Holzofen und Schlafmöglichkeit für zwei Personen. Von den glatten Felsplatten aus kommt man gut ins Wasser. Wie auch am Långsjön werdet ihr bereits Feuerholz vorfinden. Nach dem Trekanten geht ihr von der Stelle, an der ihr hinunter zum See abgebogen seid, weiter auf dem Brinkslingan-Trail. Brinkslingan ist grün markiert und vereint sich mit dem Huddingeleden. Wenn sie sich wieder trennen, bleibt ihr auf dem gelb markierten Huddingeleden. An einer Wegkreuzung kommt der Brinkslingan wieder von rechts dazu. Marschiert nun weiter auf dem Huddingeslingan-Brinkslingan-Kombiweg Richtung Näset. An der nächsten Markierung, die sich fast unten am Parkplatz befindet, geht ihr 2,7 km in Richtung Torpet Paradiset. Haltet an den Bäumen Ausschau nach den kleinen grünen Markierungen des Brinkslingan, rechts am Rande des Felds. Folgt den grünen Markierungen und nehmt den wunderhübschen Pfad durch den Wald, dessen Bäume teils mehrere Hundert Jahre alt sind. Zum Schluss kommt ihr an ein Schild und eine Schotterstraße, die sich mit Sameslingan verbindet. Euer Rundweg ist an der Paradiset-Hütte, 500 m zu eurer Rechten, zu Ende. ⊕

Der See Trehörnigen mit seiner Übernachtungshütte namens Ugglekojan ist einer der idyllischsten kleinen Seen rund um Stockholm.

EINKEHR

Hier gibt es kaum Cafés oder Restaurants, weshalb ihr genügend Essen und Getränke einpacken solltet. Dann könnt ihr ganz gemütlich bei euch selbst einkehren, bevor ihr euch auf den Heimweg macht.

BESONDERES VOR ORT

Sundby gårds värdshus

Auf dem Weg zurück in die Stadt kommt ihr an einem Schild mit der Aufschrift »Sundby gårds värdshus« vorbei. Das Hauptgebäude stammt aus dem Jahre 1790. Heute leitet hier die Familie Bjurholm ein Restaurant mit Catering. Am Wochenende haben sie zum Brunch geöffnet, mittags kann man à la carte essen. Unter der Woche gibt es mittags nur ein Tagesgericht. Nebenan ist ein Lithografiemuseum (Eintritt frei). *IG@sundbygards*

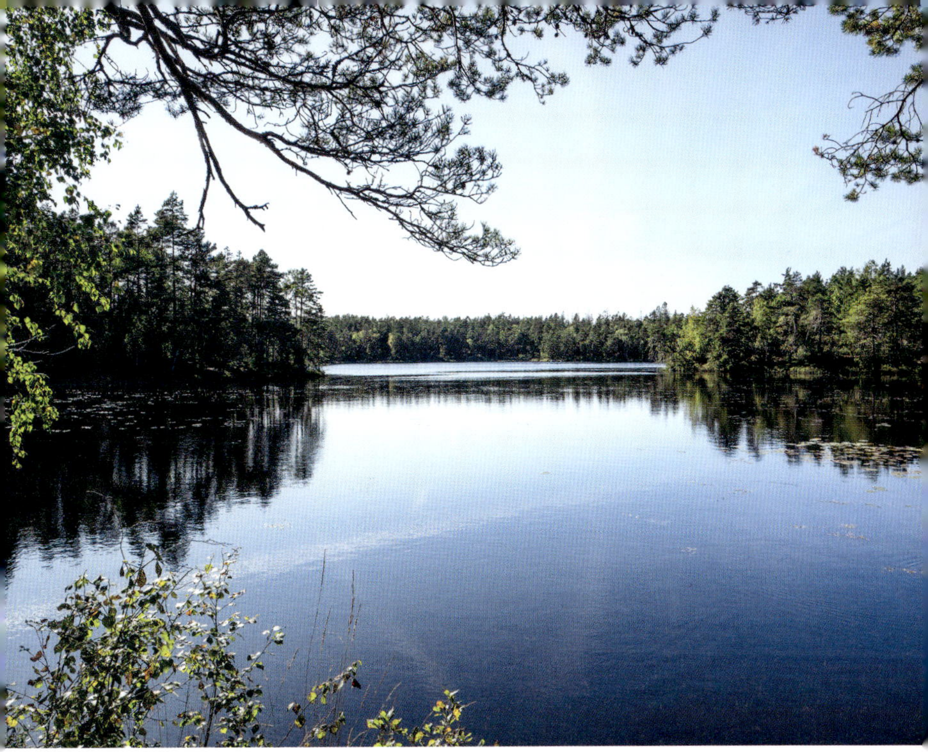

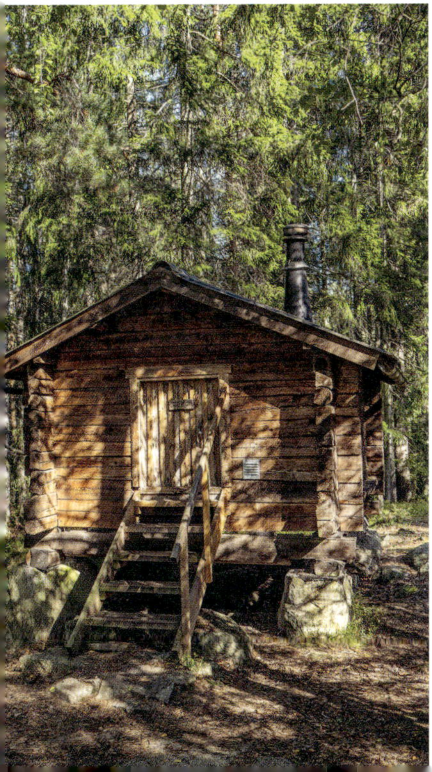

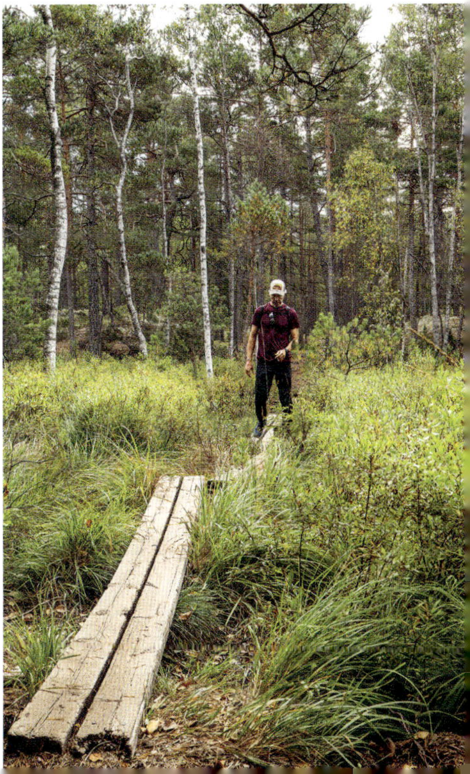

DER SCHÄRENGARTEN

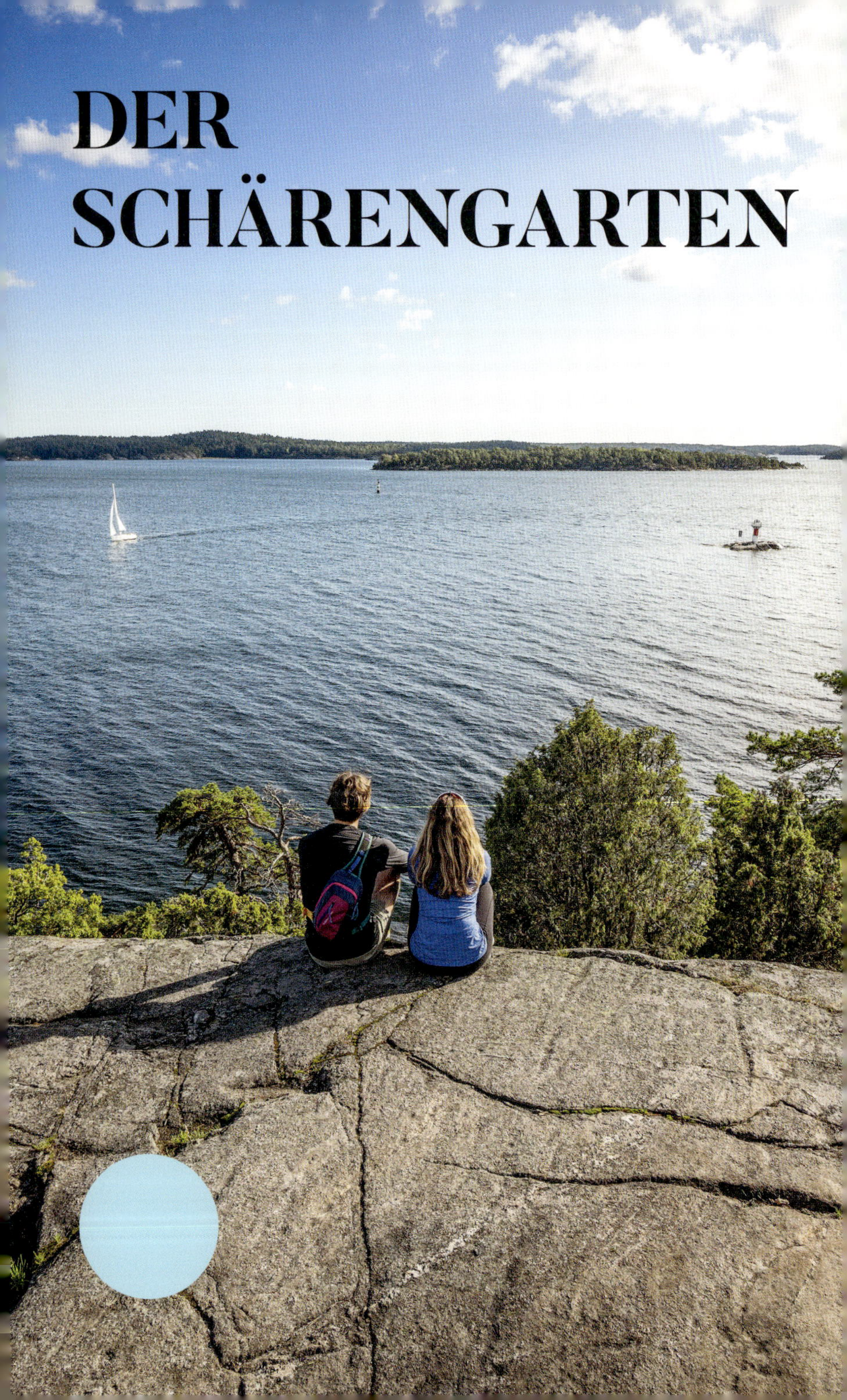

Wanderung mit Bad

ALS SICH DIE GLETSCHER vor ca. 10 000 Jahren am Ende der letzten Eiszeit zurückzogen, blieben rund 30 000 Inseln zurück, die den Stockholmer Schärengarten bilden. Heute gibt es etwa 10 000 ständige Bewohner und 50 000 Menschen, die hier den Sommer verbringen. Während des 19. Jahrhunderts, als Dampfboote regelmäßig zwischen den Inseln verkehrten, errichteten wohlhabende Stockholmer Familien Sommerhäuser oder verbrachten den Sommer in Frühstückspensionen. Noch heute wird die Gegend vor allem in der Freizeit genutzt.

Der Stockholmer Schärengarten wurde von Autoren gepriesen und von Künstlern verewigt. Er ist ein Ausflugsziel vieler Stockholmer. Dennoch sind die Inseln nicht überlaufen, denn nur 200 sind bewohnt.

»Die Inseln sind nicht überlaufen, denn nur 200 sind bewohnt.«

Eine Stiftung kümmert sich um den Archipel und sorgt dafür, dass der Schärengarten für Tiere und Menschen zugänglich bleibt. Sie verwaltet 40 Naturschutzgebiete, betreibt Bed & Breakfasts, Restaurants, Campingplätze und Jachthäfen. Die Startpunkte der vier Wanderungen sind maximal eine Stunde von Stockholm entfernt und mit öffentlichen Verkehrsmitteln oder per Auto sehr gut erreichbar.

Im Björnö-Naturschutzgebiet am Ende von Ingarö ist man per Bus oder Auto in weniger als einer Stunde. Hier gibt es einige der schönsten Sandstrände von Stockholm und man kann von glatten Felsplatten aus ins Meer hüpfen.

Auch nach Gålö kommt man gut hin. Wie auf Björnö findet ihr hier tolle Badestellen. Die kurvige Route verläuft in Meeresnähe und zählt zu unseren Lieblingstouren.

Wer den Schärengarten per Boot ansteuern möchte, sollte die Tour Stortallsrundan auf Bogesundslandet wählen. Das Boot fährt ab Ropsten und der Startpunkt des Rundwegs liegt direkt am Anlegesteg der Insel.

Runmarö ist eine gut besuchte Schäreninsel, die man mit der Fähre ab Stavsnäs in fünf Minuten erreicht. Hier gibt es eine Schule, einen Laden sowie eine Arztpraxis. Der abwechslungsreiche Weg führt durch kleine Dörfer.

11. GÅLÖ
Von Wasser umgeben

Gålö ist kanpp eine Stunde von Stockholms Zentrum entfernt. Hier draußen habt ihr die Stadt weit hinter euch gelassen. Bemerkenswert, wie schnell ihr am Rande des Schärengartens seid, an einem Ort, der auch landwirtschaftlich genutzt wird. Man sieht kleine Bauernhöfe, Felder und Weiden voller grasender Tiere. Und es gibt Nadel- und Laubwälder mit alten Eichenhainen. Da Gålö eine Halbinsel ist, spürt ihr überall die Nähe des Meeres. Früher war Gålö eine richtige Insel, aber in den 1940er-Jahren hat man die Meerenge aufgeschüttet. Die Spuren der Geschichte sind hier unverkennbar: Die alten Pfade wurden einst von den Wikingern genutzt, die das Wegenetz rund um ihre Siedlungen und Kultstätten anlegten. Gålö Havsbad hat außerdem einen der längsten Sandstrände Stockholms, der im Hochsommer viele Sonnenanbeter anlockt.

Wer nicht gerade mitten in der Hauptsaison vorbeikommt, erlebt ein gemächlicheres Alltagsleben. Auf dem Fjärd fahren Boote, Felder werden bestellt und abgeerntet, junge Ponyreiterinnen traben vorbei und auf einer Waldlichtung grasen einige Rehe. In der bekannten Hechtangelbucht sieht man gelegentlich Fischer in ihren Booten. Man kann hier übrigens auch ganz hervorragend Forellen angeln. Aber vor allem gibt es erstklassige Wanderwege mit mehr als 30 km Länge.

Reserviert für den Gålöslingan einen ganzen Tag – die Wanderung dauert länger als vermutet.

Start: Morarna-Bootsclub
Weglänge: 12,5 km
Dauer: 3 Stunden 30 Minuten
Schwierigkeitsgrad: mittel
Beste Wanderzeit: zu jeder Jahreszeit
Entfernung von Stockholm: 35 km, 40 Minuten
Transport: per Auto oder Zug bis Västerhaninge, dann mit Bus 845 bis Morarna

Scanne den QR-Code mit dem Smartphone.

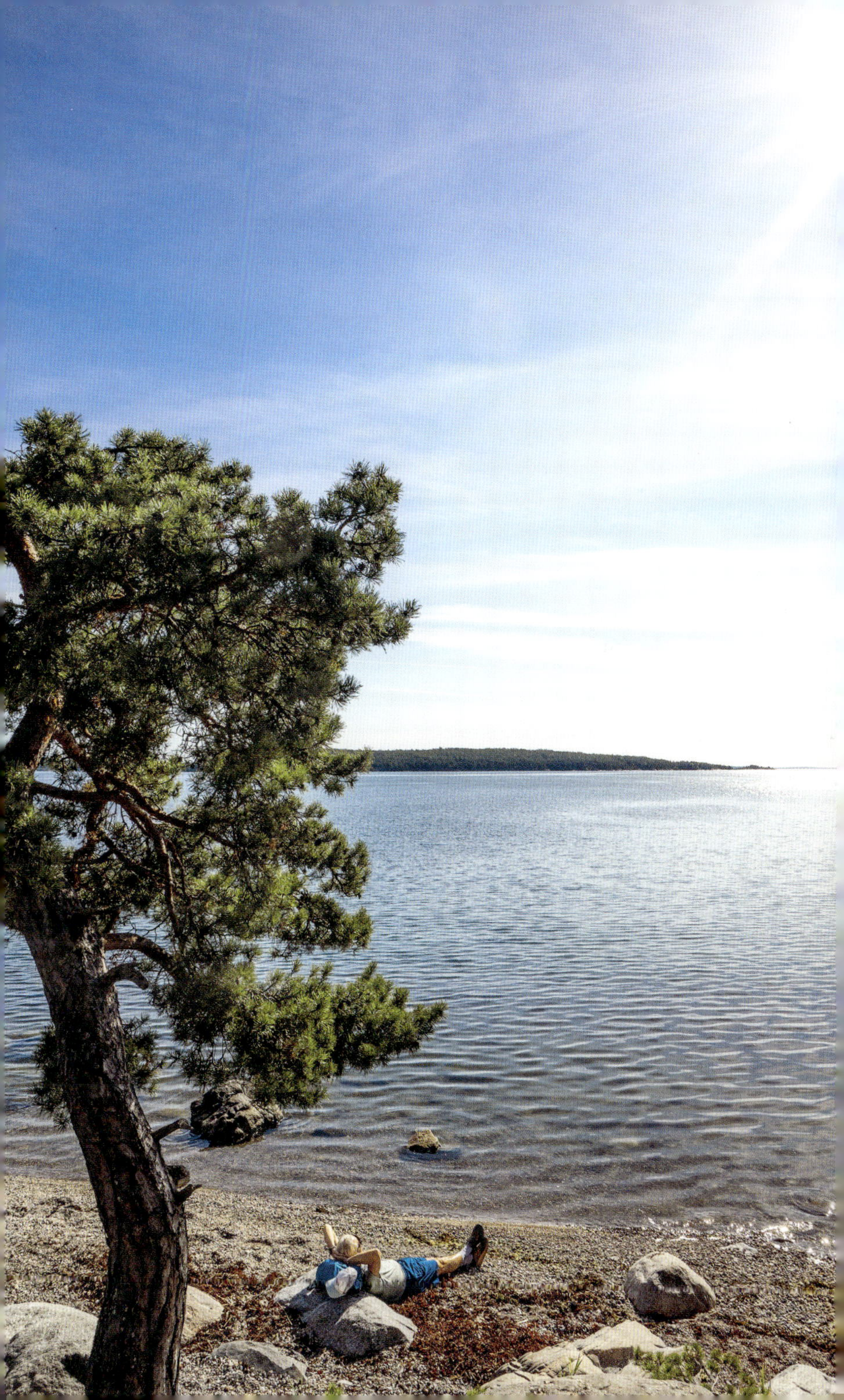

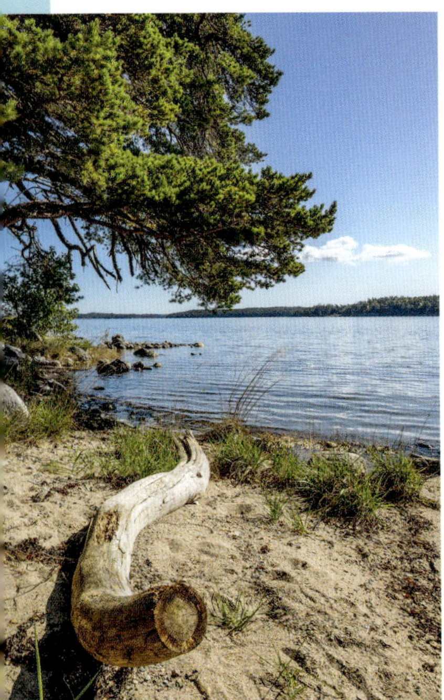 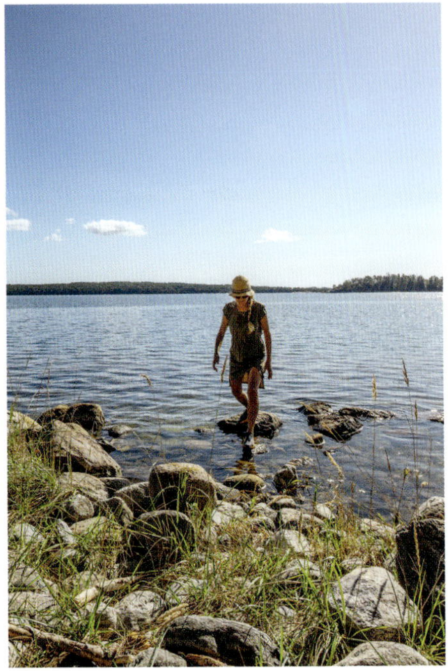

Der Weg am Wasser führt zu tollen Pausenplätzen.

Wir haben den Weg Stora Gålöslingan ausgewählt und starten an Morarnas-Bootsclub – der Bus hält an Morarnas Hembygdsgård (Morarnas Heimatmuseum), das knapp fünf Minuten vom Bootsclub entfernt ist. Aber ihr könnt auch am Strand losgehen, einige Kilometer weiter entfernt. Der Pfad führt mal bergauf, mal bergab. Doch meistens geht es direkt am Meer entlang. Dank des Höhenunterschieds könnt ihr abwechselnd mit den Füßen durchs Wasser laufen oder aber von einem Hügel aus den Ausblick über den Südteil des Schärengartens genießen.

»Der Pfad führt mal bergauf, mal bergab. Doch meistens geht es direkt am Meer entlang.«

Der erste Abschnitt der Wanderung führt durch einen Nadelwald am Meer entlang mit Blick auf den äußeren Schärengarten. Etwa nach der Hälfte des Weges verläuft der Pfad rund um Havtornsudd, die äußerste Landspitze der Halbinsel, und in der entgegengesetzten Richtung durch einen bezaubernden Laubwald in Wassernähe. Nach dem Badestrand von Gålö geht es durch schöne alte Wälder. Diese Schlussstrecke ist der leichteste Teil der Rundwanderung, die bei Morarna zu ihrem Ziel kommt. In der Hauptsaison kann man im Bistro am Badestrand zu Mittag essen. Zu anderen Zeiten solltet ihr euch aber besser eine Brotzeit und reichlich Getränke einpacken. Ihr kommt an vielen wunderhübschen Picknickplätzen vorbei, besonders im ersten Abschnitt der Tour.

BESCHREIBUNG

Am Morarnas Hembygdsgård nehmt ihr die Schotterstraße und geht einige Hundert Meter hinunter zum Wendeplatz bei Morarnas-Bootsclub. Hier steht auf einer Infotafel, dass ihr zuerst die Brücke überqueren müsst. Das Netz an der Brücke verhindert, dass Seehunde womöglich in die Bucht schwimmen. In der Bucht, die als Hechtkindergarten dient, tummeln sich zahlreiche Fische dieser Art. Von der Brücke aus könnt ihr vielleicht sogar ein großes Exemplar im klaren Wasser sehen. Auf der offenen Meerseite ist Angeln erlaubt, jedoch nicht in der abgetrennten Bucht mit den Babyhechten. Nach der Brücke ist die Route rot markiert und leicht zu finden. Sie verläuft am Wasser entlang auf einem weichen Nadelwaldweg. Nach ca. 1,5 km biegt der Pfad vom Meer ab und führt ein Stück landeinwärts auf einen Hügel hinauf. Haltet Ausschau nach den Markierungen – wenn man unterwegs plaudert, übersieht man sie leicht. Nach einer Weile geht es wieder

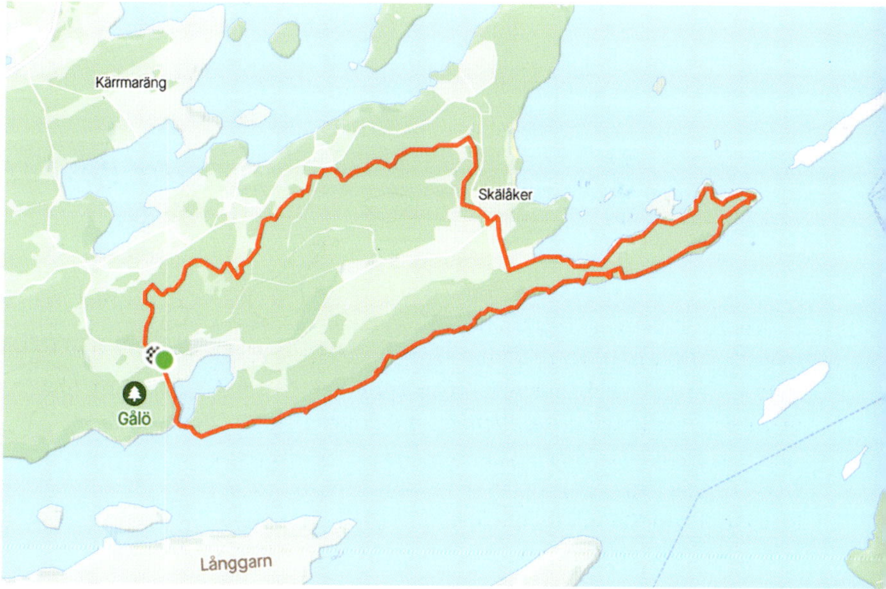

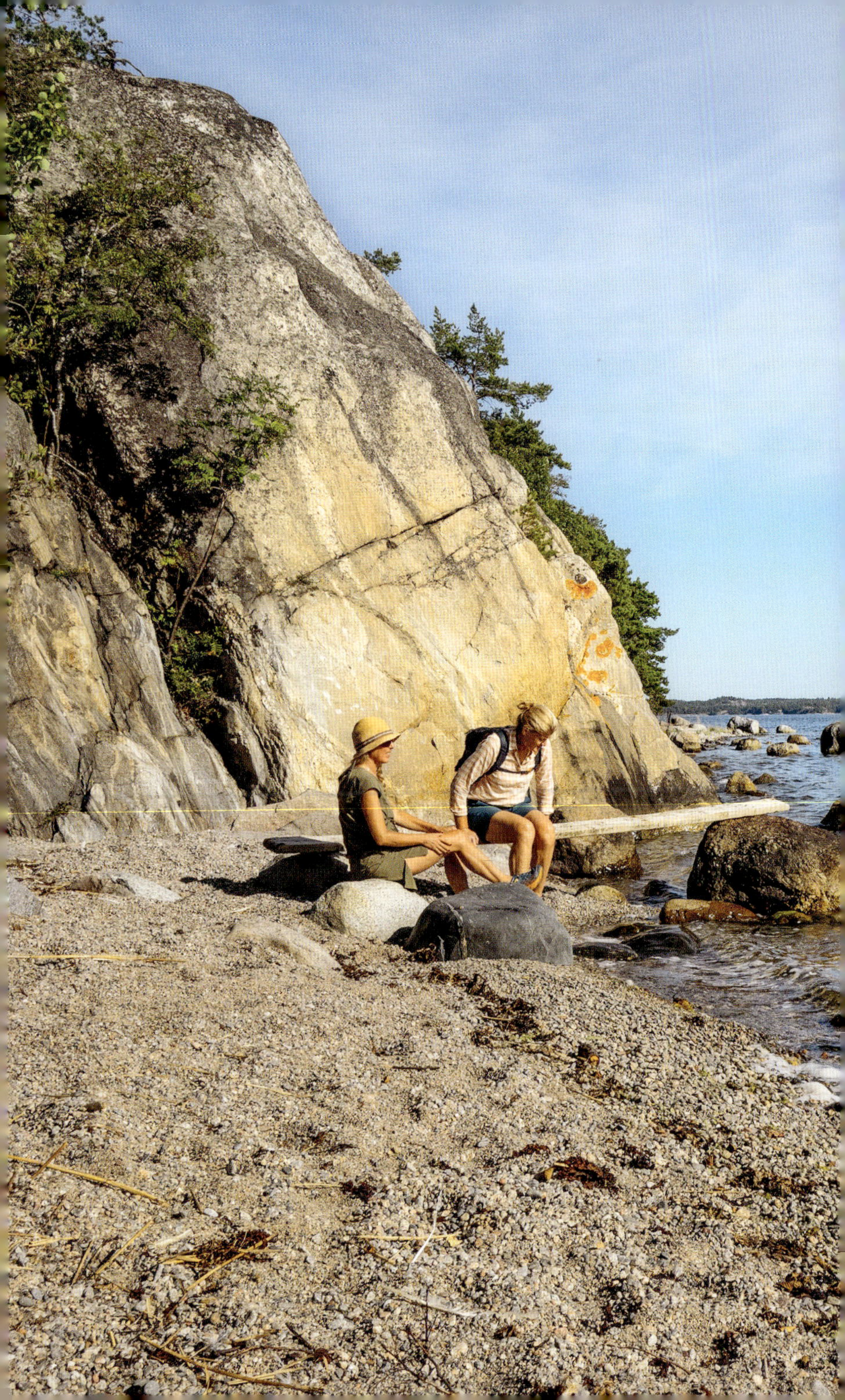

bergab. An der Kreuzung folgt ihr dem Pfad in Richtung Havtornsudd. Hier schlängelt er sich am Ufer entlang und es geht nur langsam vorwärts, da so viele schöne Stellen zu einer Pause verleiten, um Strand, Meer und Ausblick zu genießen. Ihr wandert abwechselnd durch Nadelwald und über glatte, nackte Felsplatten. Etwas steilere Abschnitte sind mit Holzstufen versehen.

Schließlich seht ihr sogar zu eurer Linken das Meer und wisst, dass ihr euch Havtornsudd nähert, der äußersten Landspitze von Gålö. Hier schweift der Blick in drei Himmelsrichtungen über Schäreninseln und Meer. Der Hafen und die Gebäude vor euch im Nordosten gehören zu Dalarö und an der letzten Landspitze vor dem offenen Meer, direkt vor Gålö im Südosten, liegt Ornö, die größte Insel der südlichen Stockholmer Schären. Von Dalarö verkehrt eine Fähre nach Ornö, die man von Havtornsudd aus ablegen sieht.

Nachdem ihr die Halbinsel umrundet habt und über eine Holztreppe hinabgestiegen seid, sodass nun auf beiden Seiten

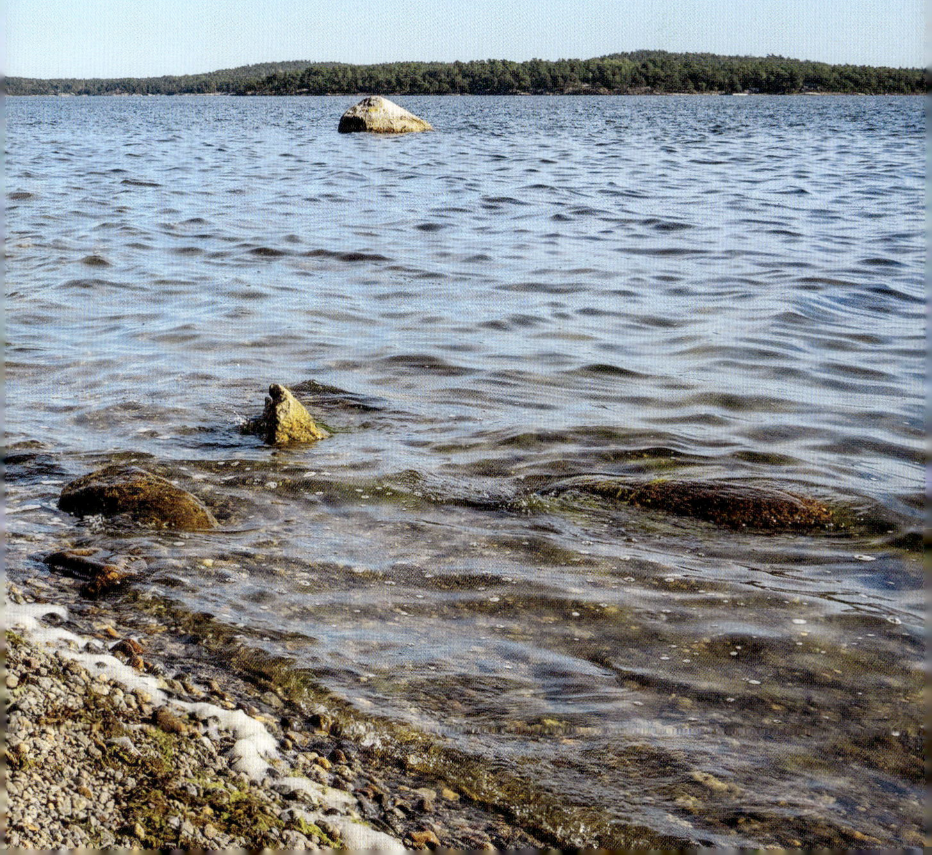

Wasser plätschert, ändert sich das Aussehen der Landschaft. Auf dieser Seite spaziert ihr zwischen Farnen und Eichen durch einen Laubwald. Das Licht schimmert durch die Baumkronen und die ganze Atmosphäre verändert sich. Nach ca. 1 km kommt ihr an einem klassischen alten Inselhaus vorbei. Hier setzt sich der gemeinnützige Verein »Die Schärenbrüder« für einen lebendigen Schärenalltag ein. Am Skälåkers-Bootsclub gelangt ihr an eine Schotterstraße, der ihr nun folgt. Haltet euch an der nächsten Biegung rechts, bis ihr nach Gålö havsbad kommt. Am Laden und Bistro ist an der großen Kreuzung Stora Gålöslingan nach links ausgeschildert. Haltet am Parkplatz Ausschau nach den roten Markierungen. Weiter geht es an der Bushaltestelle von Skälåker vorbei und dann zwischen den Campinghütten links. An der nächsten Kreuzung nehmt ihr den Weg Richtung Morarna und geht auf der Stora Gålöslingan rechts weiter. Nun müsst ihr nur noch ein paar Kilometer durch den Wald wandern, bevor ihr den Rundweg bei Morarnas Hembygdsgård beenden könnt. Das Heimatmuseum wird, wie die meisten Stätten auf Gålö, von der Schärenstiftung betrieben. Außer dem Museum gibt es auch ein Café, das allerdings nur im Sommer sonntags geöffnet hat. ⊛

Weit draußen im Schärengarten stehen die Grundmauern einfacher Fischerhütten aus der Zeit der Wikinger.

EINKEHR

Gålö havsbad

Abgesehen vom Gålö havsbad gibt es auf der Tour keine zuverlässig geöffneten Cafés. Im Bistro bekommt ihr bis September etwas. Genaue Zeiten stehen auf der Website.
IG@galo.havsbad

BESONDERES VOR ORT

Stegsholms gård

Stegsholms gård ist einer der wenigen Milchviehbetriebe Stockholms. Hier könnt ihr Fleisch, Käse, Marmelade, Milch und manchmal hausgemachte Brötchen kaufen, alles regional. Der Laden ist so klein, dass nicht mehr als zwei Leute gleichzeitig hineinpassen. Man schreibt den Einkauf in ein Büchlein und zahlt per Swish (schwedische App-basierte Zahlungsmethode). Zur Hauptsaison hat auf dem Hof ein Café geöffnet.
IG@stegsholmsgard

Gålö gårdsmejeri (Gålö-Meierei)

In Frönäs gård wird Ziegenkäse von höchster Qualität hergestellt. Im Sommer ist bis Mitte September geöffnet. Der Käse ist auch in den Stockholmer Markthallen erhältlich.
IG@galogardsmejeri

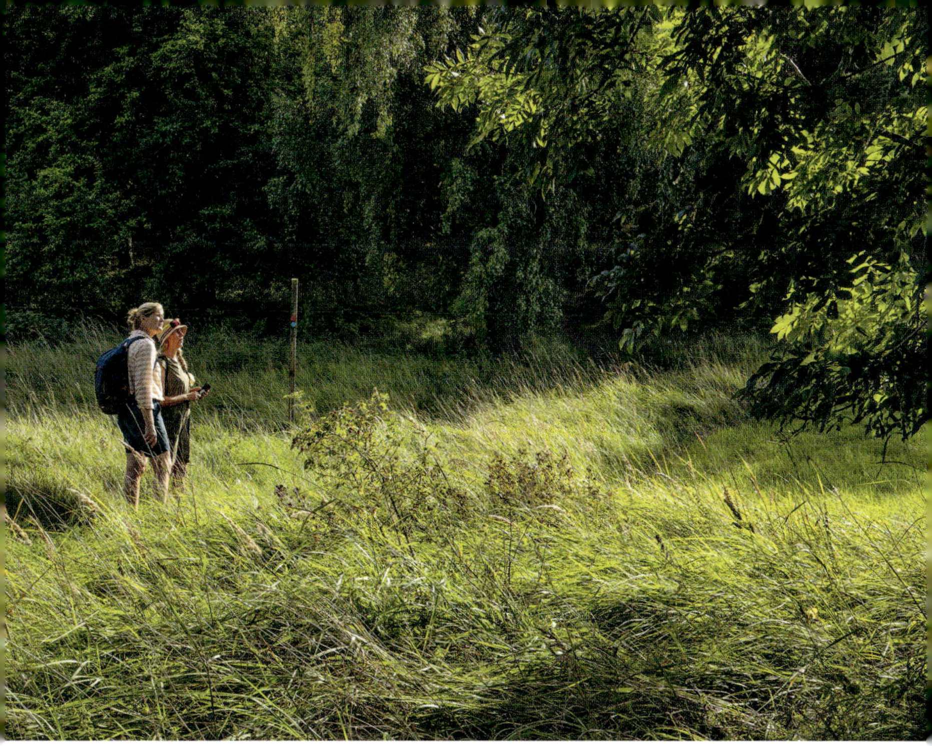

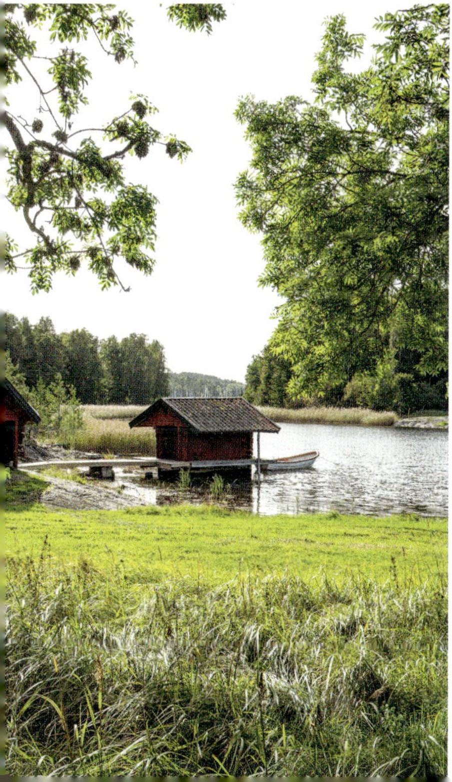

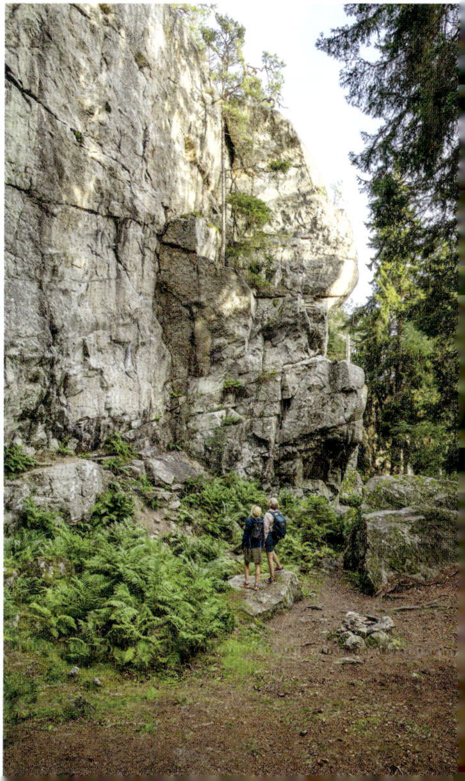

12. RUNMARÖ

Lebendige Siedlung im Schärengarten

Für eine schöne Wanderung in Stockholms Schärengarten ist dies das perfekte Ziel, das zudem nur knapp eine Stunde von der Stadt entfernt liegt. Von Stavsnäs hamn ist man in fünf Minuten per Schiff auf Runmarö. Die Nähe zum Festland ist einer der Gründe, warum Runmarö als eine der sogenannten Kerninseln des Schärengartens gilt, also als Insel, die ideale Voraussetzungen für eine dauerhafte Besiedlung bietet und rund ums Jahr von Jung und Alt bewohnt wird. Auf Runmarö leben ca. 260 Menschen ganzjährig – im Sommer verzehnfacht sich die Zahl der Bewohner.

Nadja, die immer auf der Insel lebt, zeigte uns diese Wanderung. Die Route führt durch eine abwechslungsreiche Landschaft, teils am Wasser entlang mit Bademöglichkeit, teils über Schafweiden oder aber durch Waldgebiete. Ihr kommt auch an den drei kleinen Inseldörfern Norrsunda, Södersunda und Vånö vorbei, die euch eine Vorstellung vom Leben auf den Schäreninseln gestern und heute geben.

Die ersten Häuser, an denen ihr vorbeikommt, gehören zum Dorf Norrsunda.

Start: Styrsö, der Landungssteg für die Fähre aus Stavsnäs
Weglänge: 9,7 km
Dauer: 2 Stunden 30 Minuten
Schwierigkeitsgrad: mittel
Beste Wanderzeit: Mai–Oktober
Entfernung von Stockholm: 45 km
Anzeige: per Auto oder Bus 433 und 434 bis Stavsnäs hamn, dann mit der Fähre ab Stavsnäs nach Styrsvik (5 Minuten)

Scanne den QR-Code mit dem Smartphone.

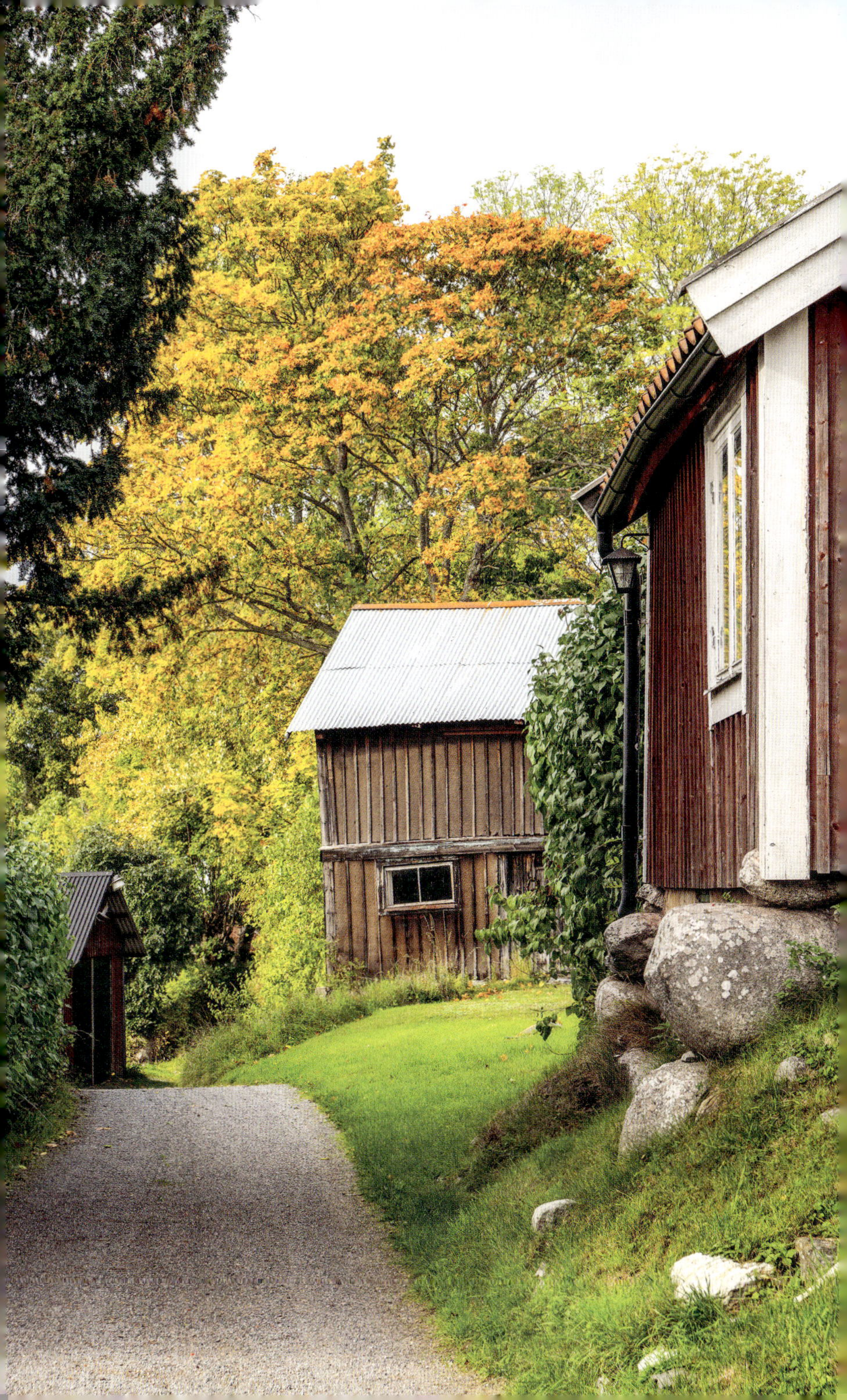

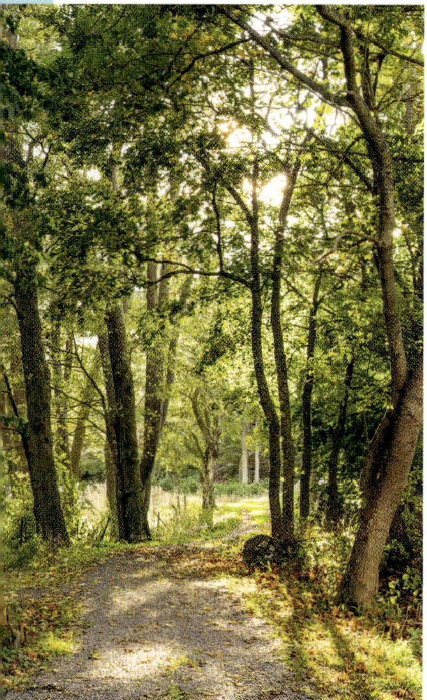

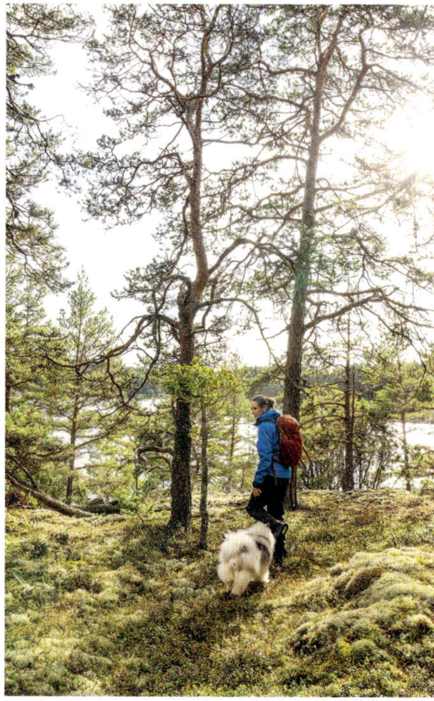

Auf Runmarö darf man Pilze und Beeren sammeln.

Auf Runmarö gibt es mehrere Sumpfgebiete. Ihr passiert auch in einiger Entfernung den See Vitträsk, in dem man baden kann. Aufgrund der kalkhaltigen Erde existiert hier eine reiche Pflanzenwelt. Es gedeiht z. B. das Holunder-Knabenkraut, die Waldhyazinthe und die Mücken-Händelwurz. Im Wald blühen im Juni die Ständelwurzen. Vielleicht entdeckt ihr auch kalkliebende Pflanzen wie Steinbrech, Weiße Fetthenne oder Knöllchen-Steinbrech. Sogar der seltene Apollofalter fühlt sich hier wohl. Zur Orientierung solltet ihr euch im »Tempo«-Laden eine der Karten der Insel kaufen.

»Ihr passiert auch in einiger Entfernung den See Vitträsk, in dem man baden kann.«

BESCHREIBUNG

Vom Anlegesteg in Styrsvik marschiert ihr geradeaus auf der Schotterstraße, bis ihr nach ca. 200 m an dem kleinen »Tempo«-Gemischtwarenladen vorbeikommt, wo ihr euch mit Snacks eindecken könnt. 500 m weiter kommt ihr rechter Hand zu mehreren Müllcontainern, hinter denen ihr rechts auf den schmalen Pfad einbiegt. An einem Baum zu eurer Linken hängt etwas versteckt ein kleiner Holzpfeil mit der Aufschrift »Norrsunda«.

Schon bald erreicht ihr Norrsunda, eines der Dörfer auf Runmarö. Der Weg führt mittendurch und wird links und rechts von den Häusern gesäumt. An einer T-Kreuzung biegt ihr rechts ab und verlasst das Dorf auf der Schotterstraße. Nach ca. 150 m wendet ihr euch nach links und geht auf dem schmalen Grasweg weiter. Falls ihr ihn verpasst, landet ihr auf der Schotterstraße unten am Wasser. Ganz Norrsunda ist von Fliederhecken umgeben. Während der Blütezeit im Juni ist die Wanderung ein Traum.

Bald seid ihr im nächsten Dorf, Södersunda. Nach ca. 150 m kommt ihr an eine weitere T-Kreuzung, wo ihr nach rechts geht. An der Gabelung direkt hinter den kleinen roten Bootshäusern haltet ihr euch dann links. Nach weiteren 200 m seht ihr noch einen Pfeil. Folgt ihm in Richtung Halvan. Am nächsten Schild geht ihr dann Richtung Vånö. Der moosige Pfad schlängelt sich nun ein wenig bergauf und bergab. Nur ein Wald trennt euch vom Meer. An diesem Streckenabschnitt gibt es in den kleinen Buchten auf den glatten Felsen viele Stellen zum Schwimmen oder Picknicken. Der

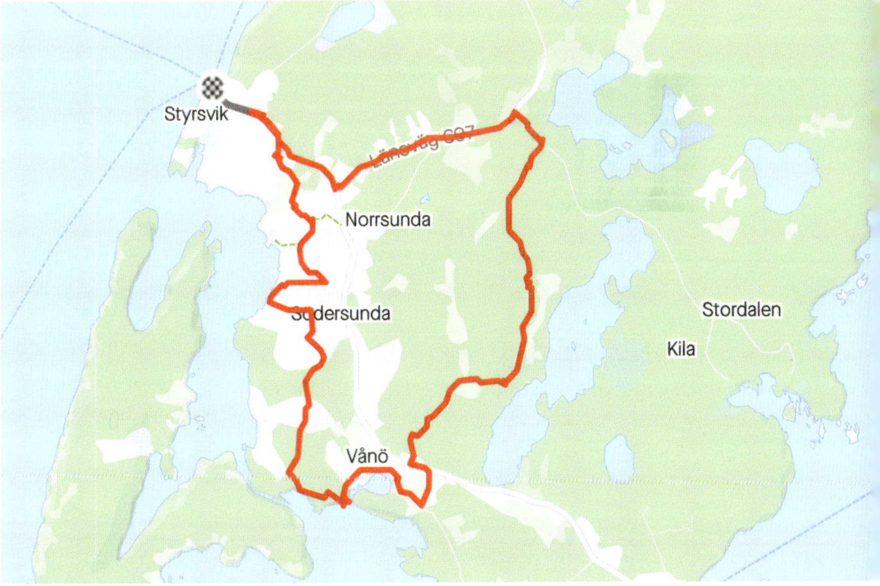

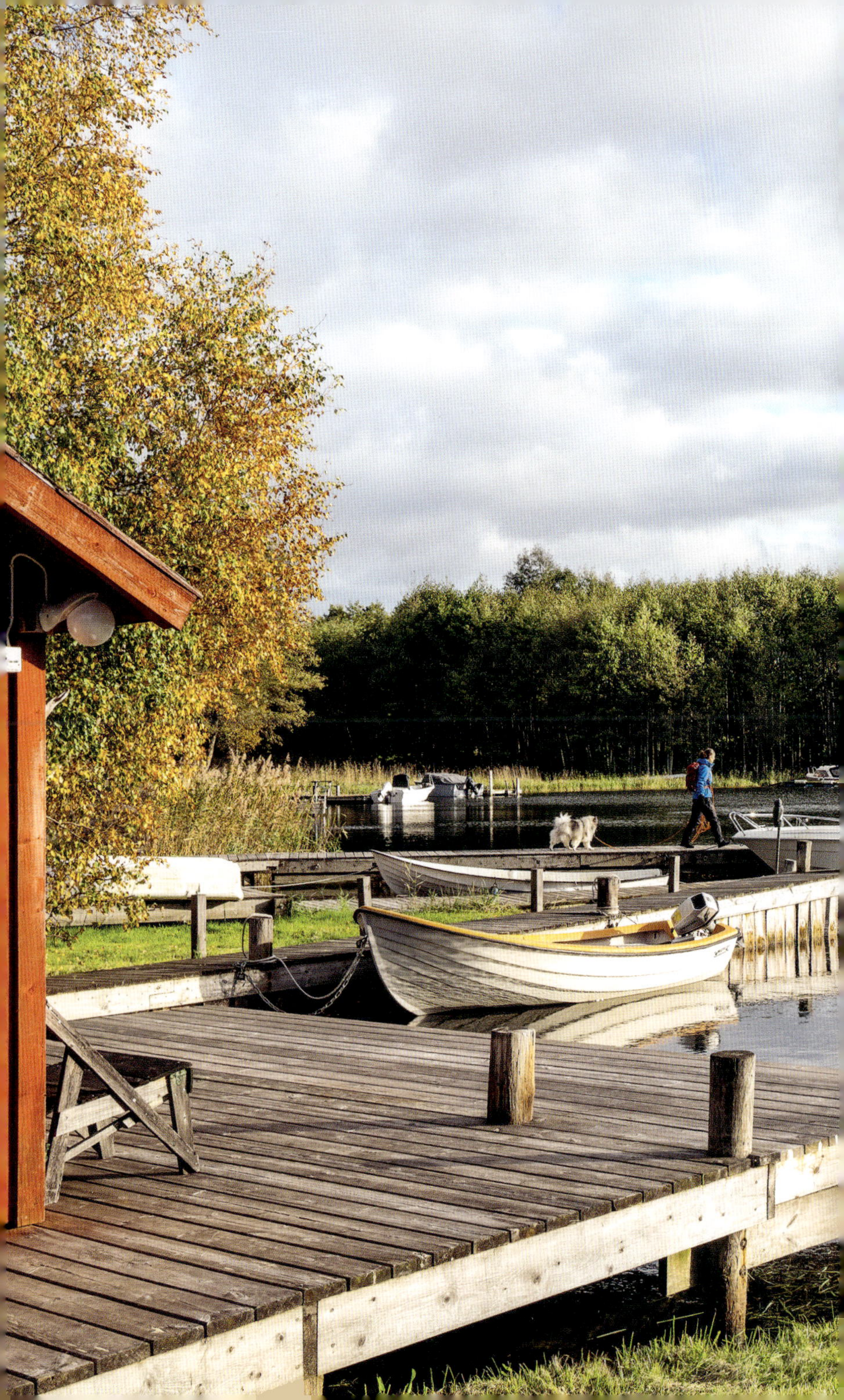

Weg führt hinaus auf eine Halbinsel, wo ihr die Reste eines alten Dampferstegs seht. Gegenüber, auf der anderen Seite der Bucht, liegt die Runmarö-Werft und am Rand der fast geschlossenen Bucht befindet sich das Dorf Vånö. Hier herrschen Ruhe und Frieden.

Folgt der Schotterstraße Richtung Vånö, wenn die Straße nach 200 m eine Biegung macht, verlasst ihr sie und geht auf dem grasbewachsenen Pfad weiter. Nun spaziert ihr zwischen Wiesen am Wasser entlang, durch das Dorf Vånö. Alte Fischerhütten mit fast ebenso alten Obstbäumen stehen zwischen neu errichteten, gut isolierten Häusern. Moderne Motorboote sind neben den alten Fischerhütten vertäut.

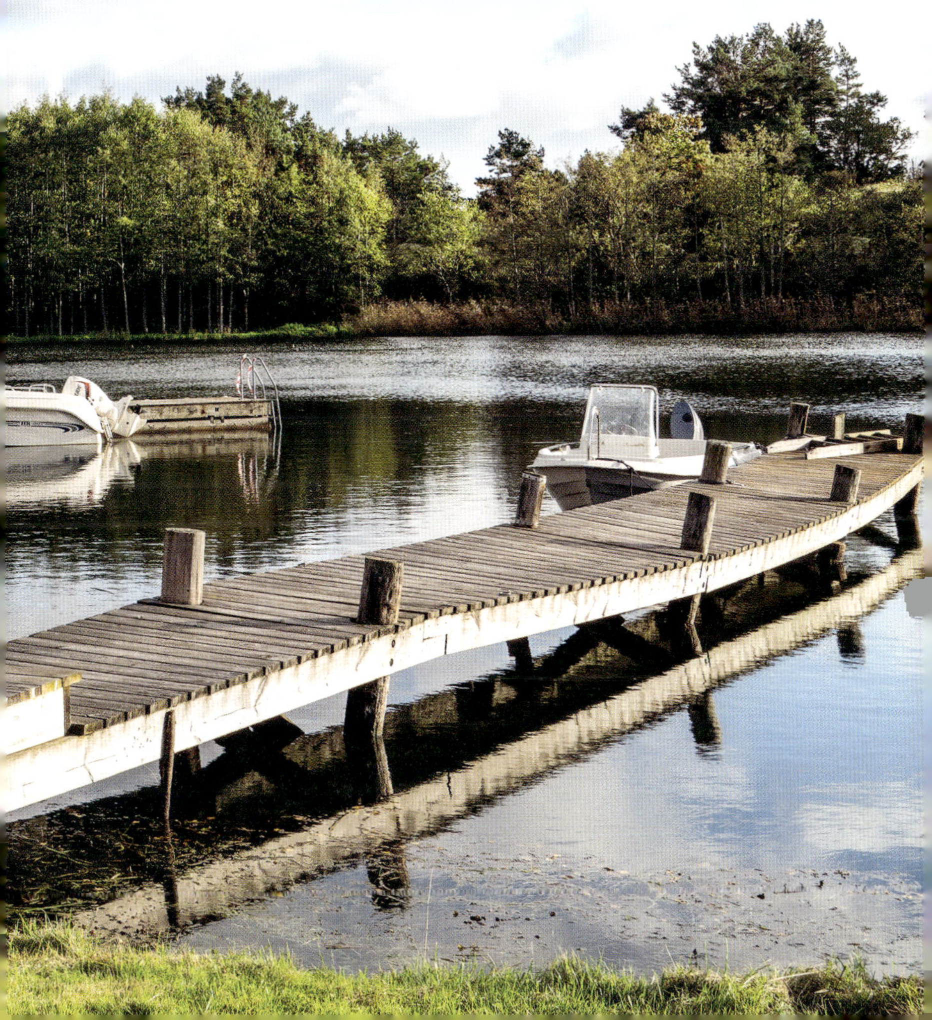

An der Schotterstraße Solbergavägen biegt ihr nach links ab und an der T-Kreuzung 100 m weiter geht es wiederum nach links auf die kleine Straße. Marschiert noch einmal 100 m bis zu einem roten Haus, wo ihr ein Schild entdeckt, das rechts den Weg zum Vitträsk weist. Folgt dem Pfad hinauf in den Wald. An der Gabelung haltet ihr euch rechts. Nun habt ihr eine Schafweide zur Linken und kommt bald an ein Gatter, durch das ihr auf eine weitere Weide gelangt. Mit ihren knorrigen Kiefern und den Kalksteinplatten erinnert die Landschaft an Gotland. Vielleicht stehen auf der Weide gerade keine Schafe. Falls ihr doch das Glück habt, könnt ihr sie begrüßen und streicheln. Rechts von euch liegt der See Vitträsk. Nach dem Gatter, durch das ihr auf die Weide gelangt seid, verändert sich die Vegetation. Nun spaziert ihr durch einen richtigen Märchenwald. Wir wissen zufällig, dass hier im Herbst viele Pilze wachsen. Wenn ihr wieder an der Schotterstraße landet, geht ihr nach links, am Heimatmuseum vorbei. An der Kreuzung befindet sich direkt vor euch ein kleiner Friedhof und rechts die Schule von Runmarö. Ihr geht allerdings nach links. Folgt der Straße bis zur Kreuzung bei der kleinen Dorfwirtschaft Svängen und der Bäckerei mit Café Låttas. Leider haben sie nur im Sommer geöffnet. Wendet euch nach rechts und geht den Weg bis zur Fähre nach Styrsvik, wo eure Tour begann. ⊕

Gelegentlich wandert ihr auf Schotterstraßen, auf denen jedoch kaum Verkehr herrscht – nur ab und zu kommt ein Moped oder ein Quad.

EINKEHR

Svängen och Låttas bageri

Wer während der Sommermonate hier ist, kann im Restaurant Svängen einkehren oder beim Bäckerei-Café Låttas etwas trinken und ein Brötchen kaufen. Den Rest des Jahres müsst ihr euch mit einem Eis aus dem »Tempo«-Laden unten in Styrsvik begnügen.

BESONDERES VOR ORT

Keramik

Es gibt zwei talentierte Keramikkünstlerinnen auf Runmarö, deren Ateliers Besuchern offen stehen: Lollos Keramikverkstad und Veronicas Keramik. Auf dem Weg nach Styrsvik steht ein Hinweisschild für Lollos Werkstatt. *IG@lollologgertceramics*

Cykeluthyrning

Am »Tempo«-Laden, ein Stück vom Hafen entfernt, könnt ihr ein Fahrrad mieten und zum höchsten Punkt von Runmarö radeln, dem Telegrafberget. Es gibt auch Räder mit Kindersitz. *IG@runmarolanthandel*

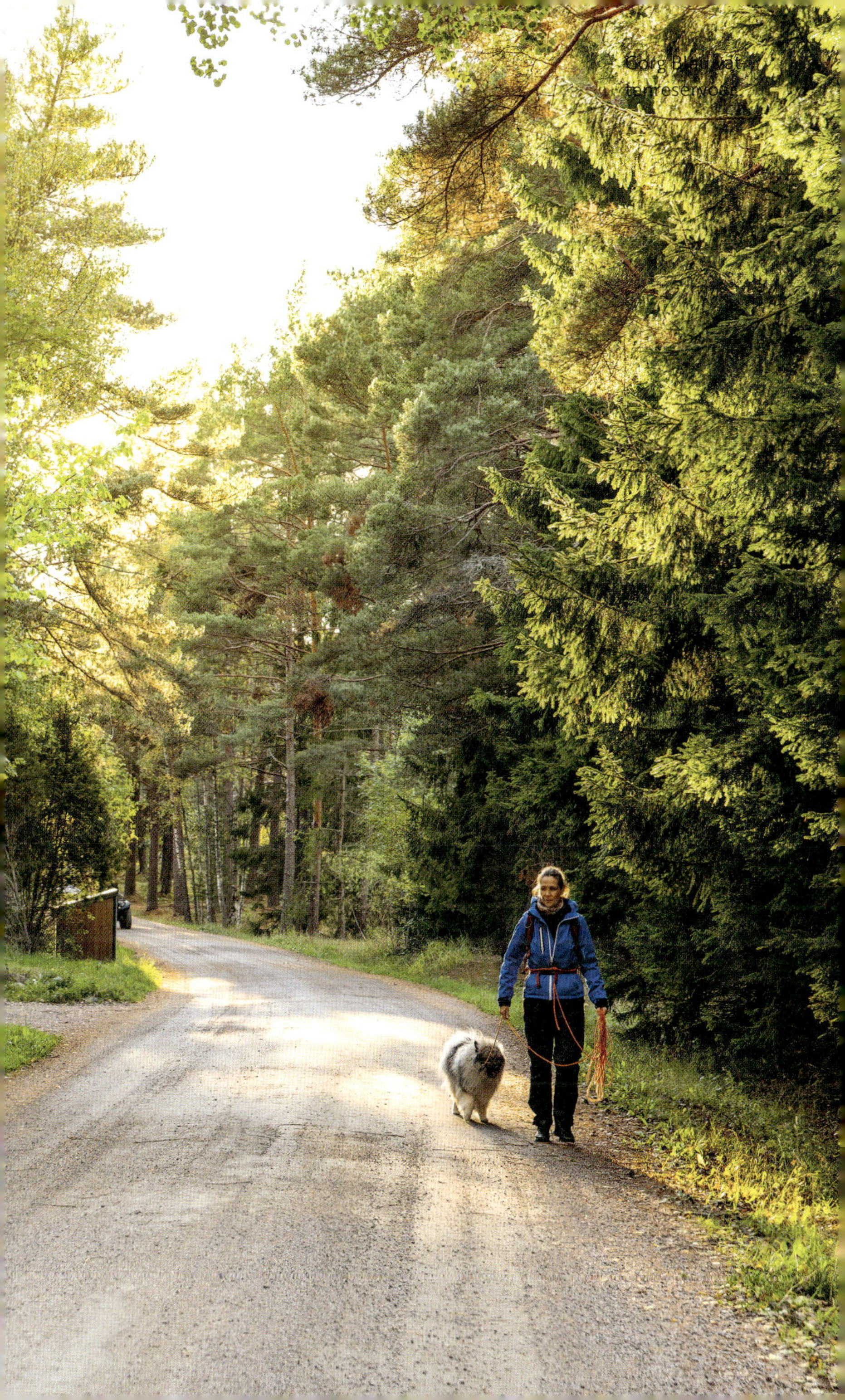

13. BJÖRNÖ

Magischer Strand am glitzernden Wasser

Das Naturschutzgebiet Björnö liegt auf einer Halbinsel am Kap Björkvik auf Ingarö am Nämndöfjärden. Hier gibt es umwerfend schöne Sandstrände, herrliche Felsplatten und kleine, versteckte Buchten, in denen man schwimmen kann. Viele Leute machen einen Tagesausflug zum Sonnenbaden und Schwimmen. Noch mehr Besucher haben entdeckt, dass man hier wunderbar eine Nacht im Zelt verbringen, direkt am Meer einschlafen und aufwachen kann.

Bleibt zum Sonnenuntergang, wenn alle anderen heimfahren, noch ein wenig hier.

Dies ist einer der vielen Orte am äußeren Rand des Schärengartens, die von Stockholm aus leicht zu erreichen sind. Die Schärenstiftung kaufte Björnö im Jahre 1981 und bereits zwei Jahre später wurde die gesamte Halbinsel zum Naturschutzgebiet. Der vorherige Besitzer hatte vorgehabt, das Land zu erschließen, aber die Baupläne waren von der schwedischen Umweltschutzbehörde gestoppt worden.

Start: Parkplatz von Björnö
Weglänge: 10,2 km
Dauer: 3 Stunden 30 Minuten
Schwierigkeitsgrad: mittel
Beste Wanderzeit: zu jeder Jahreszeit
Entfernung von Stockholm: 30 km
Anreise: per Auto oder Bus 428 ab Slussen Richtung Anlegesteg Björkvik (an der Haltestelle Björnö naturreservat aussteigen)

Scanne den QR-Code mit dem Smartphone.

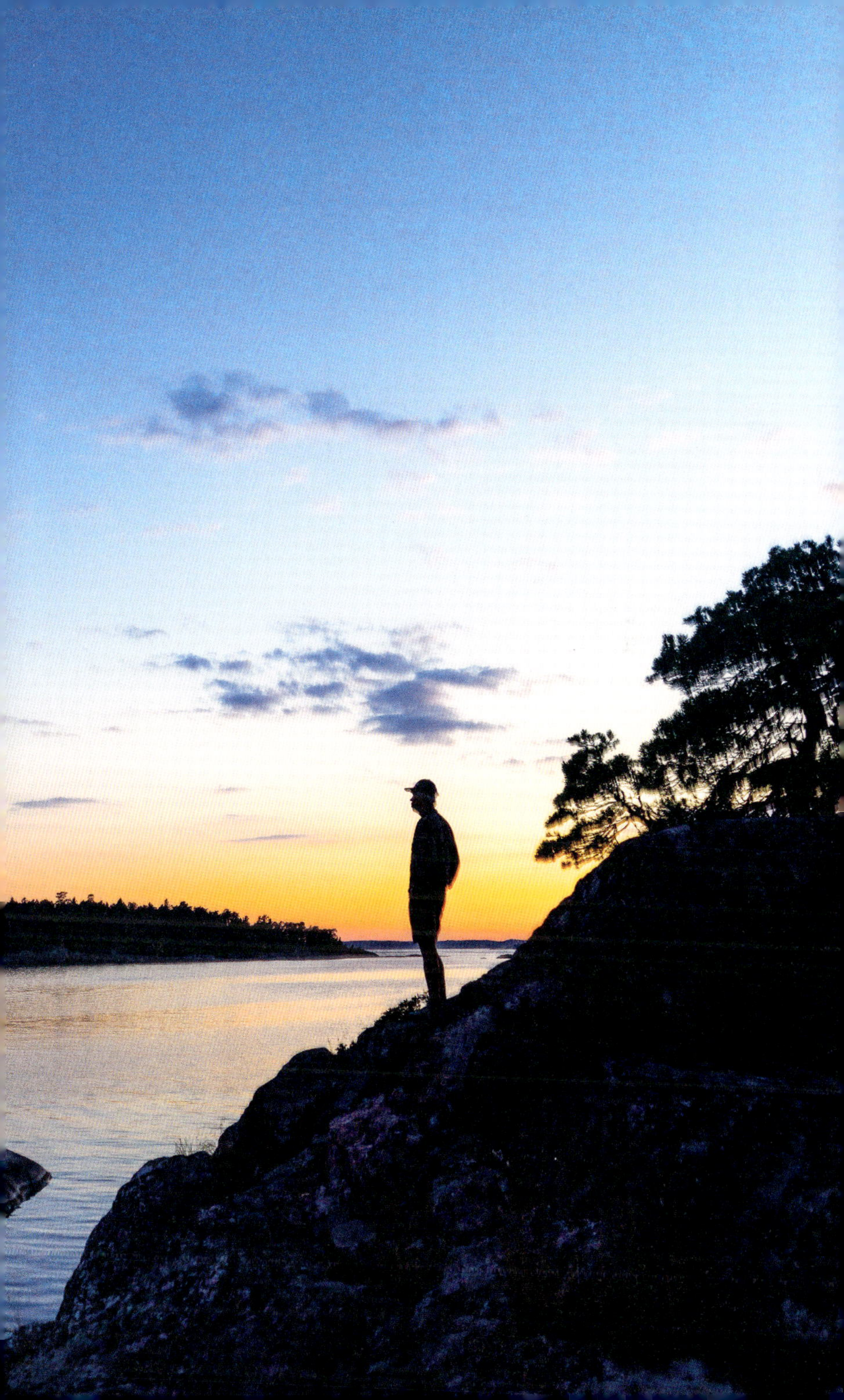

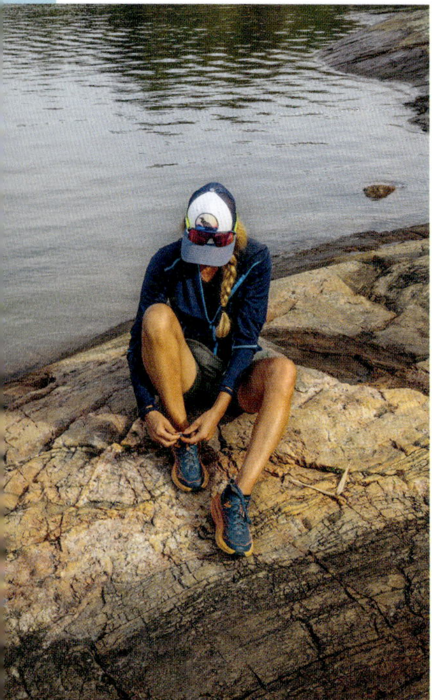 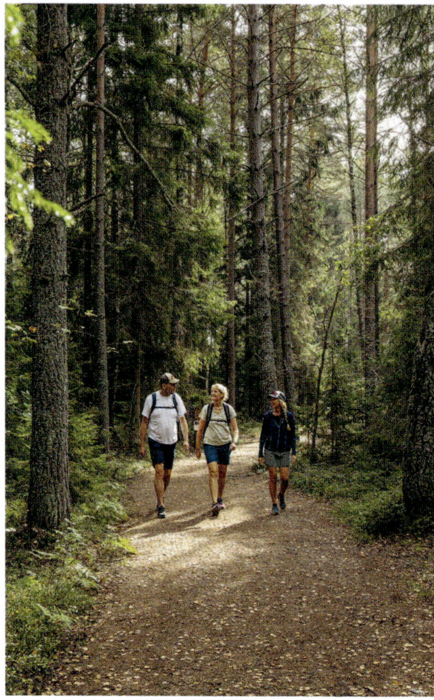

Die Wanderung führt fast immer am Wasser entlang, nur gelegentlich macht ihr einen Abstecher in den zauberhaften Wald.

Unsere Wanderung beginnt am Parkplatz von Björnö. Wer mit dem Bus anreist, sieht beim Aussteigen die Hinweisschilder nach Björnö – von der Haltestelle spaziert man einen knappen Kilometer bis zum Startpunkt. Zuerst einmal lassen wir den Blick über den Nämndöfjärden schweifen und wandern über die Klippen nach Torpesand, einem der schönsten Sandstrände Stockholms, und weiter zum Hafen von Småängsviken. Dort machen wir einen Abstecher nach Näset und hinaus bis zu den hübschen alten Katen von Norrvik und Ramsviken. Der Weg führt über glatte Felsplatten und durch den Wald zurück nach Torpesand. Im Sommer ist es hier wirklich herrlich und man kann wunderbar baden. Doch die Tour ist zu jeder Jahreszeit ein Vergnügen.

»Die Tour ist zu jeder Jahreszeit ein Vergnügen.«

BESCHREIBUNG

Am hintersten Ende des Parkplatzes, in der linken Ecke, wenn ihr aufs Meer hinausblickt, beginnen mehrere Wege. Nehmt den ganz rechten, der euch schnell hinauf auf den Hügel bringt, wo ihr die Aussicht aufs Meer genießen könnt. Der Nämndöfjärden ist die Hauptdurchfahrt für Privatboote, die nach Skurusundet und Saltsjöbaden wollen, weshalb es hier in der Hauptsaison ordentlich zugeht. Rechts seht ihr die Anlegestege von Björkvik. Die Inseln vor euch heißen Stora Husaren und Lilla Husaren und daneben liegt Nämndö.

Falls ihr nicht baden wollt, steigt gleich den Hügel hinauf, mit dem Wasser zu eurer Rechten. Ein kleiner Waldweg führt euch zum Anfang von Torpesand. Ein fantastischer, gepflegter Sandstrand mit Toiletten, Grillplätzen und Mülleimern. Vor dem Beginn des Strandes geht ihr nach links auf den breiteren Pfad, der vom Meer wegführt. An den Pfeilen haltet ihr euch rechts und marschiert Richtung Torpesand. Folgt dem weichen, sandigen Waldweg und geht in Richtung Småängsviken weiter, wenn ihr auf die Schotterstraße stoßt. Ihr kommt an einem roten Haus vorbei, das links am Weg steht. Folgt weiterhin den Pfeilen Richtung Småängsviken, wenn sie nach links zeigen und ihr die Schotterstraße verlassen müsst.

Wenn ihr euch nach dem Sportboothafen links haltet, kommt ihr nach Småängsgården, wo es einen Hofladen und ein Café gibt.

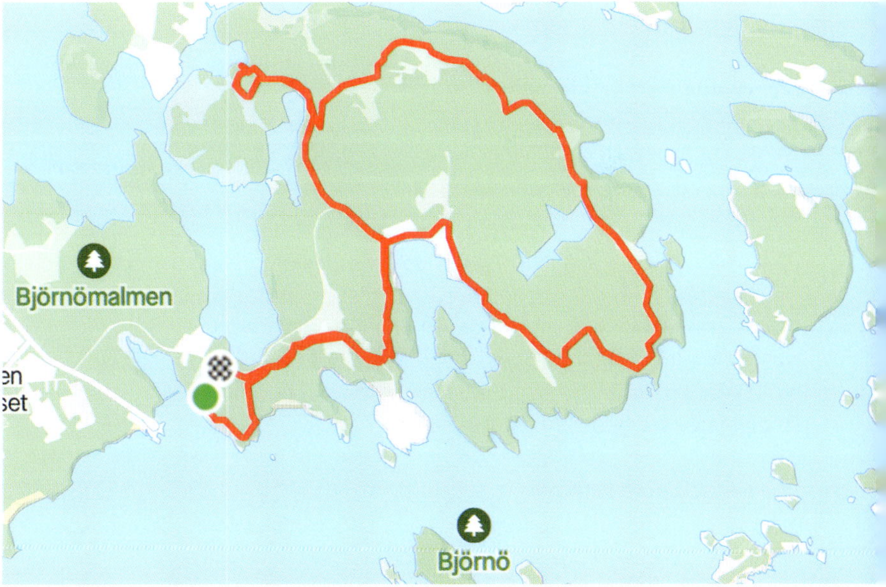

Nun spaziert ihr wieder auf einem schönen Waldweg auf der Anhöhe entlang, sodass ihr die kleinen Boote im Hafen unter euch sehen könnt. Kurz vor dem Hafen mündet der Pfad erneut in eine Schotterstraße. Ihr geht nach links und nach 200 m folgt ihr den Schildern, die euch den Weg Richtung Näset weisen. Hier marschiert ihr durch Laubwälder und Felder. Nach Näset führen zwei Wege, von denen wir den ganz links nehmen. Ihr kommt zu einem Feld, wo ihr über einen Zaun klettern müsst. Haltet euch auf dem letzten freien Teil des Felds rechts. Nun seid ihr mitten in Björnö und könntet hier, je nach Wetterlage, eine nette Pause machen. Es gibt auch Grillstellen.

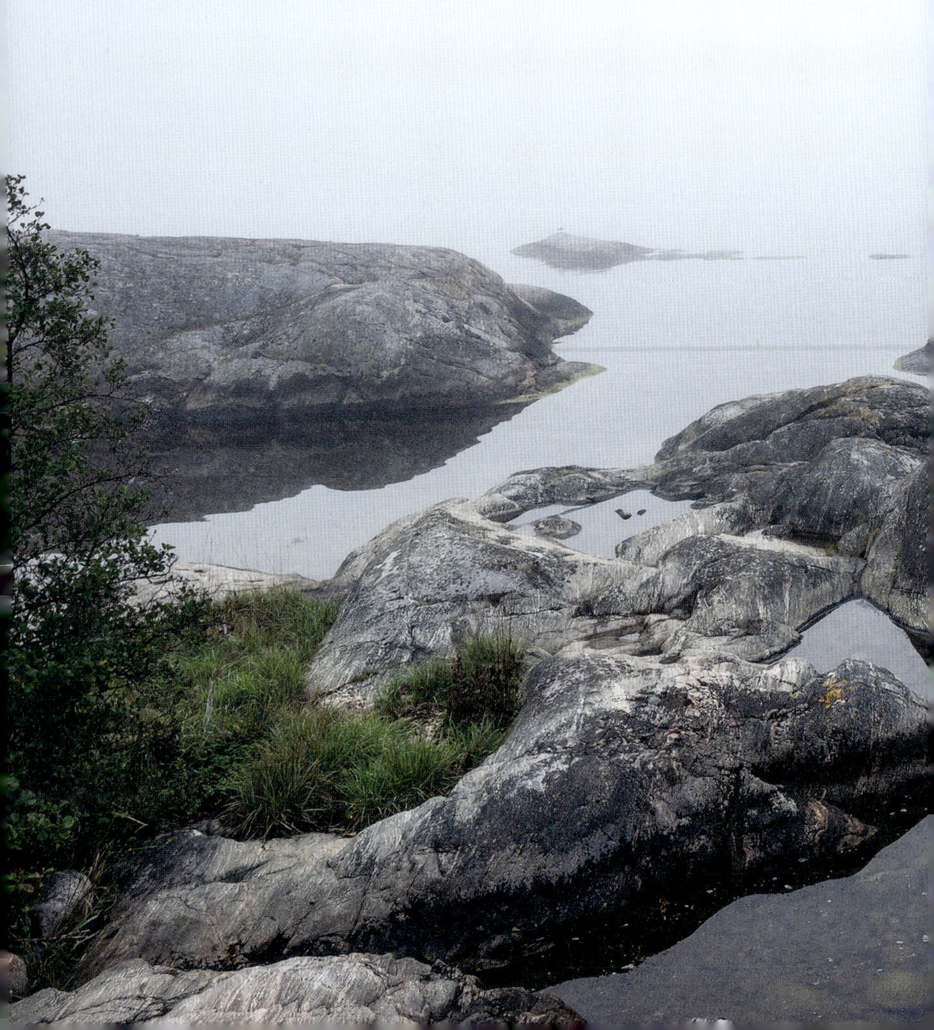

An dem kleinen roten Haus nahe des Grillplatzes steht eine Infotafel. Hier geht es auf dem Weg geradeaus, bis ihr den kleinen Abstecher nach Näset an einer größeren Infotafel 50 m oberhalb der Stelle, an der ihr das Kap betreten habt, wieder abschließt. Marschiert auf dem Grasweg Richtung Ramsviken an einem Sumpfgebiet entlang. An der Kreuzung geht es links auf die Schotterstraße. Ihr kommt an den roten Häusern von Norrvik vorbei. Links befindet sich eine Grillstelle. An dem hübschen, kleinen Häuschen in Norrvik gibt es eine Frischwasserpumpe und eine Komposttoilette.

Auf dem weiteren Weg kommt ihr an Ramsvik Träsk vorbei und wandert dann in Richtung Ramsviken. In Ramsviken

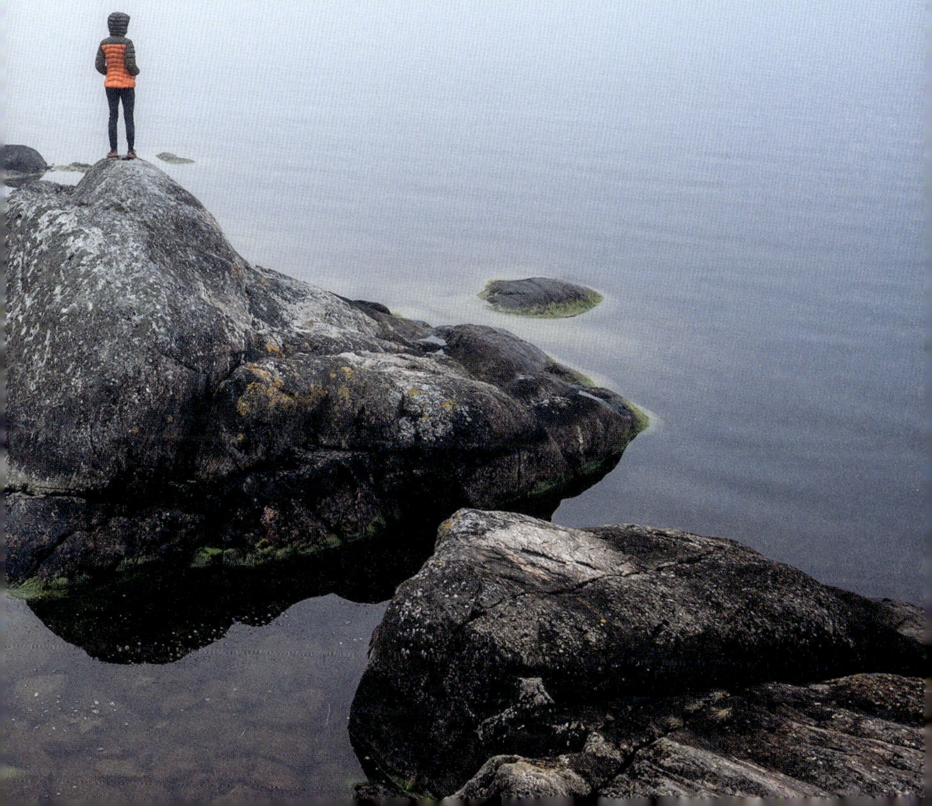

seht ihr Haus »Doris«, eine idyllische rote Kate. Am Bootshaus gibt es ein winziges, informatives Museum, wo ihr mehr über Doris' Kindheit und das Leben auf den Schären zu Beginn des 20. Jahrhunderts erfahrt. Am Lagerplatz findet ihr außerdem eine Wasserpumpe, eine Grillstelle und eine Komposttoilette.

Zurück geht es auf dem gelb markierten Trail geradeaus. Er führt über gut ausgetretene Felsplatten in den Wald hinauf. Nach ca. 700 m seht ihr auf den Klippen zu eurer Linken einen Aussichtsturm mit Blick auf den Nämndöfjärden. Schließlich landet ihr wieder auf der Schotterstraße. Nach einigen Hundert Metern seht ihr schon Småängsviken, aber dieses Mal von der anderen Seite. Geht auf der Schotterstraße nach links an den Booten vorbei und nehmt den Weg links, direkt hinter dem Hafen. Folgt den gelben Markierungen auf dem Waldweg. Unten an der Schotterstraße marschiert ihr nach rechts. Ca. 150 m nach dem roten Haus am Schild Richtung Småängsviken biegt ihr links ab und folgt dem Waldweg zurück zu eurem Startpunkt. Ihr könnt zwar auch auf der Schotterstraße zurücklaufen, aber auf dem Waldweg geht es sich angenehmer.

EINKEHR

Bistro Björkvik

Am Anlegesteg von Björkvik gibt es ein Bistro mit fantastischer Aussicht (Ostern bis Oktober geöffnet). Genau richtig, um eine Tageswanderung ausklingen zu lassen, während ihr auf den Bus Richtung Stadt wartet!
IG@nyabistro

BESONDERES VOR ORT

Kajakeriet Björkvikstorp

Paddelt rund um Björnö oder zu einer der Inseln in der Nähe! Ihr könnt dafür stabile Kajaks für einen halben oder ganzen Tag bzw. für mehrere Tage mieten. Ihr müsst nicht reservieren – es gibt genügend Boote. Die Station vermietet auch Stand-Up-Paddle-Boards.
IG@kajakeriet

Småängsgården und Café Truten

Wenn ihr euch nach dem kleinen Bootshafen links haltet, kommt ihr bald nach Småängsgården. Hier gibt es einen Hofladen und ein Café mit regionalen Produkten. Man kann u. a. sogar Hotdogs und hausgemachtes Eis kaufen.
IG@kossaniskogen

Värmdö Musteri

Besucht die nette Värmdö Musteri (Apfelpresse), die trotz ihres Namens in Ingarö steht. Im angeschlossenen Laden könnt ihr außer frisch gepresstem Apfelsaft einige regionale Produkte kaufen. Und ein gemütliches Café gibt es obendrein.
IG@varmdomusteri

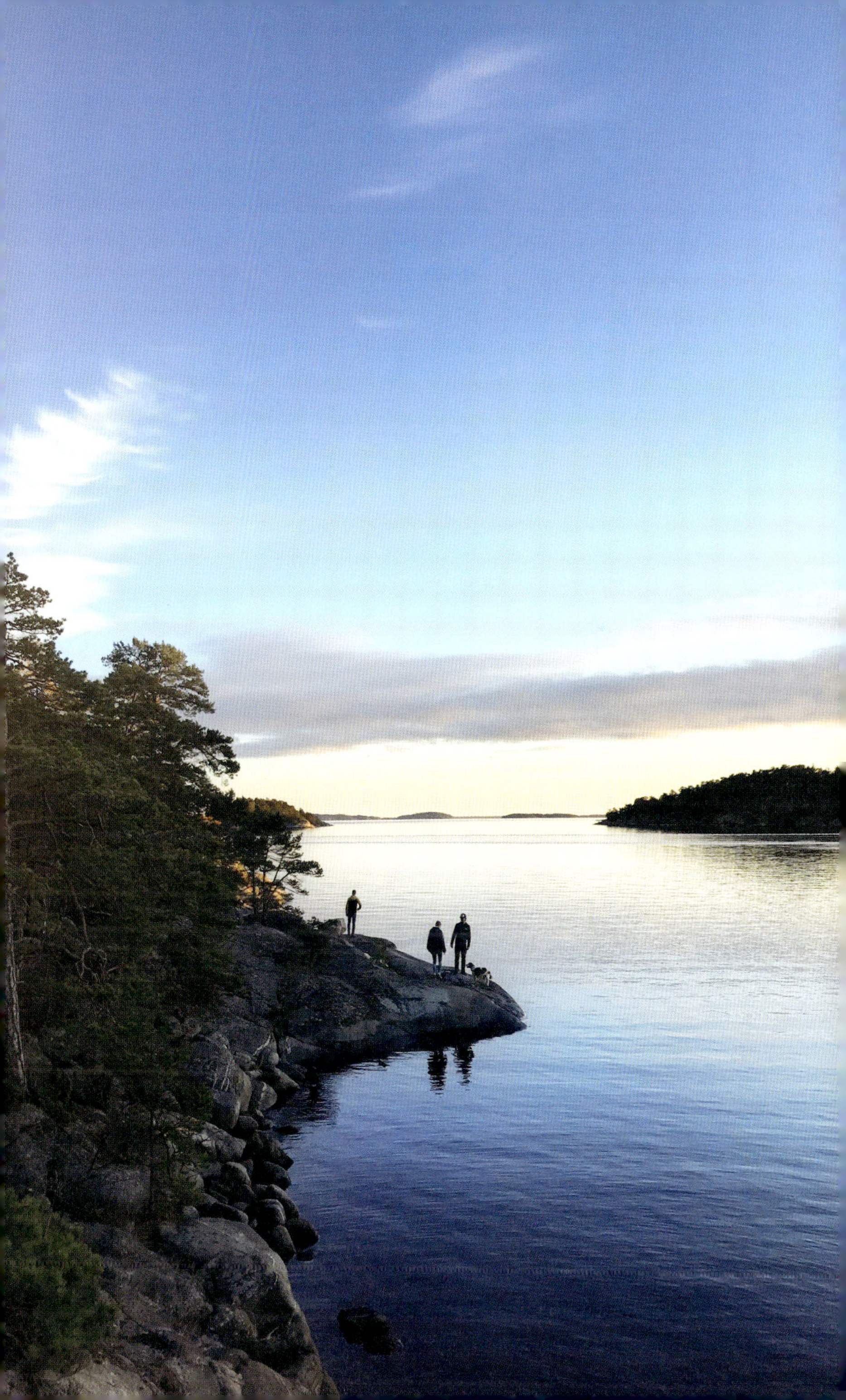

14. BOGESUNDS-LANDET

Ein uralter Wald am Meer

Bogesundslandet ist eine Halbinsel zwischen Täby und Vaxholm. Im Westen liegt Stora Värtan, im Süden Askrikefjärden und im Osten Vaxholmsfjärden. Das Gebiet ist genau abgegrenzt, aber dennoch fühlt man sich, als wäre man mitten im Wald. Ganz Bogesundslandet ist ein Naturschutzgebiet. Es gibt viele schöne Wege – am besten gefällt uns der Stortallsrundan. Der gut angelegte Weg, der fast durchgehend in Wassernähe verläuft, liegt am südlichen Rand von Bogesundslandet. Die Tour ist abwechslungsreich und führt durch Nadel- und Laubwälder sowie über landwirtschaftlich genutzte Flächen. Man kommt an der Stortallen vorbei, dem der Trail seinen Namen verdankt. Die 350 Jahre alte Kiefer wurde leider von einem Sturm umgeknickt, war zu ihrer besten Zeit aber 30 m hoch und hatte einen Durchmesser von 120 cm.

Wir empfehlen, das SL Boot 80 von Ropsten nach Frösvik zu nehmen und direkt am Landungssteg loszumarschieren.

»Es gibt viele schöne Wege – am besten gefällt uns der Stortallsrundan.«

Start: 600 m von Frösviks Gård entfernter Parkplatz
Falls ihr mit dem SL Boot anreist, startet ihr die Tour in Frösvik
Weglänge: 10 km
Dauer: 2 Stunden 30 Minuten
Schwierigkeitsgrad: mittel
Beste Wanderzeit: zu jeder Jahreszeit
Entfernung von Stockholm: 20 km
Anreise: per Auto oder mit dem SL Boot 80 ab Ropsten (in Frösvik von Bord gehen)

Scanne den QR-Code mit dem Smartphone.

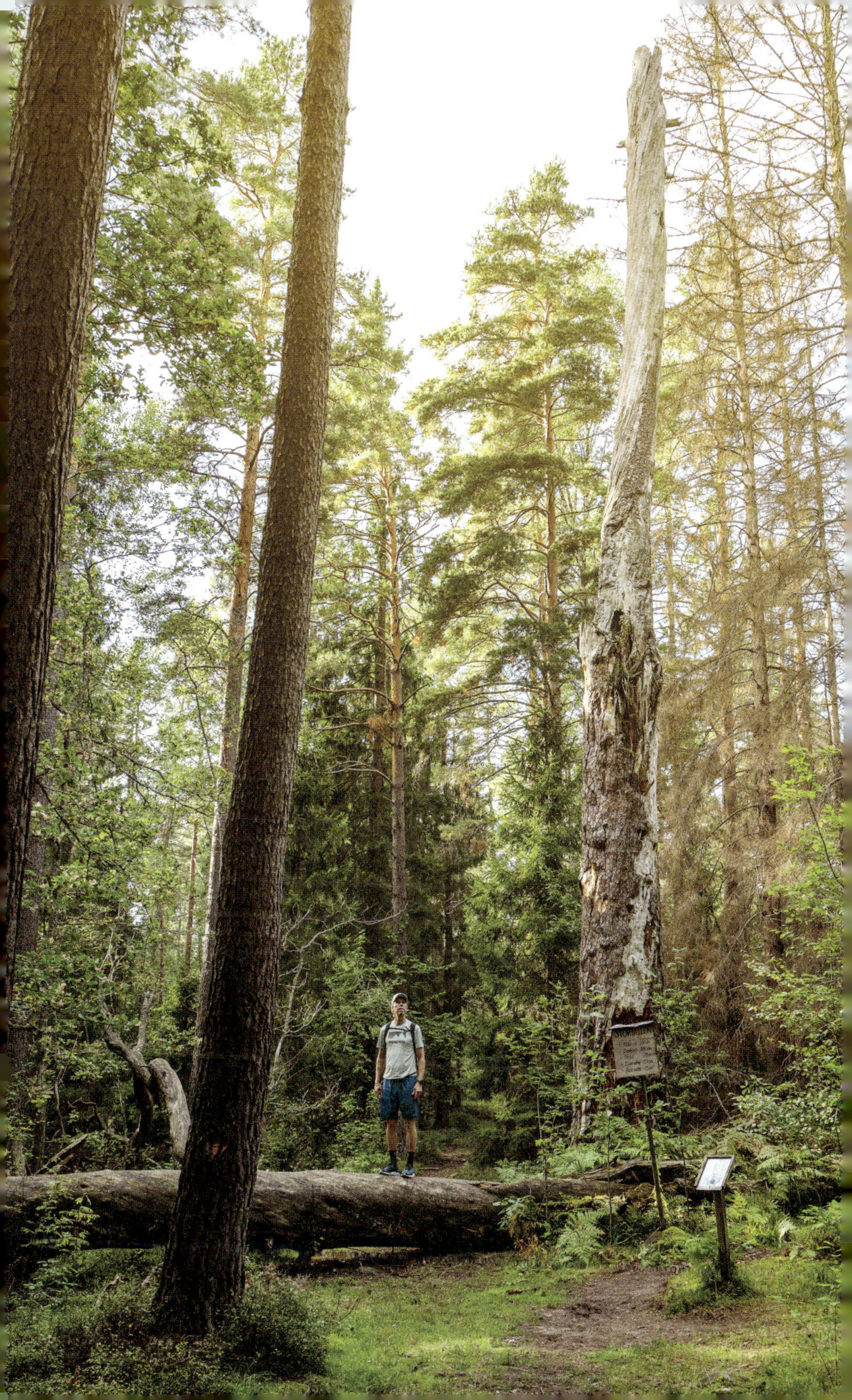

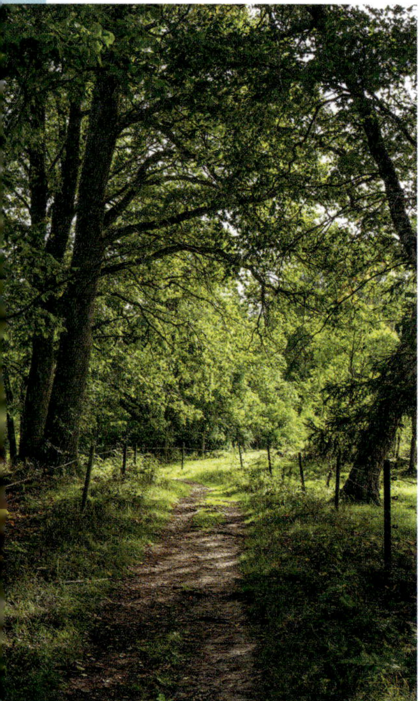 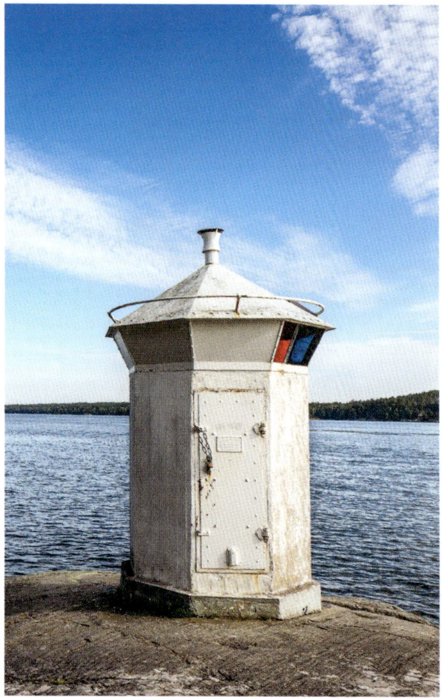

Der kleine Leuchtturm bei Västerhaga Fyr bietet sich für eine Pause an. Ihr könnt die Umgebung erkunden oder die Grillstelle nutzen.

BESCHREIBUNG

Am Parkplatz steht eine gute Infotafel. So findet ihr heraus, wo genau der Trail Stortallsrundan beginnt – die orangen Markierungen führen euch zu einem breiten Weg, der sich bald in einen schmalen Pfad verwandelt. Nach 1 km durch den Kiefernwald kommt ihr an ein Gatter. Der Weg verläuft über eine sanft hügelige Weide mit herrlichen Eichen und anderen Laubbäumen. Danach kommt ihr bald am Vogelbrutgebiet Träsksjön vorbei. Nach einer Weile zeigen euch die Richtungspfeile, wo ihr einen Abstecher auf den Kvarnberget machen könnt, um die fantastische Aussicht auf Värtaviken und Stockholm zu genießen: Nacka-Masten (Rundfunksendemast) ganz links, Kaknästornet, Storholmen (Teil von Lidingö), Kista Tower und die nördlichen Vorstädte. Zudem hatten wir das Glück, einen Seeadler aus der Nähe zu sehen. In Bogesundslandet brüten über hundert Vogelarten. Nutzt die Gelegenheit zum Birdwatching und lauscht dem Vogelgesang.

»Wir hatten das Glück, einen Seeadler aus der Nähe zu sehen.«

Nach dem Abstecher spaziert ihr weiter auf dem ursprünglichen Weg, der schon bald durch dichte, beinahe urwaldartige Vegetation führt. Dies ist Tegelbrukshagen. Im 18. Jahrhundert stand hier eine Ziegelfabrik, die allerdings zu Beginn des 19. Jahrhunderts aufgegeben wurde. Die einzigen Überreste der Ziegelei sind die flachen, mit Wasser gefüllten Gruben, aus denen der Lehm entnommen wurde. Hier wachsen Bergulmen und auf dem Boden darunter gedeihen schattenliebende Pflanzen wie Einbeere, Hundsveilchen und Sauerklee. Auch Schuppenwurz kann man entdecken, eine der wenigen Pflanzen ohne Chlorophyll – sie betreibt keine Fotosynthese, sondern ernährt sich als Schmarotzer von anderen Pflanzen. Hier wächst die Schuppenwurz auf den Haselwurzeln.

Der Trail Stortallsrundan verdankt seinen Namen der Stortallen (große Kiefer), die hier seit dem 18. Jahrhundert wuchs und erst kürzlich umstürzte.

Nach dem grünen Ulmenwald habt ihr es nicht mehr weit bis zum Anlegesteg von Frösvik. Hier legt das SL Boot an – bei diesem Steg beginnt eure Wanderung, falls ihr mit dem Boot aus Ropsten anreist. Ihr seht am Anlegesteg orange und rote Markierungen. Folgt den orangen zu eurer Rechten und

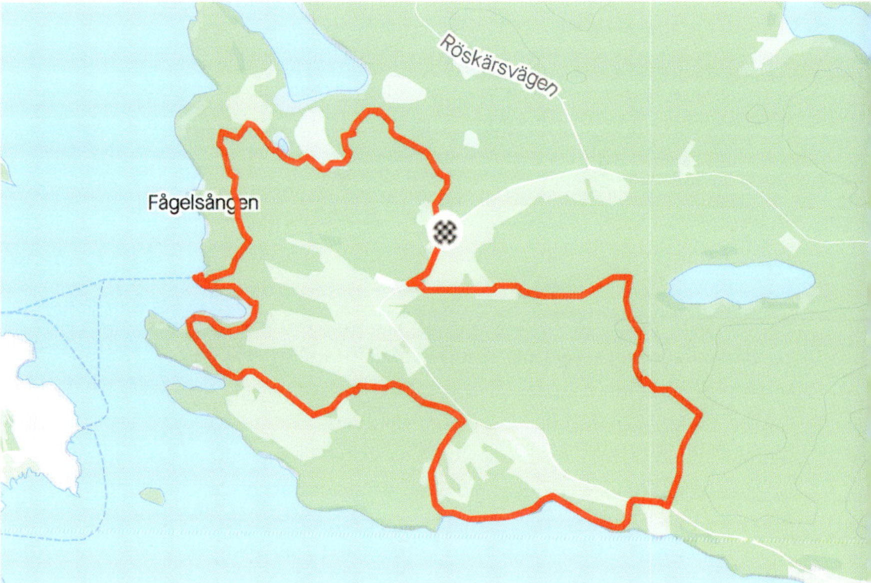

passt gut auf, da der Trail bald nach rechts abbiegt. Ihr kommt an Snäckviken vorbei. Die Klippen dort eignen sich perfekt zum Sonnenbaden und Schwimmen. Kurz danach passiert ihr Lindskogen – viele der majestätischen Linden sind mehrere hundert Jahre alt. Nach dem Lindenhain ist der Weg schlecht ausgeschildert, aber geht einfach dem Schild mit der Aufschrift »fyr« (Leuchtturm) nach, das nach links zeigt. Wenn ihr zu einer Wiese kommt, folgt dem orangen Pfeil zu eurer Rechten, bis ihr Västerhaga fyr erreicht. Ihr könnt von den Felsen ins Wasser hüpfen oder die Aussicht über Askrikefjärden genießen und die Grillstelle benutzen. Auf der anderen Seite des Fjärd sieht man Lidingö mit dem Sportcampus Bosön.

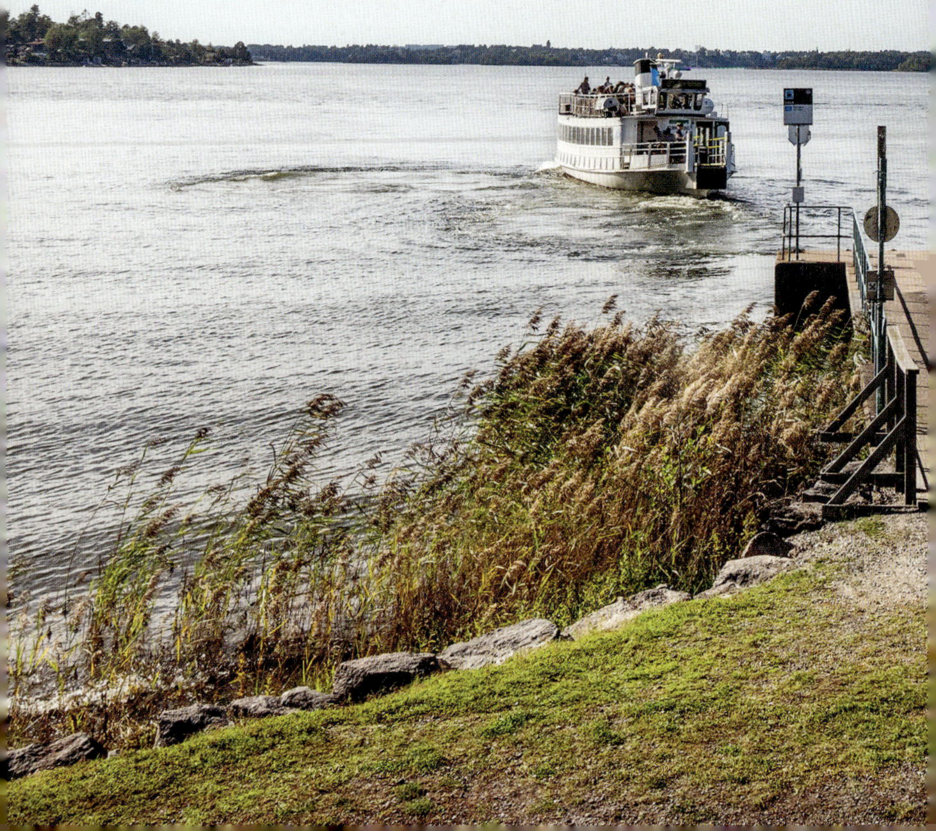

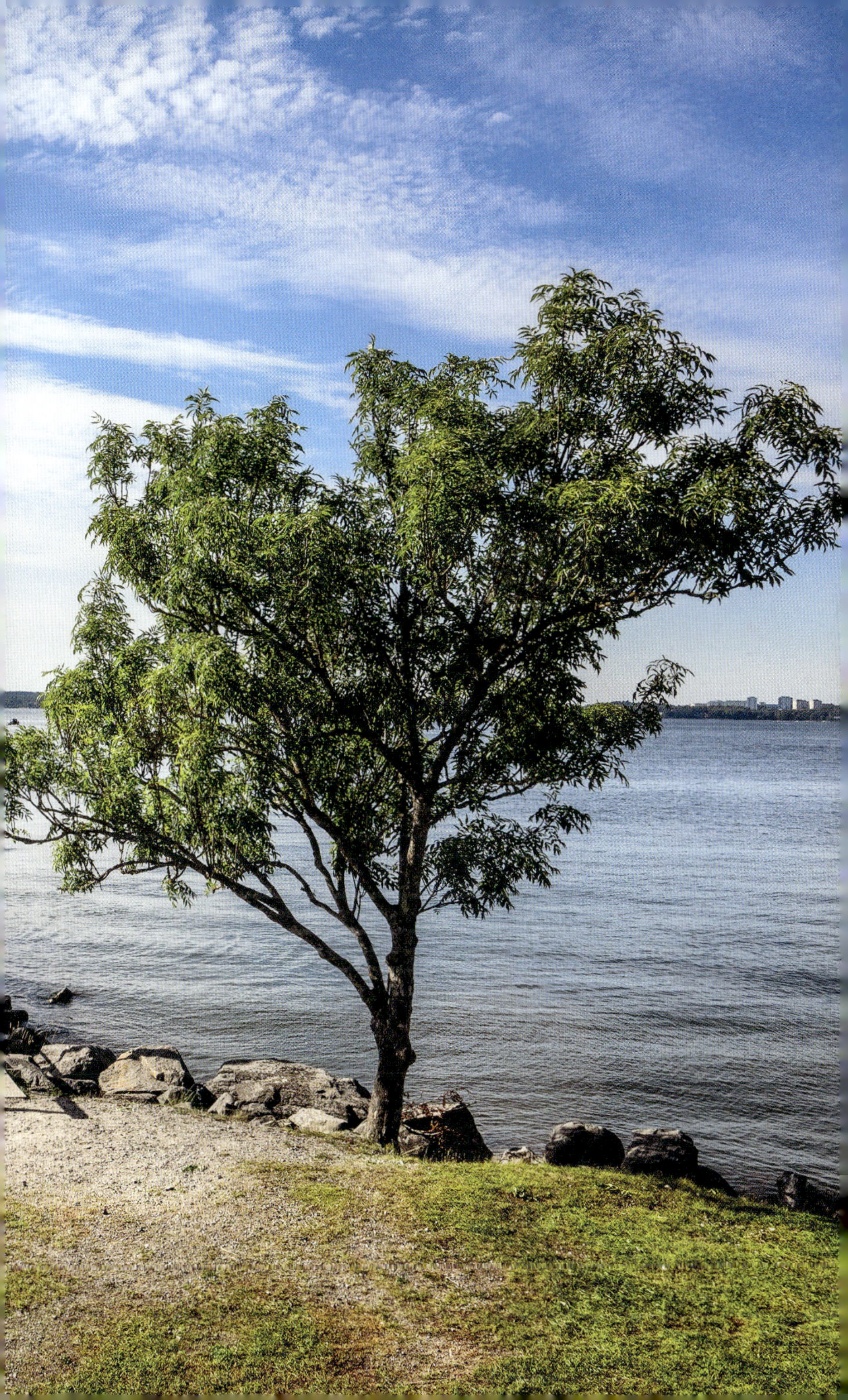

Weiter geht's. Spaziert zurück zum Trail und folgt der orangen Markierung zu eurer Rechten. Hier führt der Weg am Meer entlang, ihr habt gute Chancen, einen eigenen Badefelsen zu entdecken. Am Abend könnt ihr von hier aus den Sonnenuntergang bewundern, falls ihr länger in der Gegend bleiben wollt. Der Weg an Feldern, Wiesen und Weiden entlang ist gut ausgeschildert. Wenn ihr zur Schotterstraße kommt, seht ihr einen orangen Pfeil am Baum auf der gegenüberliegenden Straßenseite. Geht die Straße ca. 200 m entlang, bis der Pfad hinauf in den Kiefernwald führt. Nach ca. 700 m kommt ihr an den Baum, der dem Weg seinen Namen gab: Die 350 Jahre alte Stortallen ist nach einem Sturm nur noch ein »Hotel« für Insekten und andere Krabbeltiere. Folgt weiterhin dem orange markierten Pfad, bis ihr am Ende des Rundwegs wieder am Parkplatz angekommen seid. ⊕

Man kann nicht nur wunderbar wandern – es gibt auch tolle Mountainbike-trails.

EINKEHR

Parkvillan

Diese alte Gärtnerhütte liegt in fußläufiger Entfernung zu Schloss Bogesund und beherbergt ein bezauberndes Café, das einfache Gerichte und selbst gebackene Köstlichkeiten serviert. Der Ausflug lohnt sich allein schon wegen des Gebäcks!
IG@cafe_parkvillan

BESONDERES VOR ORT

Bryggan på Tenö (Anlegesteg von Tenö)

Das Restaurant Bryggan på Tenö inmitten der wundervollen Landschaft liegt am anderen Ende von Bogesundslandet. Es hat rund ums Jahr geöffnet.
IG@brygganpateno

Pelles båttaxi (Pelles Bootstaxi)

Falls ihr per Boot nach Bogesundslandet gefahren seid, könnt ihr mit Pelles Bootstaxi nach Vaxholm oder zum Bryggan på Tenö tuckern.
Trinkt eine Tasse Kaffee oder esst in Vaxholm eine Kleinigkeit. Anschließend fahrt ihr mit dem Bus zurück nach Stockholm. Ihr solltet bei Pelle besser reservieren. Er holt euch dann bei Frösviks brygga ab, an der Anlegestelle eures Bootes aus Ropsten.
pellesbattaxi.se

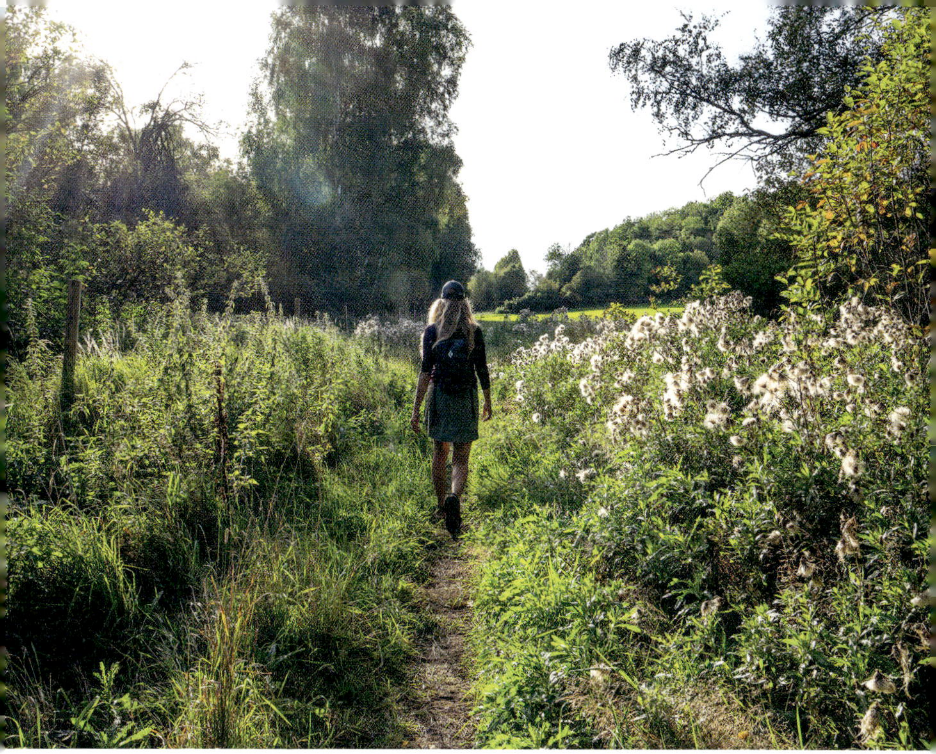

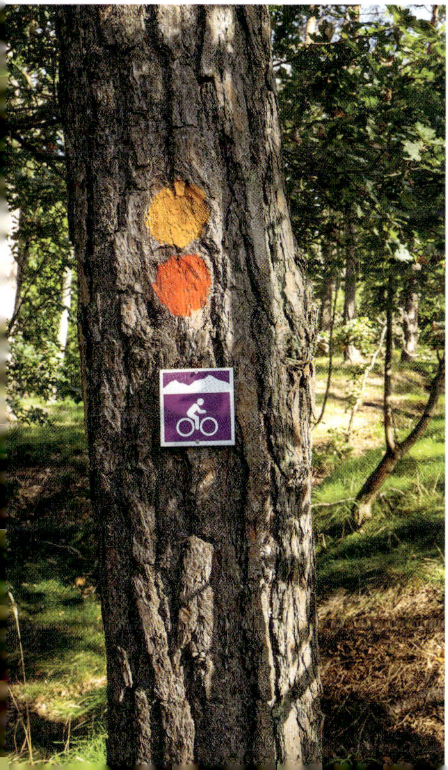

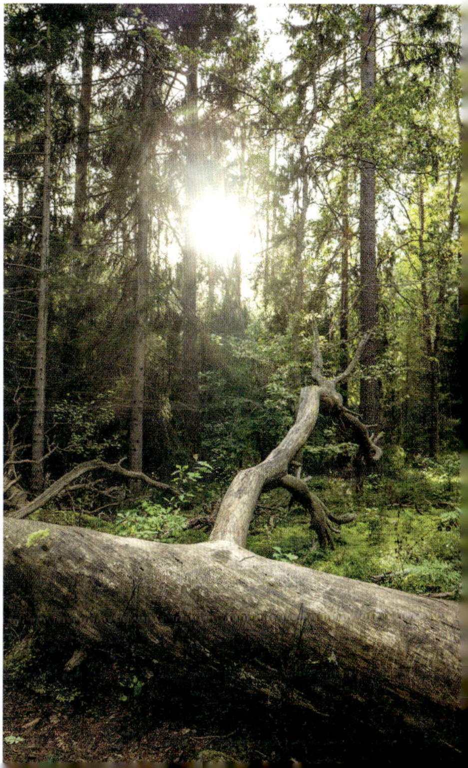

AUF DEM PILGERWEG

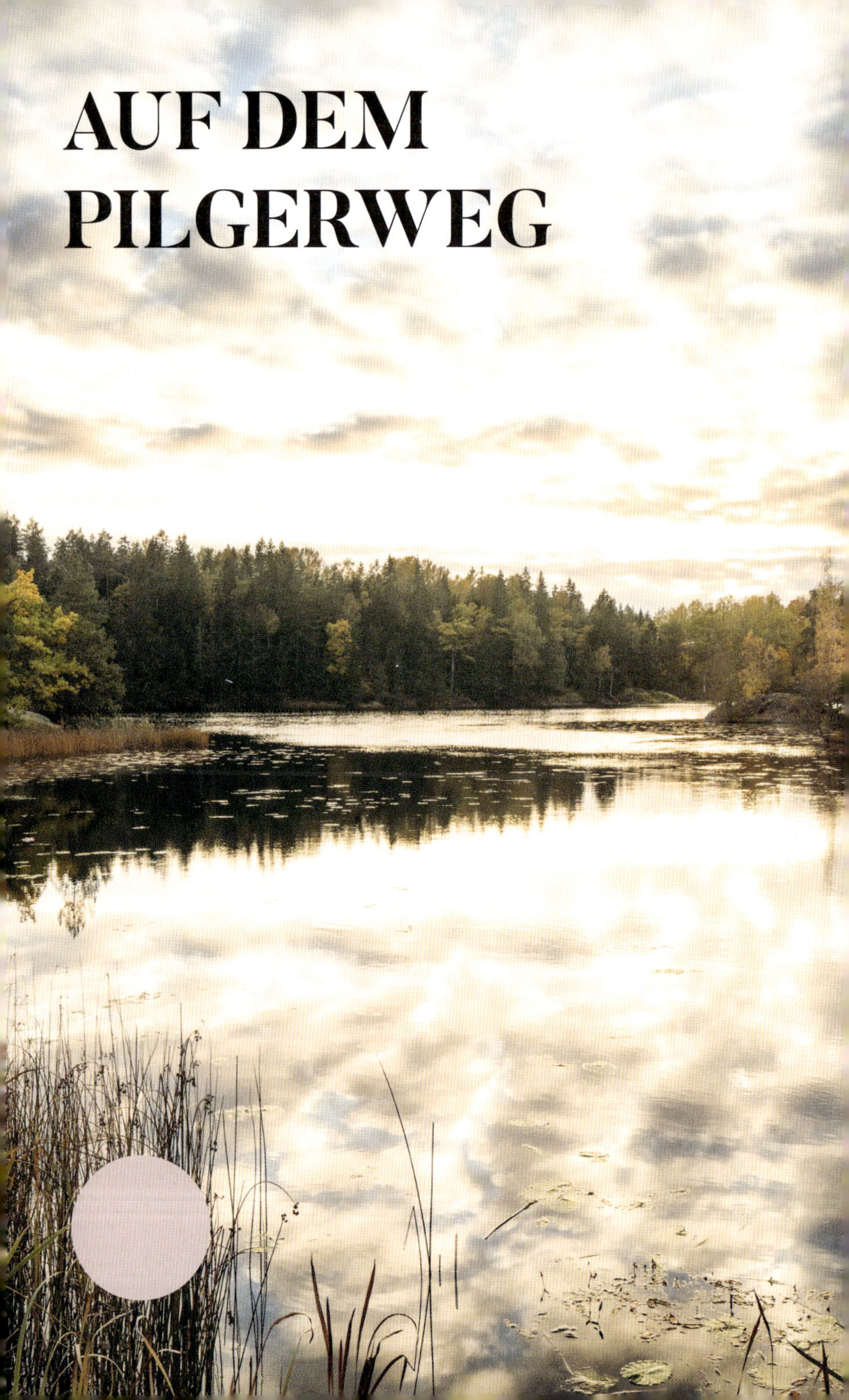

Wandern für Körper und Seele

WER AUF EINEM PILGERWEG WANDERT, erlebt eine weitere Dimension dieser Form der Fortbewegung. Ausprobieren könnt ihr dies in Tyresö auf dem Weg mit dem Namen Vattnets kraft (Die Kraft des Wassers). Viele Menschen denken bei Pilgerwegen an lange Wanderungen in südlichen Ländern, wie z. B. auf dem beliebten Camino Santiago de Compostela. Doch es kommt nicht auf die Länge an. Wichtig ist vielmehr, was sich beim Wandern in eurer Seele abspielt. Dann wird die Tour zu einer spirituellen Reise, unabhängig von eurer Identität oder eurer Religion. Lasst euren Alltag hinter euch, zieht los ins Unbekannte und entdeckt neue Betrachtungsweisen. Das Wandern hilft euch dabei, ruhiger zu werden und eure Gedanken zu sortieren.

»Das Wandern hilft euch dabei, ruhiger zu werden.«

Sechs Pilgerwege mit einer Länge von bis zu 20 km beginnen am Pilgrimscentrum in Tyresö. Für jede Wanderung gibt es Meditationsblätter mit Vorschlägen, worüber man unterwegs nachdenken könnte. Auf einem dieser Blätter fanden wir »die sieben Schlüsselworte der Pilgerinnen und Pilger«:

- Freiheit
- Einfachheit
- Stille
- Unbekümmertheit
- Ruhe
- Spiritualität
- Teilen

Als Symbole für diese Worte werden die Ausrüstungsgegenstände der Wanderer verwendet. So stehen die Schuhe z. B. für die Ruhe und das eigene Tempo, während Hut/Cap die Unbekümmertheit versinnbildlichen, das Loslassen von Sorgen und das Leben im Augenblick. Die Jacke, die uns vor Wind und Wetter schützt, symbolisiert die Stille – Schutz vor dem Lärm des Alltags. Nehmt euch beim Wandern die Zeit, einige Stunden über diese Ideen nachzudenken – in aller Stille oder im Gespräch, allein oder mit anderen.

15. DIE KRAFT DES WASSERS

Beim Wandern meditieren

Moderne Pilger begeben sich auf eine Reise in ihr Inneres, allein oder in Begleitung und am liebsten in der Natur. Rund um das Pilgerzentrum von Tyresö herrscht eine besondere Atmosphäre. Hier, direkt am Schloss Tyresö, beginnen mehrere Pilgerwege. Sie sind so angelegt, dass Wanderer an meditativen Stellen innehalten und nachdenken können. Tyresö Pilgrimscentrum ist zugleich das Gemeindezentrum von Tyresö, wo ihr Infoblätter über die Pilgerwege bekommt. Lasst euch dazu inspirieren, eine Sache, die euch beschäftigt, gründlich abzuwägen. Wir haben den Weg Vattnets kraft (Die Kraft des Wassers) ausgewählt. Wie der Name verrät, führt er am Wasser entlang, u. a. an den wunderbaren Badeplätzen von Rakstabadet und Gimmerstabadet. Man kommt auch am Alby-Freizeitgelände vorbei, wo immer viel los ist, und an Uddby Gård, wo ihr am Wochenende einen Kaffee trinken und die vielen Hoftiere bestaunen könnt. Die Weg ab Uddby Gård ist eine Teer- bzw. Schotterstraße und führt durch Siedlungen. Dieser Trail ist einen Ausflug wert, ob ihr nun pilgert oder einfach

»Die Wege sind so angelegt, dass Wanderer an meditativen Orten innehalten können.«

Start: Tyresö Pilgrimscentrum
Weglänge: 9,7 km
Dauer: 2 Stunden
Schwierigkeitsgrad mittel
Beste Wanderzeit: zu jeder Jahreszeit
Entfernung von Stockholm: 24 km
Anreise: per Bus 875 ab Gullmarsplan bis Tyresö Kyrka oder per Auto

Scanne den QR-Code mit dem Smartphone.

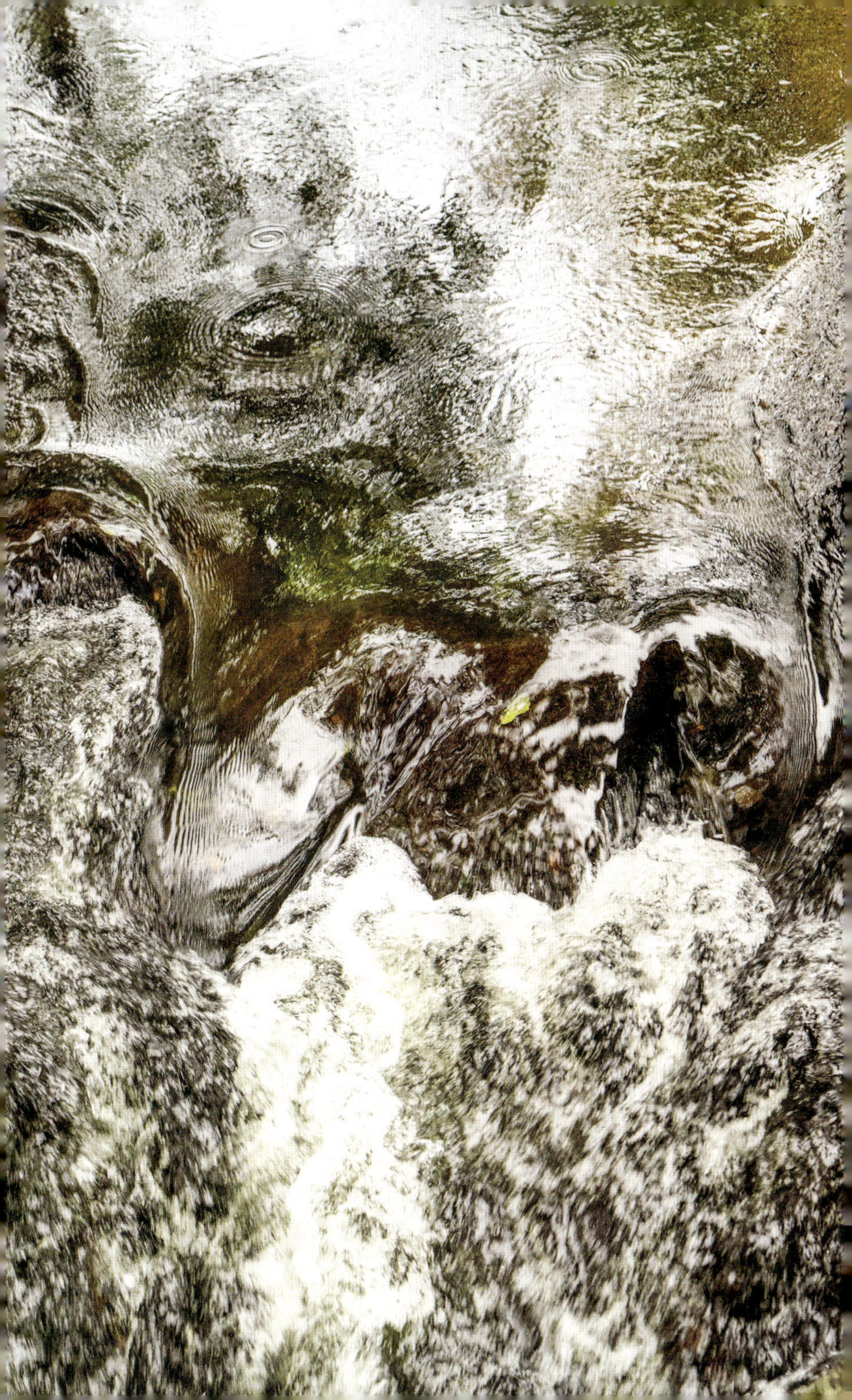

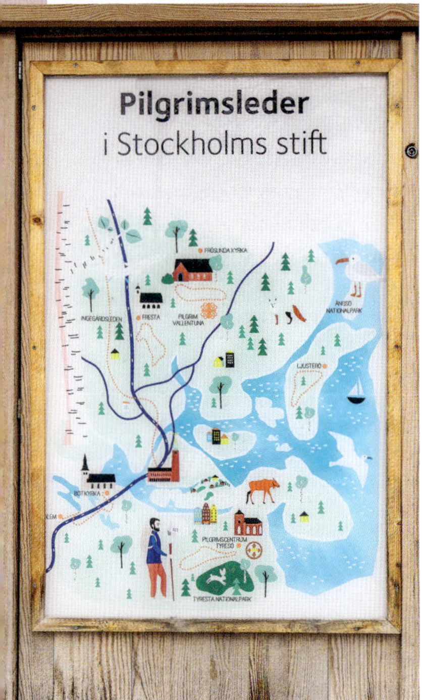

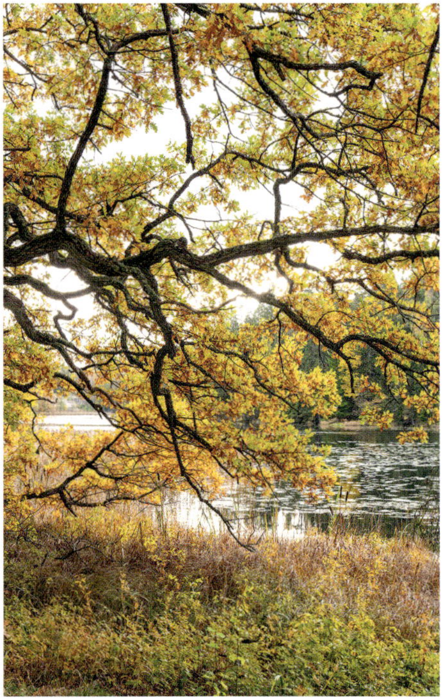

Auf pilgrimisverige.se findet ihr eine Karte mit allen nordischen Pilgerwegen.

wandert. Er ist nicht gut ausgeschildert, weshalb ihr euch besser nach der folgenden Beschreibung richtet .

BESCHREIBUNG

Am Pilgrimscentrum steht ein Pfosten mit einer Menge Schildern, die in verschiedene Richtungen zeigen, jeweils für eine andere Tour. Es wurden spezielle Pilgerschilder mit unterschiedlichen Farbmarkierungen angefertigt. Vattnets kraft (Pilgerschild mit blauem Symbol) beginnt links an der Hauptstraße Brakmarsvägen. Nach ca. 1 km erreicht ihr die Uddby kraftstation (Kraftwerk) und die gleichnamige Bushaltestelle. Rechts oben seht ihr einen Kiosk. Dahinter liegt am See Albysjön die kleine Badestelle Rakstabadet. Geht am Kiosk vorbei weiter bergauf und biegt an der Abzweigung auf die Straße Rakstavägen rechts ab. Marschiert auf der kurvigen Rakstavägen, bis ihr an die Rakstaringen gelangt. Dort geht es geradeaus weiter. Das blaue Pilgersymbol zeigt euch, wo es langgeht. Nach 200 m seht ihr einige Parkplätze und rechter

»Lasst euch dazu inspirieren, eine Sache gründlich abzuwägen.«

Hand befindet sich die Badestelle von Rakstaringen. Spaziert auf dem lustigen fågelholksslingan (Vogelhäuschenweg) bis zum Badeplatz (mit tollem Sprungbrett) und dann weiter auf dem Waldweg am Wasser entlang. Der Pfad ist angenehm zu laufen, leicht hügelig und uneben, weshalb ihr ein wenig aufpassen müsst. Hohe Klippen und versteckte Spalten begleiten euch auf dem Weg bergauf. An einigen Stellen steigt ihr über Holztreppen weiter nach oben. Auch Biber scheinen sich hier wohlzufühlen; jedenfalls liegen einige Baumstämme mit typischen Nagespuren herum.

Der Trail verläuft weiter am See bis zur Bucht von Rundmarviken, wo der Albysjön schmäler wird. Am Ende der Bucht spaziert ihr über eine kleine Brücke. Anschließend zeigt euch das Pilgerwegschild, dass es nach rechts auf einer ziemlich breiten Schotterstraße hinauf in den Wald geht. Nach 150 bis 200 m kommt ihr links an einem Schild Richtung Tyresta by (Dorf) und Tyresta-Nationalpark vorbei. Doch ihr bleibt schön auf der Schotterstraße. Ca. 100 m weiter seht ihr rechts ein Schild, das nach rechts zeigt. Ihr geht trotzdem geradeaus weiter auf dem Pfad durch den Wald. Nach einem Hügel geht es

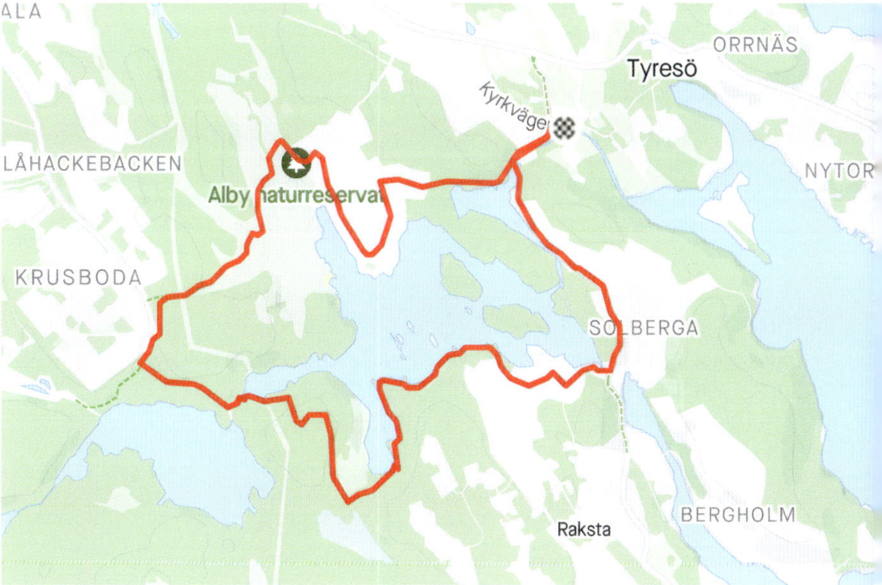

bergab in die Bucht Nyforsviken. Ihr seid nun direkt an Vattnets kraft, den Stromschnellen bei Nyfors. Hier ist der Ausfluss des Tyresö-Flaten-Sees: Der Höhenunterschied von 5 m zum See Albysjön sorgt für rauschende Stromschnellen. Im Laufe der Jahrhunderte nutzten verschiedene Gewerbe die dabei anfallende Wasserenergie. Zuletzt wurde eine Mühle damit angetrieben, die jedoch seit 1936 außer Betrieb ist. Wir haben vor Ort Vogelbeobachter getroffen, die uns auf die Wasseramsel aufmerksam gemacht haben, die man nur selten so weit im Süden entdeckt. Doch manchmal kommt sie während der Wintermonate hierher, um an den Stromschnellen nach Futter zu suchen.

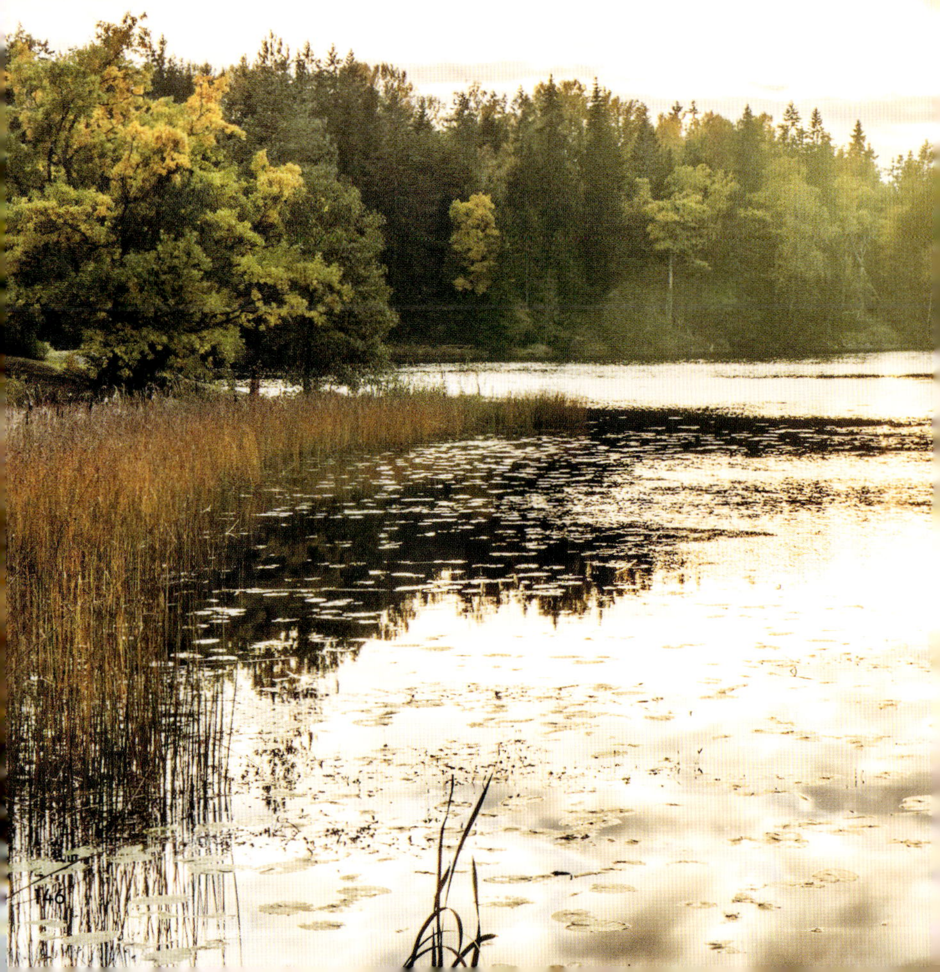

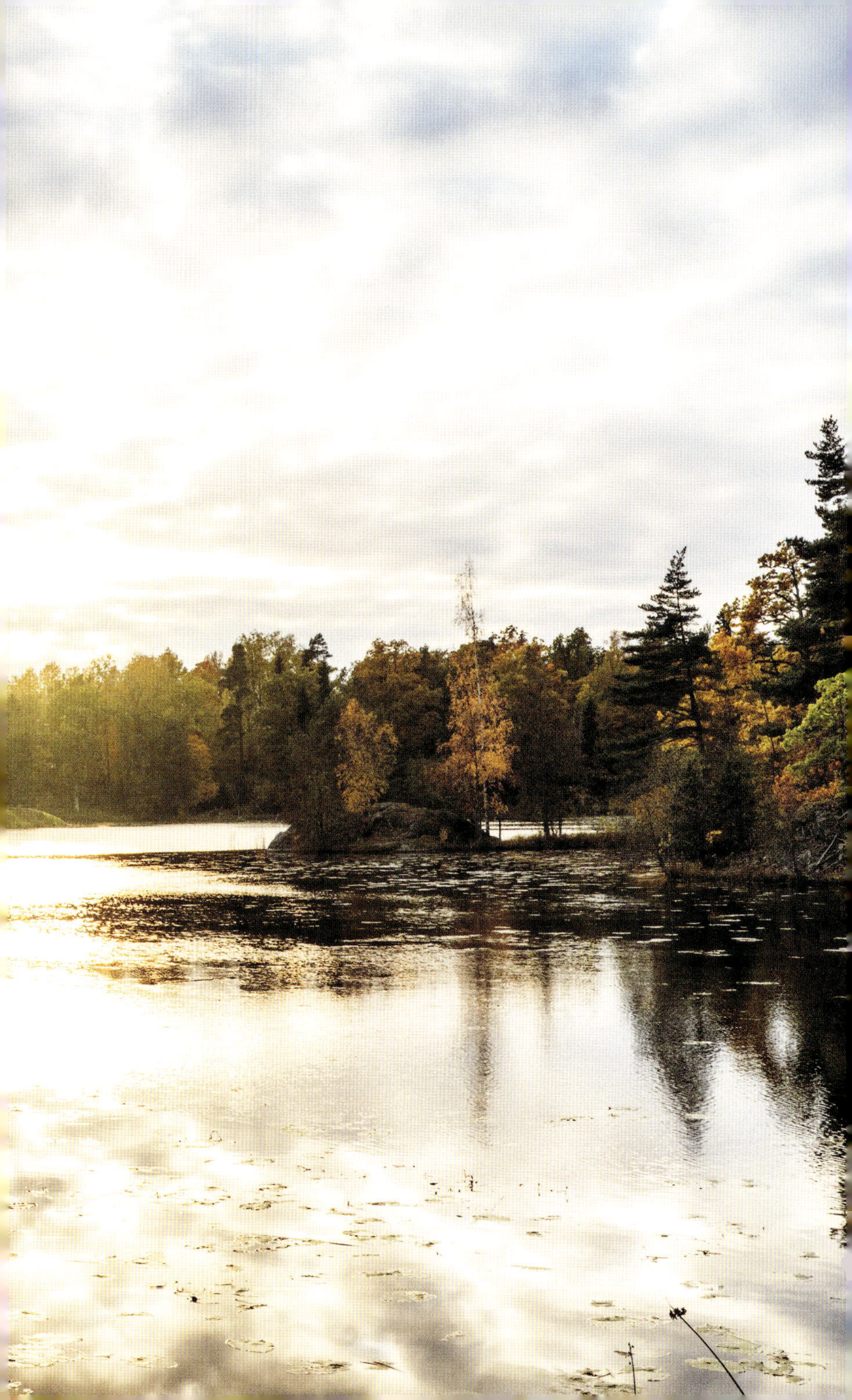

Wenn euch der Anblick des wundervollen Sees wieder gestärkt hat, geht ihr den Hügel hinauf zu einer Teerstraße, die an ein paar Häusern vorbeiführt und anfangs einen herrlichen Ausblick auf den Tyresö-Flaten-See bietet. Nach ca. 200 m kommt ihr an eine Kreuzung, wo ihr rechts weiter auf den Gammelströms väg geht.

An der Buswendeschleife marschiert ihr am Schild »Alby naturreservat« nach rechts, bis ihr auf einem Fuß- und Fahrradweg landet. Wenn ihr nach ca. 150 m an eine Straße kommt, biegt ihr rechts ab. 200 m weiter gelangt ihr ans Alby friluftsgård, ein Freizeitgelände in Tyresö. Ihr geht an einem Sportplatz mit Fitnessgeräten vorbei und steht dann vor einer Wegschranke. Das Freizeitgelände endet bei Uddby gård, einem Biobauernhof mit Ställen und einer »Tier(vor)schule«. Am Wochenende hat das Café geöffnet. Dort könnt ihr auch Fleisch vom Hof kaufen oder bestellen.

Ihr spaziert auf der Straße an Uddby Gård vorbei und weiter zwischen den Weiden bis zu einem Wohngebiet, wo ihr Ausschau nach der Straße Alby sjöväg haltet. Biegt dort rechts ein und geht ca. 500 m weiter, bis ihr rechts an die Straße Fatbursbacken kommt. Hier findet sich wieder ein Pilgersymbol, das euch den Weg weist. Folgt ihm bis zum Ende der Straße zu einem Wendekreis. Dort geht es nach links und dann sofort erneut nach rechts. Ein hübscher Pfad führt durch den Wald zurück zur Brakmarsvägen. Wenn ihr wieder auf dieser Hauptstraße steht, wendet ihr euch nach links und wenig später seid ihr am Pilgrimscentrum angekommen.

Die Pilgerbewegung ist kein neues Phänomen – Menschen pilgern bereits seit dem Mittelalter.

EINKEHR

Mal eine andere Einkehr: Besucht das Pilgrimscentrum, um dort etwas zu trinken. Hier könnt ihr in der Literatur zu den Pilgerwegen schmökern und euch inspirieren lassen.
IG@stockholmspilgrimscentrum

BESONDERES VOR ORT

Tyresö slott

Lasst euch Schloss Tyresö und Umgebung nicht entgehen. Es wurde in den 1630er-Jahren erbaut. Besucher können sich im Schloss informieren, wie es dort zur Jahrhundertwende zuging. Es gibt auch ein nettes Café. Danach könnt ihr noch durch den Schlosspark im englischen Stil wandeln und die Gärtnerei besuchen. Auch ein Hostel befindet sich hier.

Das Schloss hat nur im Sommer geöffnet, Park und Gärtnerei dagegen das ganze Jahr über. Das Schloss ist Eigentum des Nordiska museet.
IG@tyresoslott
IG@tyresohandelstradgard

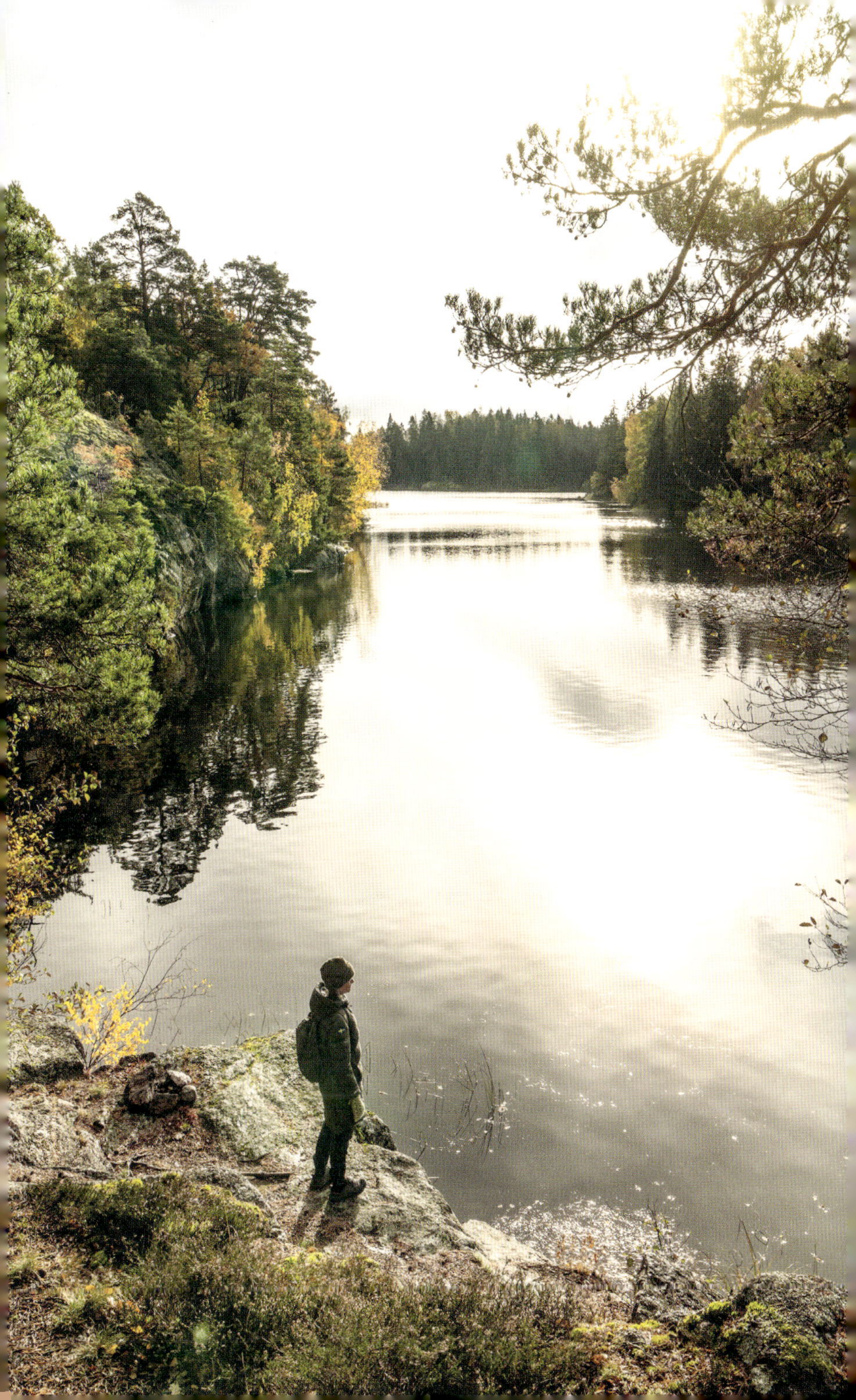

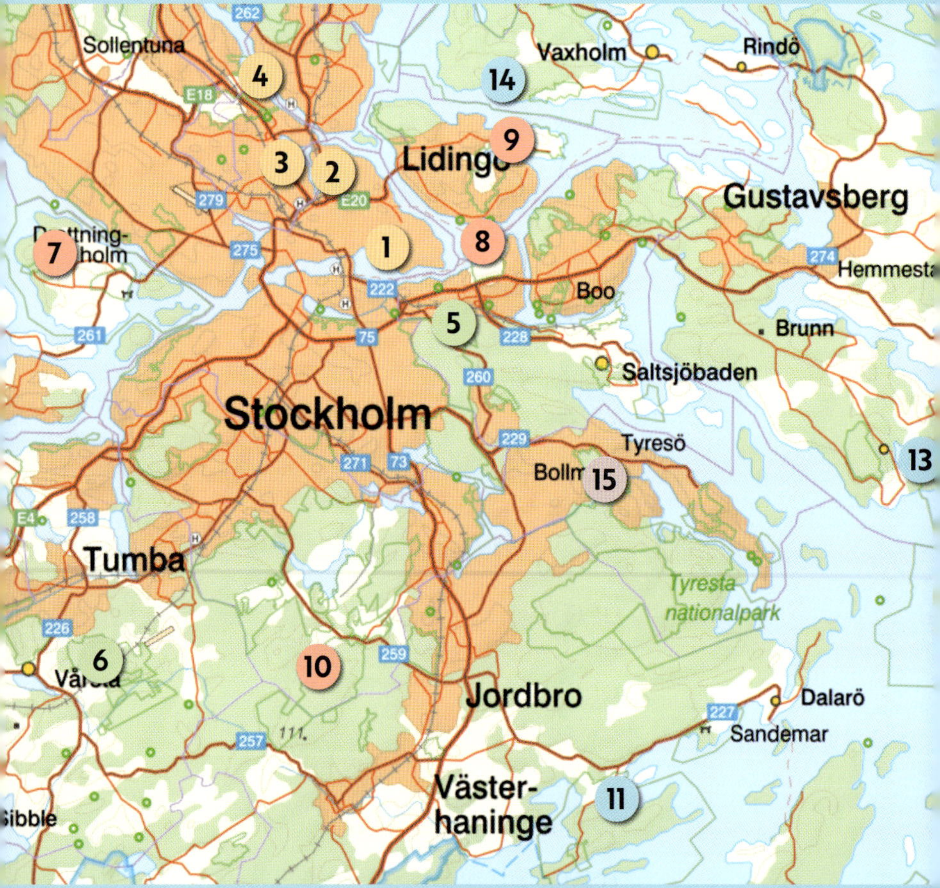

Sollentuna
Vaxholm
Rindö
Lidingö
Gustavsberg
Hemmesta
Drottningholm
Boo
Brunn
Saltsjöbaden
Stockholm
Tyresö
Bollmora
Tumba
Tyresta nationalpark
Vårsta
Jordbro
Dalarö
Sandemar
Västerhaninge
Sibble
1
2
3
4
5
6
7
8
9
10
11
13
14
15

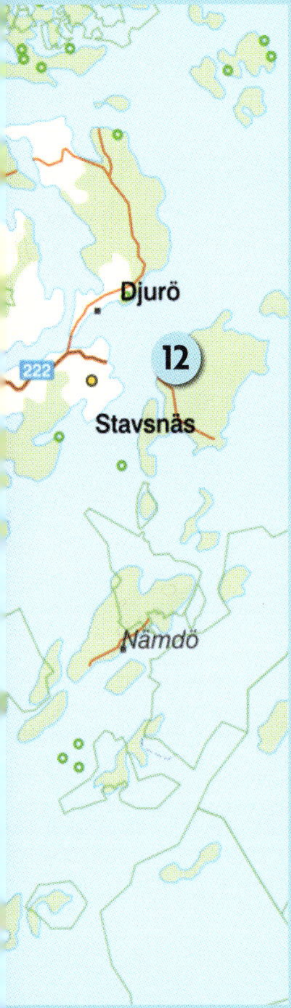

DER NATIONALSTADTPARK

IM UMLAND

EINEN STEINWURF ENTFERNT

DER SCHÄRENGARTEN

AUF DEM PILGERWEG

Die Originalausgabe erschien 2024 unter dem Titel
Hike Stockholm – 15 Utvalda Vandringar Nära Stockholm
www.gawellforlag.com

Die Deutsche Nationalbibliothek verzeichnet diese Publikation in der Deutschen Nationalbibliografie; detaillierte bibliografische Daten sind im Internet über http://dnb.dnb.de abrufbar.

1. Auflage
ISBN 978-3-667-12959-8
Die Rechte der deutschen Ausgabe liegen beim
Delius Klasing Verlag GmbH, Bielefeld

Text: Charlotte Gawell
Fotos: Patrik Engström & Charlotte Gawell

Bearbeitung der deutschen Ausgabe:
Übersetzung: Manuela Schomann
Lektorat: Thomas Rath für booklab GmbH, München
Satz: Thomas Rath für booklab GmbH, München
Einbandgestaltung: Jörg Weusthoff, www.wundrdesign.de
Produktion: Die Werkstatt Medien-Produktion GmbH, Göttingen
Printed in Estonia 2024

FSC
www.fsc.org
MIX
Papier | Fördert gute Waldnutzung
FSC® C129413

Delius Klasing Verlag GmbH, Siekerwall 21, D-33602 Bielefeld
Tel.: 0521/559-0, Fax: 0521/559-115
E-Mail: info@delius-klasing.de
www.delius-klasing.de